CURLING... OU LE JEU DE GALETS

SON HISTOIRE AU QUEBEC

(1807-1980)

© L'HARMATTAN, 2007
5-7, rue de l'École-Polytechnique ; 75005 Paris

http://www.librairieharmattan.com
diffusion.harmattan@wanadoo.fr
harmattan1@wanadoo.fr

ISBN : 978-2-296-04022-9
EAN : 9782296040229

Pierre RICHARD

CURLING... OU LE JEU DE GALETS

SON HISTOIRE AU QUEBEC

(1807-1980)

L'Harmattan

Collection "**Espaces et Temps du Sport**"
dirigée par Jean Saint-Martin et Thierry Terret

Le phénomène sportif a envahi la planète. Il participe de tous les problèmes de société, qu'ils soient politiques, éducatifs, sociaux, culturels, juridiques ou démographiques. Mais l'unité apparente du sport cache mal une diversité aussi réelle que troublante : si le sport s'est diffusé dans le temps et dans l'espace, s'il est devenu un instrument d'acculturation des peuples, il est aussi marqué par des singularités locales, régionales, nationales. Le sport n'est pas éternel ni d'une essence trans-historique, il porte la marque des temps et des lieux de sa pratique. C'est bien ce que suggèrent les nombreuses analyses dont il est l'objet dans cette collection créée par Pierre Arnaud qui ouvre un nouveau terrain d'aventures pour les sciences sociales.

Dernières parutions

Pierre-Olaf SCHUT, *L'exploration souterraine. Une histoire culturelle de la spéléologie*, 2007.
Sandrine VIOLLET, *Le Tour de France cycliste 1903-2005*, 2006
Jacques DUMONT, *Sport et formation de la jeunesse à la Martinique. Le temps des pionniers (fin XIXe siècle – années 1960)*, 2006.
Cécile OTTOGALLI-MAZZACAVALLO, Femmes et alpinisme : *Un genre de compromis (1874-1919)*, 2006.
Sylvain VILLARET, *Naturisme et éducation corporelle*, 2005.
Sylvain FEREZ, *Mensonge et vérité des corps en mouvement. L'oeuvre de Claude Pujade-Renaud*, 2005.
P. GOIRAND, J. JOURNET, J. MARSENACH, R. MOUSTARD, M. PORTES, *Les stages Maurice BAQUET 1965-1975, Genèse du sport de l'enfant*, 2004.
Michaël ATTALI, *Le syndicalisme des enseignants d'éducation physique, 1945 – 1981*, 2004.
Louis THOMAS, *Et si l'éducation physique n'était qu'un mythe !*, 2004.

À Denise, la femme de ma vie.

*À Marc-Olivier, Jonathan, Véronique,
mes très beaux enfants, l'avenir de ce Québec.*

*À ce cher Francis,
et à la famille Lacoudre de Taverny*

GLOSSAIRE DES TERMES ET PRINCIPALES ABRÉVIATIONS

Illustration d'une piste de curling

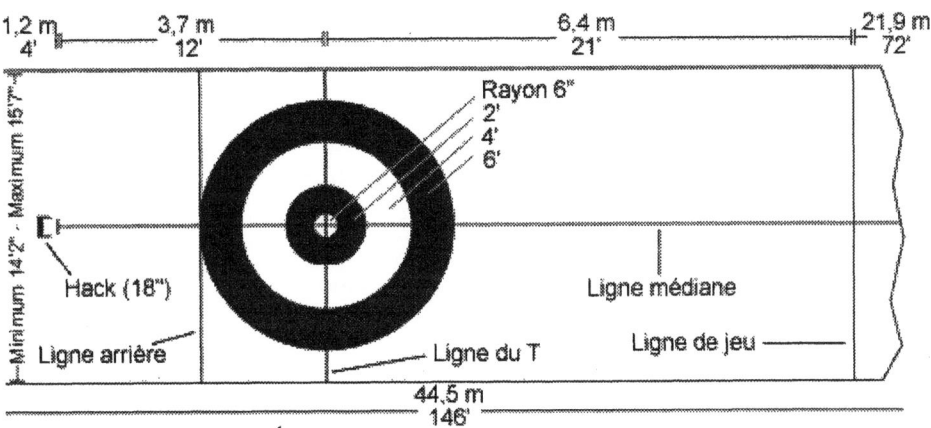

Glossaire des termes[1]

Bonspiel : tournoi de curling.
Bout : terme familier pour décrire une manche de jeu qui consiste à lancer les 16 pierres et conduit à un résultat provisoire.
Brier : Championnat canadien masculin.
Curleur, curleuse : participant, participante à un match de curling. Il, elle peut se retrouver à la position de *lead*, second, troisième ou *skip*.
Championnat en double : confrontation où quatre équipes de quatre joueurs s'opposent, chaque club étant représenté par deux équipes. Le club vainqueur est celui dont le pointage cumulé des deux équipes est le plus élevé.
Championnat en simple : confrontation qui oppose strictement deux équipes de quatre joueurs.
Durée d'un match : ensemble variable de bouts constituant le match.

---

[1] Pierre Dallaire, *Lexique des termes de curling*, 1986, 88 p.

Effet intérieur (*in-turn*) : effet de rotation de la pierre sur elle-même communiqué par le rapprochement du coude du lanceur vers son propre corps.

Effet extérieur (*out-turn*) : effet de rotation de la pierre sur elle-même communiqué par l'éloignement du coude du lanceur de son propre corps.

Hack : bloc de départ placé près de la ligne arrière de la piste où le joueur prend appui pour lancer (voir illustration).

Ligne de jeu (*hog line*) : ligne transversale à la piste située à 33 pieds du *hack*. Elle détermine le point où un lanceur doit laisser la pierre quitter sa main (voir illustration).

Lead : joueur qui lance les deux premières pierres de l'équipe.

Maison : ensemble des cercles que l'on retrouve à chaque extrémité de la piste.

Pebble : fines gouttelettes d'eau que l'on dépose sur la glace afin d'en modifier le fini (pitons).

Piste : voir illustration.

Point Game : forme de jeu individuel plutôt ancienne qui consiste à accumuler des points par une série d'épreuves d'habiletés telles que sortir une pierre de la maison et faire glisser la sienne au centre de celle-ci.

Skip : capitaine de l'équipe qui dirige le jeu et lance les deux dernières pierres de son équipe.

Principales abréviations

ACPQ :	Association des curlers de la province de Québec
DCA :	Dominion Curling Association
LCA :	Ladies Curling Association
MAAA :	Montreal Amateur Athletic Association
PQCA :	Province of Quebec Curlers Association
PQLCA :	Province of Quebec Ladies Curling Association
QLCA :	Quebec Ladies Curling Association
RCCC :	Royal Caledonian Curling Club

INTRODUCTION

Le titre de l'ouvrage pourra surprendre. En préparant cette histoire du curling, je me suis demandé un jour si le curling avait déjà porté un autre nom, et effectivement, ce sera ici la première leçon d'histoire de ce livre, on l'appela, chez les Canadiens français au XIXe siècle, le « jeu de galets ». Citant les rencontres dans de courts entrefilets, le journal *Le Canadien*, particulièrement frileux dans sa réception des institutions britanniques, nomme ainsi le sport.

Cette brève anecdote annonce un peu la suite. Le curling au Québec ne peut s'envisager sous l'angle d'une histoire linéaire, conventionnelle. Tout en mettant en scène une diversité d'acteurs sociaux, ce sport ne se détache jamais des contextes politique et social de la création du Canada à travers la coexistence fragile de deux nations fondatrices. Il y avait donc motif à raconter l'histoire d'un sport un peu curieux, très longtemps méconnu chez les Québécois francophones. De plus, à titre de professeur de collège enseignant cette discipline sportive, j'ai depuis de nombreuses années un rapport concret avec le curling. Enfin, si j'ai été en mesure de révéler l'essentiel de ce sport, c'est que je pouvais compter sur un corpus documentaire à nul autre pareil. Peu de sports peuvent s'enorgueillir d'en posséder autant : les *Minute Books* et les *Scrap Books* de nombreux clubs ont été conservés intacts sur près de deux siècles, la couverture journalistique s'est avérée soutenue dès l'arrivée des premières sections sportives, et surtout les rapports annuels (*Annuals*) du Royal Caledonian Curling Club d'Écosse (RCCC) ont constitué une formidable base de données car les noms des clubs et leurs adeptes apparaissent depuis 1842 jusqu'en 1939. Il me fallait du même coup circonscrire un espace de temps propice à cette étude du curling. D'une part, en remontant aux origines du sport que j'établis à 1807, j'entends briser un mythe, celui qui veut que les soldats de Wolfe, ces braves Écossais du 78e régiment des *Fraser Highlanders*, aient été les premiers à pratiquer le curling en sol québécois. Cette réfutation ne peut que soulever la controverse tellement la légende s'est incrustée dans l'imaginaire des curleurs depuis le milieu du XXe siècle.

Situons maintenant ce projet dans l'ensemble plus vaste de nos productions historiques en matière de sport. L'historiographie aura attendu les années 1960 avant de nous livrer une série de travaux consistants sur l'histoire du sport au XIXᵉ siècle. À ce propos, il faut souligner la contribution exemplaire de Donald Guay à l'accumulation et la synthèse des faits sportifs de cette période[1]. Par l'ampleur des travaux réalisés et le nombre de publications, Guay s'est imposé comme un des premiers historiens du sport au Québec. Gilles Janson[2] a aussi apporté un tribut intéressant en examinant le sport montréalais de la fin du XIXᵉ siècle. Puisque Montréal et Québec ont été des villes-berceaux de cette activité au Canada, l'histoire québécoise du sport supportée par un nombre restreint de chercheurs s'est enrichie des travaux récents d'autres spécialistes canadiens[3]. Toutefois, un historien leur a bien tracé le chemin. Il s'agit de Alan Metcalfe[4] dont les recherches sur le sport montréalais sont encore abondamment reconnues et citées.

L'historiographie québécoise du sport est aussi redevable à certains auteurs d'avoir mené quelques travaux plus approfondis sur des sports spécifiques : citons les travaux de Donald Guay[5] sur l'histoire des courses de chevaux, de Michel Vigneault[6] sur les débuts du hockey, de Alan Metcalfe[7] sur le sport de la crosse, de Jean-Marc Paradis[8] sur une histoire

---

[1] Donald Guay, *La conquête du sport. Le sport et la société québécoise au XIXᵉ siècle*, Outremont, Lanctôt Éditeur, 1997, 244 p.
[2] Gilles Janson, *Emparons-nous du sport, les Canadiens français et le sport au XIXᵉ siècle*, Guérin Éditeur, Montréal, 1995, 239 p.
[3] Ann Hall, *The Girl and the Game. A History of Women's Sport in Canada*, Peterborough, Broadview Press, 2002, 284 p. ; Don Morrow et coll., *A Concise History of Sport in Canada*, Toronto, Oxford University Press, 1989, 393 p. ; Bruce Kidd, *The Struggle for Canadian Sport*, Toronto, University of Toronto Press, 1995, 323 p.
[4] Alan Metcalfe, *Canada Learns to Play: The Emergence of Organized Sport, 1807-1914*, Toronto, McClelland and Stewart, 1987, 243 p.
[5] Donald Guay, *Histoire des courses de chevaux au Québec*, Montréal, VLB Éditeur, 1985, 249 p.
[6] Michel Vigneault, « La naissance d'un sport organisé au Canada: Le hockey à Montréal, 1875-1917 », thèse de doctorat, Université Laval, 2001, 479 p.
[7] Alan Metcalfe, *op. cit.*, 243 p.
[8] Jean-Marc Paradis, *100 ans de Baseball à Trois-Rivières*, Trois-Rivières, 1989, 164 p.

régionale du baseball et de Robert W. Simpson[9] avec un mémoire de maîtrise portant sur les débuts du Montreal Curling Club de 1807 à 1857. Certaines de ces études ont su traiter du sport en tenant compte du contexte économique et social qui le voit naître. Ce parallélisme du sport naissant avec les phénomènes de l'urbanisation et de l'industrialisation a fourni à l'historiographie du sport ses premières thématiques de recherche.

Les historiens ont aussi mis en lumière ce lien entre le sport naissant et les acteurs de l'époque. Le sport qui prend racine en Amérique du Nord britannique ne dépend pas exclusivement d'un contexte, c'est-à-dire de conditions sociales, économiques et culturelles propices à son émergence. Il tient encore à l'initiative de groupes sociaux intimement liés à son développement. L'histoire du sport au XIXe siècle a permis d'identifier les principaux acteurs sociaux, propagandistes de ce phénomène au Canada. Jusqu'au début du XXe siècle, le sport est avant tout l'affaire d'une classe sociale relativement aisée issue de la communauté anglo-britannique[10] masculine. Et la participation des francophones dans tout cela ? Les historiens qui ont scruté le sport canadien au XIXe siècle n'ont pu mettre en exergue cette dimension. Selon leurs champs respectifs d'intérêt, ils ont porté à des degrés divers un jugement sur le niveau de participation des francophones. L'historiographie s'entend ainsi sur le fait que la pratique sportive d'une bourgeoisie francophone à ce moment-là est nettement plus restreinte que celle des anglophones tout en reconnaissant qu'elle est loin d'être nulle. Fruit d'un certain consensus, la question demeure complexe, non entièrement résolue en raison d'une connaissance parcellaire des différents sports de l'époque. De plus, les tentatives d'explication de cet écart ne sont pour la plupart du temps que des hypothèses qui mériteraient encore un examen plus approfondi.

---

[9] Robert W. Simpson, « The Influences of the Montreal Curling Club on the Development of Curling in the Canadas 1807-1857 », mémoire de maîtrise, Western University, 1980, 220 p.

[10] Alan Metcalfe, *op. cit.*, p. 98; Gilles Janson, *op. cit.*, p. 7; Gerald Redmond, *The Sporting Scots of Nineteenth-Century Canada,* Toronto, Associated University Presses, 1982, p. 294. (347 p.)

Curieusement, peu d'études historiques sur le sport au Québec couvrent la période qui suit la Première Guerre mondiale[11]. Le XXe siècle s'apparente à une vaste friche où les possibilités de recherche sur un sport unique ou sur l'ensemble des sports sont multiples. Gilles Janson l'affirme de façon catégorique : « Au Québec, ce champ de recherche reste dans une large mesure à défricher[12]. » Le même auteur concède que l'historiographie canadienne-anglaise a produit davantage sur le sujet. Il ajoute toutefois que les ouvrages canadiens de synthèse sur le sport ont laissé peu de place à l'activité des francophones[13]. Voilà ainsi dévoilée bien succinctement la trame de fond historique qui a servi de support à mes premiers questionnements en curling.

Au départ, il y avait certes l'intention bien arrêtée de rassembler les principaux faits d'arme de ce sport, de colliger les noms des champions et des leaders pionniers, et enfin, de bien asseoir la culture matérielle en décrivant les principales innovations autour des outils de jeu : la pierre, la glace, le balai. En procédant ainsi, il devenait possible d'examiner la construction d'un rapport compétitif dans une étude de long terme. Avant d'arriver à un championnat mondial, il y a eu des transitions par lesquelles le sport est passé. C'est ce que l'étude de longue de durée nous

---

[11] Roger Boileau, Fernand Landry et Yves Trempe ont étudié sommairement la participation des francophones aux grands jeux internationaux pour la période de 1908 à 1974. Roger Boileau, Fernand Landry et Yves Trempe, « Les Canadiens français et les grands jeux internationaux (1908-1974) », Richard S. Gruneau et John G. Albinson, dir., *Canadian Sport Sociological Perspectives*, Don Mills, Addison-Wesley, 1976, p. 141-169. Jean Harvey s'est intéressé aux rapports du clergé avec le sport entre 1930 et 1960. Jean Harvey, « Le clergé québécois et le sport, 1930-1960 », Jean Harvey et Hart Carleton, dir., *Sport et pouvoir les enjeux sociaux au Canada*, Ottawa, Les presses de l'Université d'Ottawa, 1988, p. 69-88. (337 p.) Soulignons du même coup deux autres thèses sur certains aspects de l'histoire du sport : Jocelyn East, « Les dynamismes organisationnels de l'institutionnalisation du sport au Québec (1900-1967) », thèse de doctorat, Université Laval, 2002, 408 p. et Michel Marois, « Sport, politique et violence : Une interprétation des dimensions politiques du sport, de la violence des foules aux événements sportifs et de la médiatisation de cette violence », École Polytechnique, Montréal, 1994, 358 p.

[12] Gilles Janson, « Le sport au Québec, un champ de recherche méprisé », *Bulletin d'histoire politique*, vol. 11, hiver 2003, p. 9.

[13] Gilles Janson, *op. cit.*, p. 10.

permet de reconnaître. De plus, la comparaison avec les autres sports émergents des années 1870 permet d'apprécier à quel rythme le curling va avancer dans son processus de « sportivation ». Aura-t-il été plus lent ou plus rapide à structurer ses compétitions en vue d'un éventuel championnat national ?

Mais au fait, l'histoire du curling dans sa dimension sportive n'est-elle pas le passage obligé qui nous permet ensuite de ressentir le sport dans sa composante plus fondamentale de relations humaines, d'actions réciproques entre les individus ? L'histoire sportive s'anime de la sorte, s'enrichit pour devenir non seulement histoire humaine, sociale, mais aussi histoire culturelle. Derrière toute divulgation d'un sport, il y a de la part des individus la prise de conscience du bien-fondé de sa pratique. Le sport en question prend un sens, une signification. On dit alors que l'activité a de la valeur, de l'importance aux yeux de ceux qui s'y exercent. Il était donc essentiel de connaître les valeurs des adeptes du curling afin de mieux saisir la dynamique de socialisation dans ce sport.

De par les récits, les illustrations, les anecdotes, se dégage l'atmosphère de la vie au quotidien des clubs de la période préindustrielle jusqu'à l'ère postindustrielle. Et justement, quelle longue vie pour une institution qui ne représente pas une activité indispensable à la société ! Quelle survie impressionnante pour un sport qui ne suscite jamais l'excitation comme elle peut être ressentie dans des sports de vitesse comme le hockey sur glace ou le ski ! Il nous faut donc examiner les facteurs internes et externes qui vont contribuer à pérenniser ce sport dans un contexte d'industrialisation, d'urbanisation, d'alternance des cycles économiques de croissance et de ralentissement, de même qu'à la faveur de plusieurs conflits armés au cours de sa longue histoire.

Tout en s'attachant aux groupes qui l'animent et le font vivre, cette histoire sociale du curling ne va pas sans soulever certaines questions. En premier lieu, comme ce fut le cas pour les recherches antérieures, la participation des francophones demeure une préoccupation de premier plan. Parent pauvre des sports d'hiver chez les Canadiens français, le curling est resté obscur chez ces derniers pendant une très longue période de temps. J'ai cherché à comprendre pourquoi il en était ainsi en examinant l'état des rapports généraux entretenus par les deux communautés à travers cette vie sportive. Deuxièmement, quelle est l'identité sociale des membres des clubs à des époques données ? D'appartenance relativement bourgeoise, voire aristocratique au cours du XIXe siècle, le curling, au même titre que d'autres sports émergents, ne s'ouvre à un plus large public que très tardivement à la fin des années 1960. Comment expliquer une telle situation ? Peut-on penser que par des tentatives délibérées on ait cherché à mettre à l'écart certaines catégories de gens ? Enfin, l'histoire du sport au Québec n'a pas laissé beaucoup d'études substantielles sur le sport féminin. Tout au plus, des auteurs ont souligné au passage la présence féminine dans un sport ou l'autre. Cet ouvrage retrace le moment de leur entrée au sein de l'univers plutôt masculin du curling et établit le niveau de leur participation au cours des XIXe et XXe siècles sans oublier de préciser leurs appartenances ethnique et sociale. Les Canadiennes françaises vont aussi s'intégrer ; en quel temps et à quel rythme le feront-elles ? Les hommes seront-ils réticents à la venue des femmes dans les clubs ? Quand et comment les rapports de mixité s'établiront-ils ? Autant de questions susceptibles d'enrichir notre connaissance de la participation féminine à ce sport.

Et les autres acteurs … Symbole de l'aristocratie et représentant la Couronne, les gouverneurs généraux du Canada ont manifesté leur adhésion à la cause du sport à la fin du XIXe siècle. Comment cette présence se confirme-t-elle en curling ? De plus, en tant que législateur, on peut se demander si l'État a joué un rôle particulier à l'égard de cette activité. Une autre présence remarquée est celle du milieu des affaires. Nous connaissons la part active que ce groupe prend dès les débuts du curling au XIXe siècle. Quel rapport le curling va-t-il maintenir avec le monde des affaires et quel impact ce dernier aura-t-il sur son essor ? Enfin, bien que leur champ d'intervention se situe en périphérie, il faut soupeser la part d'influence que les Églises catholiques et protestantes auront sur le sport du curling. Il y a un intérêt manifeste à mieux connaître ces acteurs secondaires et à identifier les rôles sociaux qu'ils ont pu exercer.

Notre programme est ainsi tracé. L'ouvrage se partage en quatre tranches chronologiques qui s'élaborent en huit chapitres. La première période se situe entre les années 1807 et 1870 au moment où l'activité naît et connaît son premier enracinement. Il sera ensuite question de l'affirmation du curling de 1870 à 1920 à travers l'éclosion d'une panoplie de sports. La troisième tranche examine l'évolution du curling au cours des années 1920-1960. Ce sport trouve alors un niveau de popularité insoupçonné, un âge d'or de sa sociabilité. Enfin, les derniers chapitres regroupent en une ultime période les années 1960-1980. Même si l'intervalle est bref, il interpelle en raison des transformations, des mutations qui imprègnent le milieu du curling à cette époque. Construite sur un modèle identique, chaque tranche chronologique a nécessité deux chapitres distincts : le premier permet d'apprécier le curling dans son devenir sportif, le second s'attache davantage à la question des rapports humains et de la sociabilité.

Indéniable, la démarche ici proposée est fondamentalement celle de l'historien. Toutefois, il a fallu nouer le dialogue avec d'autres sciences afin d'arriver à une analyse en profondeur de ce sport. L'école allemande de la sociologie de l'action et en particulier cette approche des formes de socialisation de Georg Simmel[14] ont permis de composer un cadre théorique solide, inspirant, tout au long de ces travaux. Cette pensée établit le principe d'une sociologie qui doit remonter aux actions des individus dans la situation qu'est la leur. L'action réciproque des personnes appuyée sur des motivations particulières engendre la création de ce que nous appelons une société, une unité, une forme inédite comme le sport peut en être une dans le dernier tiers du XIXe siècle et l'histoire est précisément faite de la rencontre de formes qui se pérennisent et d'autres qui se transforment sans cesse. Ce modèle théorique constitue donc la trame de fond de toute cette réflexion.

Enfin, je ne peux entreprendre ce périple avec vous lecteur sans procéder à quelques remerciements. Je suis particulièrement obligé envers le monde du curling. Du haut de cette pyramide sportive, je me dois de signaler la contribution de Curling Québec et de son directeur général Marco Berthelot. J'ai apprécié des moments fort agréables en compagnie des aînés curleurs, les Maurice Campbell, Rita C. Proulx, Guy Germain,

---

[14] Georg Simmel, *Sociologie, Étude sur les formes de socialisation*, Paris, Presses universitaires de France, 1999, 756 p.

Jacqueline Caron, André Ferland, Réjean Milot, Donald Wallace. Bien sûr, cette liste pourrait encore s'allonger : un coup de fil ou une rencontre utile avec l'un, un don d'archives ou de photos de la part d'un autre, des contacts privilégiés au sein de nombreux clubs. Je suis aussi reconnaissant à cet ami Écossais, David Buchanan Smith, historien du curling, qui m'a accueilli en sa demeure et fortement inspiré dans la réalisation de ce projet. Sommité de l'histoire du sport au Québec, Donald Guay a aussi été une autre source d'inspiration. En plus de me rendre accessible un corpus documentaire volumineux et patiemment accumulé, il n'est pas étranger à mon retour tardif aux études universitaires. Son leitmotiv est toujours resté le même : « Quand allez-vous publier ? »

S'il est possible de produire aujourd'hui un ouvrage assez substantiel sur le curling, c'est qu'il y a eu d'abord l'écriture d'une thèse de doctorat. Je remercie l'équipe de professeurs et de chercheurs des programmes d'Études québécoises de l'Université du Québec à Trois-Rivières de m'avoir accueilli et mené au bout de ce chemin sans oublier Angèle Montour, correctrice de mes écrits. Toutefois, il me faut être encore un peu plus précis. S'il y a eu la réussite d'un doctorat, c'est qu'elle a pu se concrétiser par l'intermédiaire d'une rencontre, celle de René Hardy. En tant que directeur de recherche, le professeur Hardy m'a formé au métier d'historien. Sans entrer dans le dithyrambe qui risquerait essentiellement de lui créer un inconfort, je ferai son éloge par l'économie des mots m'appuyant sur cette très belle phrase de Saint-Exupéry : « La grandeur d'un métier est peut-être avant tout d'unir les hommes. Il n'est qu'un luxe véritable et c'est celui des relations humaines. » René Hardy m'a offert le luxe des relations humaines. Il a et conservera toute ma gratitude.

Je remercie enfin les membres de ma famille qui sans défaillance m'ont supporté entièrement dans ce projet. Leur amour inconditionnel aura été le catalyseur le plus signifiant de cette réussite. Ce livre leur est d'ailleurs dédié.

PREMIÈRE PARTIE

L'ENRACINEMENT (1807-1870)

CHAPITRE I

UN HÉRITAGE TYPIQUEMENT ÉCOSSAIS

Nous entreprendrons cette histoire du curling en faisant connaissance avec tout ce que le sport a de plus concret, c'est-à-dire ses règles, ses outils de jeu et ses techniques. Par la suite, notre intérêt se portera vers ceux qui introduisent le sport au pays tout en essayant de reconnaître quelques particularités liées à cette implantation. Le curling est un héritage de l'Écosse. Sans représenter le plus fort contingent d'immigrants, les Écossais vont laisser des marques tangibles de leur passage en terre québécoise. Quelles valeurs viennent fonder cette personnalité écossaise ? Quelle influence ces derniers exercent-ils au sein de la société au XIXe siècle ? Enfin, ce premier chapitre s'achève par une tentative de clarification au sujet d'un récit fantastique et légendaire : la naissance du curling canadien dans la ville de Québec au lendemain de la Conquête de 1760.

Qu'est-ce que le sport du curling ?

Le but de ce jeu

Présentons d'abord le jeu de curling en référant non pas aux règles récentes de la Fédération internationale de curling mais à celles de la Duddingston Curling Society datées du 6 janvier 1804. En effet, le curling se joue sur de la glace à l'intérieur d'une enceinte définie. À chaque extrémité d'une piste mesurant entre 36 et 44 verges (32.9 et 40.2 m), on place un objet de la forme d'une quille, c'est le *tee*. En pratiquant de cette marque un petit orifice dans la glace, on trace ensuite des cercles concentriques. La cible à atteindre est ainsi identifiée et le but du jeu se précise : pour une équipe donnée, il s'agit de placer le plus grand nombre de pierres à proximité de ce point central sans qu'une pierre adverse n'interfère. La partie s'achève quand une équipe a atteint la marque de 31. Chaque équipe de quatre joueurs dispose de huit pierres que l'on lance en alternance avec l'adversaire. Les pierres sont de forme circulaire et d'un poids compris entre 30 et 60 livres (13.6 et 27.2 kg). Les rôles des équipiers sont en partie définis. Le premier s'appelle *lead* et le meilleur curleur du groupe se nomme *driver*[1]. Il a la responsabilité de diriger les manœuvres de son équipe. Tous les curleurs utilisent un balai dont l'emploi est précisé. Malgré l'évolution que les règles connaîtront sur deux siècles, on peut se fier à cette description du jeu puisque le curling dans son essence, son but sportif n'a plus changé. Un observateur d'aujourd'hui n'aurait aucun mal à reconnaître une partie de curling à partir des règles de 1804.

Pierres et balais

On ne peut vraisemblablement saisir la nature même de ce sport sans l'interpréter dans sa composante matérielle. L'historiographie du curling en Écosse fournit une documentation abondante au sujet de la pierre. L'ouvrage du révérend John Kerr[2] y consacre une quarantaine de pages. Dans une monographie récente et bien illustrée, David B. Smith[3] remonte jusqu'au XVIIe siècle où l'ancêtre de la pierre moderne est une petite pierre sans poignée qui tient dans la paume et qu'on appelle *loofie*. Cette dernière va évoluer considérablement au XVIIIe siècle avec l'utilisation généralisée d'une poignée fixée le plus souvent à une pierre de rivière appelée *channel*. L'outil de jeu prend alors une variété de formes et de tailles différentes (figure 1).

La première standardisation viendra donc de la forme. Les règles de Duddingston (1804) précisent qu'elle doit être ronde (*circular shape*). Cependant, aucune spécification ne concerne encore une taille déterminée. Avec la formation du Grand Caledonian Curling Club en 1838, le volume de la pierre est déterminé par un poids qui ne peut excéder 50 livres (22.7 kg) avec un diamètre spécifié qui ne peut excéder 12 pouces (30.5 cm). Quelque vingt ans plus tard, en 1862, la règle précise que le poids ne peut être inférieur à 30 livres (13.6 kg) et la

---

[1] Le *driver* prendra par la suite le nom de *skip*.
[2] John Kerr, *History of Curling*, Édimbourg, David Douglas, 1890, p. 27-67. (440 p.)
[3] David B. Smith, *Curling : An Illustrated History*, Édimbourg, John Donald Publishers Ltd, 1981, p. 35. (232 p.)

circonférence supérieure à 36 pouces (91.4 cm). L'effort a donc été constant afin de standardiser à l'intérieur d'un certain écart le volume et le poids de la pierre. On accepte tout de même un bon degré de variabilité.

Figure 1
Des pierres très anciennes (*circa* XVIIIe siècle)

Source : Royal Caledonian Curling Club, Édimbourg.

Les premières tentatives de curling en Amérique du Nord allaient conduire à de tout autres usages. En effet, John B. Greenshields, un curleur écossais ayant séjourné au Québec entre 1802 et 1807, relate, dans une correspondance citée par Simpson[4], que le plus coriace des granites canadiens s'est avéré incapable d'encaisser les chocs et que les pierres s'abîment facilement. En raison des difficultés liées à l'importation de pierres écossaises à cette époque, on se tourna rapidement vers la fonte de fer. Greenshields raconte avoir fait préparer un moule et expédié le tout aux Forges du Saint-Maurice afin que soit coulé un outil de jeu plus résistant. La figure 2 montre ce qui pourrait bien être un premier fer de curling. Cette pièce, non encore identifiée par le conservateur, a été trouvée à Québec sous la Terrasse Dufferin lors de fouilles archéologiques en 1985. C'est un vestige qui date de la première moitié du XIXe siècle puisqu'il a été délogé dans les restes du dernier plancher du hangar à bois qui faisait partie des dépendances du château Saint-Louis.

---

[4] Robert W. Simpson, « The influences of the Montreal Curling Club on the development of curling in the Canadas 1807-1857 », mémoire de maîtrise, Western University, 1980, p. 35. (220 p.)

Figure 2
Vestige d'un probable fer de curling (*circa* 1820)

Les dimensions de l'objet sont à la circonférence de 21.3 pouces (54 cm), hauteur minimale de 2.6 pouces (6.5 cm). Il pèse 25.4 livres (11.5 kg). Le dessus montre en son centre une masse pouvant rappeler une tige apparentée à une poignée. Il n'y a pas de marque sur l'objet. Source : les dessous de la terrasse de Québec, Parcs Canada, Ville de Québec, numéro de l'objet, 38-G-18K12-30.

Bien que dans ses dimensions, cet objet ne rencontre pas tout à fait le prototype d'une pierre de curling, il est possible que ce soit un des premiers fers de curling en raison de la grande variabilité de poids et de taille tolérée encore au début du XIXe siècle et de l'inexpérience associée aux premiers moulages. Sa semelle est convexe, ce qui diminue la surface de portée sur la glace. On peut y déceler une certaine ressemblance avec la pierre que l'Écossais John Cairnie lance au siècle précédent (figure 3, page suivante). Au milieu du siècle, le poids d'un fer fait aux environs de 50 livres (22.7 kg).

Figure 3
Pierre et plumet de John Cairnie (1769-1842)

Source : Royal Caledonian Curling Club, Édimbourg.

L'*Officer's Trophy Room*, une toile de Krieghoff[5] qui dépeint l'univers sportif d'un officier écossais en 1846, ne permet

---

[5] Hugues de Jouvancourt, *Cornelius Krieghoff*, Toronto, Musson Book Company, 1973, p. 9. (144 p.)

malheureusement pas d'identifier un objet qui s'apparente au sport du curling. Pourtant, le peintre va lui-même pratiquer le sport lors de son passage à Québec entre 1853 et 1863, comme l'illustre une photo de Jules Livernois. Nous avons là d'ailleurs la première représentation photographique d'un fer et d'un balai (figure 4).

Figure 4
Membres du Quebec Curling Club (*circa* 1860)

Des membres du Quebec Curling Club au début des années 1860. Cornelius Krieghoff est le premier sur la droite. Source : Musée McCord, Montréal.

À cette époque, le balai fait partie de l'équipement du joueur et les règlements de Duddingston de 1804 le stipulent. Le joueur doit se présenter au match prémuni de son *besom*. Il est autorisé à balayer sa propre pierre sur presque toute la surface de jeu tandis que ses compagnons ne peuvent venir en renfort que pour les sept dernières verges (6.4 m)[6] avant le *tee*. Un peu plus tard, au début des années 1850, les partenaires eurent droit de balayer à compter du milieu de la piste. Le but est de polir la glace. Sans être en mesure d'expliquer clairement le phénomène, on conçoit que le balayage permet de faire glisser davantage la pierre. Les illustrations de l'époque nous révèlent que le balai canadien est en tout point semblable à un balai domestique sans forme spécifique tandis que le balai écossais est plus fusiforme, le prototype de l'instrument que l'on verra apparaître au Canada au milieu du XXe siècle. Précédant l'arrivée du balai avec un manche, des illustrations de la fin du XVIIIe nous présentent simplement une sorte de plumet retenu au poignet par un cordage (figure 3, page 24).

La piste de curling, le hack *et le* tee

Bien qu'il puisse y avoir encore une certaine variation de la longueur de la piste au début du XIXe siècle, la surface de jeu est déjà bien circonscrite. Il en est de même de la circonférence des cercles qui délimite une aire, la maison. Les règles du Grand Caledonian Curling Club[7] accordent une longueur de 42 verges (38.4 m) du point de lancer jusqu'au centre de la maison. Cette distance ne va plus varier du reste du siècle. Les cercles concentriques ont pour rayon, 2, 4 et 7 pieds (0.61, 1.22 et 2.13 m), le dernier n'étant pas proportionnel aux deux autres (figure 5). Il faudra attendre le milieu du XXe siècle avant que le RCCC ne régularise ce troisième cercle à 6 pieds (1.83 m).

Pendant que l'Écossais John Cairnie rédige en 1833 un essai afin de conseiller sur la méthode de réaliser un étang artificiel permettant le jeu de curling, les Canadiens ne vivent pas tout à fait la même réalité concernant l'enceinte de curling. Les cours d'eau sont abondants et gelés en permanence sur une longue période de temps. Cependant, le curling canadien doit affronter d'autres difficultés ; la neige et le froid en sont quand ce n'est pas le risque de se faire « chiper sa glace » par les

---

[6] Une ligne appelée ligne de jeu ou *hog line* spécifie cette délimitation sur la piste.

[7] Le Grand Caledonian Curling Club (GCCC) est le nom d'origine désignant ce qui sera par la suite, à compter de 1845, le Royal Caledonian Curling Club (RCCC). Le Grand National Curling Club obtient la mention de royal en 1843 et s'appellera pour une année Grand Royal Caledonian Curling Club.

prédateurs, c'est-à-dire ces marchands de blocs de glace toujours friands de trouver une surface dégagée de tout amoncellement de neige.

Figure 5
Dimensions de l'aire de jeu

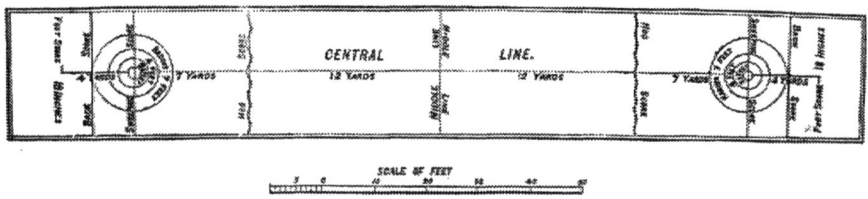

Le diagramme était le même au milieu du siècle. Source : *Annual*[8] de 1880-1881.

Le mérite d'une première tentative de curling sur une glace autre que celle d'un bassin naturel revient à un petit groupe de curleurs de Québec qui, avant 1810, pratiqua l'activité à l'abri dans un entrepôt désaffecté du côté du port[9]. Après avoir glacé la surface, les curleurs eurent la possibilité de s'adonner à ce sport dans des conditions moins rigoureuses. Par la suite, il sera question de curling intérieur en 1838 au moment où le club de Montréal trouve à son tour un entrepôt disponible et y installe une piste. Cette glace s'avérait tout de même de moins bonne qualité que la glace naturelle des cours d'eau. De plus, de capacité restreinte, ces hangars n'étaient pas très accommodants pour les spectateurs et les équipes toujours plus nombreuses impliquées dans les rencontres après 1840. On continua donc en alternant un curling de plein air et de hangar. Toutefois, la popularité du curling pratiqué à l'abri des intempéries prit lentement le dessus. En 1844, l'année suivant sa

---

[8] *Annual of the Royal Caledonian Curling Club for 1880-1881*, Édimbourg, Crawford & M'Cabe, 1881, p. 6. (353 p.)
[9] Robert W. Simpson, *op. cit.*, p. 35.

fondation, le club Thistle allait s'installer dans un entrepôt désaffecté servant habituellement au remisage des farines ; comme les Écossais étaient au cœur de l'élite commerçante de Montréal, la difficulté à trouver un vaste hangar n'eut rien d'insurmontable pour eux. Au début des années 1860, aucun club québécois ne possède encore un bâtiment qui lui est propre, c'est-à-dire entièrement réservé à la pratique du curling. Les conditions matérielles de jeu liées à l'absence d'un espace de convivialité entraînent une sorte de désaffectation qui explique en partie la stagnation de l'effectif des membres entre 1859 et 1869. Les clubs de Montréal tentent alors un rapprochement afin de se doter d'une installation commune, mais la manœuvre échoue en raison du peu d'intérêt manifesté à investir dans le projet par les membres du Montreal Curling Club. Pendant ce temps à Québec, le club Stadacona s'est associé aux promoteurs du patin à glace et partage avec eux un *skating rink*[10]. D'ailleurs, au cours de cette décennie, à Montréal comme à Québec, les organisateurs du curling s'appuieront à l'occasion sur les installations du patinage afin de réaliser certains tournois[11]. Le bonspiel en plein air sur le fleuve Saint-Laurent ne disparaît pas pour autant[12]. Enfin, ce n'est qu'à la fin des années 1860 que l'on voit s'ériger en propriété propre les premières véritables bâtisses de curling disposant d'un local aménagé.

Afin d'avoir une prise ferme lors du lancer, les Écossais disposaient d'une certaine panoplie d'équipements (figure 6). Au début, on utilisa surtout le *crampit*, une sorte d'attelage avec des pics sous la chaussure. Ces crampons abîmaient rapidement la surface glacée et on peut concevoir que la détérioration était encore plus grande lorsque la glace était mince. Source de frustrations chez de nombreux curleurs, on s'employa à trouver un substitut. En bon penseur du curling, John Cairnie eut l'idée d'un *foot iron*, une plaque de fer avec une légère proéminence à l'extrémité arrière.

---

[10] « The New Skating Rink », *Quebec Mercurey*, 18 janvier 1862, p. 2.
[11] « Victoria Skating Club », *Montreal Herald*, 9 mars 1867, p. 3.
[12] « Grand "Bon Spiel" », *Quebec Mercurey*, 27 février 1863, p. 3.

Figure 6
Équipements d'ancrage sur la glace (XIXᵉ siècle)

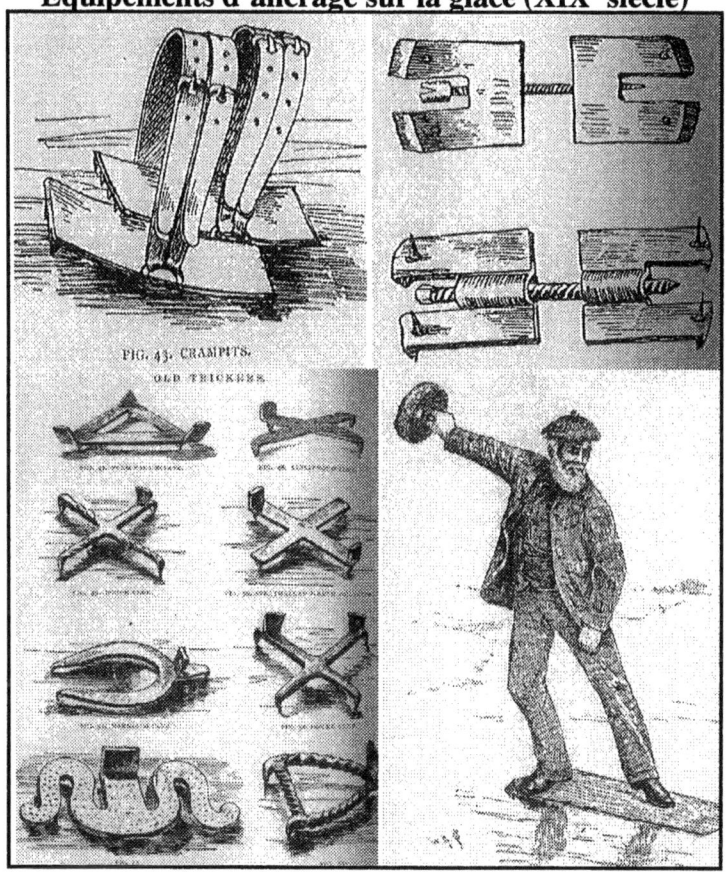

En haut, *crampits* et autres formes d'ancrage s'ajustant à la semelle ; en bas, différents modèles de *triggers* ; curleur lançant à partir du *Cairnie foot-iron*. Source : *History of curling*[13].

De plus, il existait aussi à cette époque le *tricker*, un support métallique avec pointes d'ancrage qu'on fixait dans la glace et déplaçait au besoin. Sans qu'ils ne fussent éliminés avant le début du XXᵉ siècle, ces équipements d'ancrage au lancer se simplifièrent en faveur de la

---

[13] John Kerr, *op. cit.*, p. 157-160.

forme fixe du *hack*, c'est-à-dire une simple cavité creusée dans la glace, complétée d'une pièce de bois à l'extrémité arrière. Les premiers curleurs du Montreal Curling Club avaient utilisé l'attelage à crampons, mais dès la décennie 1830, il semble que le *hack* gagna la faveur.

Enfin, sous le *tee*, on remarque une petite pièce d'équipement qui a toute son importance puisqu'elle permet de tracer efficacement les cercles concentriques sur la glace et demeure le point de référence lors de la mesure de pierres contestées. Kerr[14] attribue à Robert Palmer, du club écossais Currie, l'invention de cet objet de la forme d'un cône inversé assez pointu pour qu'on l'enfonce dans la glace, creux en son centre et possédant un léger rebord. Le même individu eut le mérite de développer un outil complémentaire, le *tee ringer*. Il s'installe à une extrémité dans l'orifice du cône inversé et permet de tracer les cercles concentriques (figure 7). Tout comme on doit à un certain W. Crichton, du club écossais Methve, l'invention d'un appareil de mesure des pierres litigieuses aux environs de 1865[15].

---

[14] John Kerr, *op. cit.*, p. 200.
[15] *Annual of the Royal Caledonian Curling Club for 1866*, Édimbourg, S. Forrester, 1866, p. 256. (276 p.)

Figure 7
Le *tee ringer* et le cône inversé

Source : *History of curling*[16].

Quant à la technique de lancer, les principales indications recueillies à partir d'illustrations montrent un curleur dans une position accroupie qui balance la pierre derrière lui et la dépose ensuite sur le côté sans que par la suite son corps soit engagé dans une forme particulière de glissade. C'est l'enfance de l'art de la technique (figure 8).

Figure 8
Les principales techniques de lancer en Écosse (*circa* 1870)

Source : *History of curling*[17].

---

[16] John Kerr, *op. cit.*, p. 376.
[17] John Kerr, *op.cit.*, p. 401-405.

Du jeu traditionnel à l'émergence d'un sport « écossais »

Ces premières descriptions mettent déjà en évidence le rôle prépondérant joué par l'Écosse dans l'essor et le développement de ce sport. Au moment où l'on retrace les premières véritables origines canadiennes du curling avec la formation du Montreal Curling Club en janvier 1807, le curling écossais compte déjà plus de deux siècles d'évolution. En effet, les premières empreintes remontent au début du XVIIe siècle : « And in several other places of this country, are to be found in great plenty, excellent stones for the game called curling. » Cet extrait tiré du *Cambden's Brittania* de 1607 est relaté par James Ramsay dans son essai[18] sur le curling. Cette mention précise de l'historiographie écossaise soulève tout de même une question : le curling a-t-il pris racine en Écosse ou tire-t-il ses origines du Vieux Continent ? Les Flamands seraient-ils les premiers à l'avoir pratiqué avant que leurs marchands ne l'introduisent ensuite en Écosse ? Puisqu'ils revendiquent la paternité du sport, les Écossais de toutes les époques sont restés « tourmentés » par ces questions. Qu'en est-il exactement ? Sous l'angle de l'étymologie, le mot curling pourrait être un dérivé de l'allemand *kurzweil* qui traduit un amusement ou encore *kluyten* qui évoluera vers *kuting* et signifie jouer avec des blocs ou des balles gelées. Bien qu'elle reste quelque peu nébuleuse, cette étymologie fait pencher la balance du côté d'une origine plutôt continentale du curling. Une œuvre comme celle *Des chasseurs dans la neige* (1565) de Pieter Bruegel[19] jette un doute de plus et permet encore d'alimenter cette controverse (figure 9).

---

[18] James Ramsay, *An Account of the Game of Curling*, Édimbourg, 1811, p. 23. (46 p.)
[19] Pieter Bruegel, l'ancien (1525-1569) est considéré comme le peintre nordique le plus important du milieu du XVIe siècle. La toile *Des chasseurs dans la neige* laisse entrevoir avec assez de netteté un jeu de curling.

Figure 9
Les chasseurs dans la neige (1565)

Source : Vienne, Kunsthistorishes Museum Wien.

Toutefois, ces tergiversations sur les origines flamandes ou écossaises du sport nous semblent un peu accessoires dans le cadre de cet ouvrage. En effet, s'il nous est impossible de déterminer l'exact précurseur d'un jeu traditionnel qui s'est déroulé aux XVIe et XVIIe siècles, il est nettement plus aisé d'accorder le mérite de la naissance du curling aux Écossais puisque ces derniers dotent l'activité de ces principaux attributs sportifs : une compétition, un enjeu où les règles sont uniformes et où la notion de *fair-play* est clairement établie dans un code de comportement écrit.

La naissance du curling revient donc à l'Écosse au moment où le sport en général comme forme sociale nouvelle est encore à l'état embryonnaire. Le curling fait donc partie des sports annonciateurs de la modernité puisque, à la fin du XVIIIe siècle, il est entièrement constitué. De plus, l'existence du curling écossais vient contredire un certain courant historiographique officiel qui attribue aux Anglais et à Thomas Arnold du collège Rugby la paternité d'un premier code de conduite écrit en matière de sport.

Plus spécifiquement, cette présence louable des Écossais est le fruit des efforts de deux associations : la Muthil Society et la Duddingston

Curling Society. Il faut noter que l'organisation de Muthil a laissé les règles et statuts écrits les plus anciens datant de 1739. En substance, les règlements permettent de régir la société. Il est question de l'élection des responsables, d'une cotisation à payer, des biens appartenant à la société, des modifications aux règlements par l'assemblée générale. Enfin, on précise le comportement du joueur en spécifiant qu'il ne peut jurer, parier, dire des gros mots sous peine d'une amende de deux *shillings*. Ce sont là les premiers éléments d'une éthique sportive.

Au cours du XVIIIe siècle, John Kerr[20] a recensé un total de 42 clubs en opération dont une dizaine a conservé des documents écrits qui témoignent de leur fonctionnement. Ces clubs possèdent des règles apparentées à celles de la Muthill Society. Curieusement, aucune de ces organisations ne fait état des règles devant régir directement le jeu de curling, et il faudra attendre l'engagement de la Duddingston Curling Society au tout début du XIXe siècle avant de retrouver non seulement le mode d'opération de la société mais aussi les règlements de jeu. De plus, Duddingston va plus loin que ses prédécesseurs et enrichit un peu plus le code régissant la société. Elle fournit en somme la philosophie du rassemblement, les buts, les valeurs entretenues : promotion de la santé et de la vivacité d'esprit, loyauté, sociabilité, paix et harmonie, respect de Dieu, de la religion, du Roi et des lois. Les règlements reflètent cette philosophie. Ainsi, lors d'un match, il est interdit de discuter de politique sous peine d'une amende de six *pence*. Cette organisation stimule aussi le sentiment d'appartenance en frappant une médaille distinctive appartenant à chaque curleur. Le rapport compétitif s'affirme un peu plus par la mise à l'enjeu annuelle d'une médaille d'or. Parce qu'il est un cercle élitiste avec un contingent appréciable de juristes et d'avocats, Duddingston confère au curling la dose requise de formalisme juridique. Il aura valeur d'exemplarité auprès des autres clubs et sera précurseur de la mise sur pied du Grand Caledonian Curling Club, l'autorité souveraine du curling.

---

[20] John Kerr, *op. cit.*, p. 115.

Les Écossais immigrants, mentalité, influence

Puisque l'héritage du curling est essentiellement écossais, il faut s'attarder sur les premiers mouvements de ce peuplement en Amérique tout en esquissant quelques traits de la mentalité écossaise. Nous croyons pertinent d'établir un point de départ avec le XVIIIe siècle. Géographiquement comme socialement, l'Écosse n'offre pas un paysage uniforme. L'Extrême-Nord est une contrée inhospitalière, de faible démographie. Les Highlands et leurs archipels peuplés par les descendants d'émigrants irlandais, les *Scotti*, constituent le berceau de la culture gaélique et sont organisés selon une structure de clan. Assis sur des terres fertiles, les Lowlands sont nettement plus développés et plus anglicisés. Malgré le fait que le traité de l'Union soit scellé avec l'Angleterre en 1707, les Écossais vont tout de même connaître un siècle de sentiments partagés et de transformations importantes sur les plans social, économique et culturel. Ce traité profite d'abord à une classe marchande des Lowlands pendant que le mécontentement et la frustration s'accroissent dans les Highlands. Le pays se trouve alors confronté à deux rébellions, celle de 1715, et celle de 1745 qui se termine par la défaite de Culloden en 1746. La répression culturelle qui s'ensuit est sans merci et rien n'est épargné afin de briser la structure clanique des Highlands. Les terres sont confisquées et transformées en de vastes pâturages. Les anciens combattants sont enrôlés et deviennent des régiments entiers au service de l'Empire. Les autres citoyens n'ont le choix que de migrer vers le Sud ou de traverser l'Atlantique. Le pays est à toutes fins utiles liquidé.

Ce contexte particulier de l'Écosse donne un avant-goût de ce que sera la venue des Écossais en terre canadienne. De plus, il annonce une certaine asymétrie culturelle de langue, de religion et de condition sociale. Par exemple, l'immigrant peut être un presbytérien bien nanti des Lowlands ou un agriculteur catholique des Highlands parlant la langue gaélique. Qui sont ces Écossais qui s'établissent au Canada avec la Conquête ? Sans trop simplifier, on pourrait les répartir en trois groupes. Il y a d'abord ces militaires démobilisés qui, avec le support du gouvernement, s'établissent sur de bonnes terres, et ce, immédiatement après la Conquête. On a d'ailleurs qualifié de succès cette colonisation militaire[21]. La plupart proviennent des Highlands, mais le curling ne fait partie de leurs mœurs. Ensuite, un fort contingent d'Écossais tournés vers l'agriculture et la colonisation émigre au Canada. De condition fort modeste, ces émigrants viennent en majorité des Highlands et des archipels environnants. Si l'histoire a surtout retenu les noms des Écossais puissants qui ont dominé la vie économique canadienne après la Conquête et au tournant du XIXe siècle, il faut réaliser que la plupart des Écossais arrivés ici entre 1760 et 1820 comptaient sur un très faible capital économique. Ils se sont implantés dans différents coins du Canada, en Ontario du côté de Glengarry, à l'Île-du-Prince-Édouard, en Nouvelle-Écosse et au Québec dans les Cantons de l'Est et ils ont accumulé par la suite au cours de leur vie un patrimoine respectable. De plus, ils apportaient avec eux un bagage de traditions où les divertissements physiques avaient leur place mais le curling n'était pas de la liste. Par exemple, il ne sera pas question de curling au sein de la communauté gaélique des Cantons de l'Est, communauté qui tire ses origines de l'Archipel des Hébrides[22]. Enfin, une classe d'affaires provenant essentiellement des Lowlands s'installe de façon convaincante au Canada après 1760. Cette dernière génère dans son sillage une émigration de travailleurs spécialisés.

Entre 1783 et 1803, dans une vague importante d'émigration écossaise au Canada, on rapporte que le contingent était moins démuni qu'à d'autres époques, que plusieurs exerçaient un métier ou une profession et qu'ils voyageaient sans l'aide de quiconque[23]. On devine que le recrutement de travailleurs se faisait donc à partir des villes portuaires du Sud comme à Glasgow, une émigration plus massive qui

---

[21] K. J. Duncan, « Les types de colonisation dans l'Est », W. Stanford Reid, dir., *La tradition écossaise au Canada,* Ottawa, Centre d'édition du gouvernement du Canada, 1980, p. 70. (401 p.)
[22] Jean-Pierre Kesteman, *Les Écossais de langue gaélique des Cantons de l'Est,* Montréal, Éditions G.G.C., p.11. (88 p.)
[23] R. Maclean, « La tradition Highlander catholique au Canada », W. Stanford Reid, dir., *La tradition écossaise au Canada,* Ottawa, Centre d'édition du gouvernement du Canada, 1980, p. 126.

prend sa source des Lowlands. L'ouvrage ancien de Peter Sellar[24], une histoire de la colonisation dans le comté de Huntingdon, témoigne de cette réalité. Parmi les Britanniques qui s'installent du côté de Beauharnois et de Châteauguay au début du XIXe siècle, un bon nombre provient du Sud de l'Écosse[25]. Certains sont des agriculteurs, mais d'autres ayant exercé des professions diverses en Écosse vont faire l'apprentissage de ce dur labeur de colonisateur. C'est essentiellement à travers le mouvement des immigrants *lowlanders* qu'il nous faut rechercher les premiers véritables initiateurs du curling au Canada.

Lors du recensement de 1871 où l'origine ethnique est identifiée pour la première fois, les Écossais représentent la proportion la plus faible des citoyens d'origine britannique avec 4,2 %[26]. Toutefois, ces derniers dominent la société à plus d'un chapitre et leur contribution aux principales institutions est remarquable. Il faut d'abord noter cette nette prédominance du monde des affaires. Le tableau 1 de la page suivante présente quelques citoyens émérites d'origine écossaise membres du Montreal Curling Club à ses débuts.

---

[24] Peter Sellar, *The History of the County of Huntingdon and of the Seigniories of Chateaugay and Beauharnois*, Huntingdon, The Canadian Gleaner, 1888, 584 p.
[25] Peter Sellar, *op. cit.*, p. 259.
[26] Paul-André Linteau, René Durocher, Jean-Claude Robert, *Histoire du Québec contemporain, tome I, de la Confédération à la Crise (1867-1929)*, Montréal, Boréal, 1989, p. 52. (758 p.)

Tableau 1
Écossais du Montreal Curling Club et rang social (*circa* 1807)

Nom	Titre
Armour, Robert	Éditeur et propriétaire du journal *The Gazette*
Garden, George	Fondateur de la Banque de Montréal
Gillespie, George	Homme d'affaires, partenaire dans Gillespie, Moffat Co.
Leslie, James	Politicien, sénateur
Somerville, James	Révérend de la « Scotch Presbyterian Church »
Skakel, Alexander	Physicien
Turner, Thomas A.	Fondateur de la Banque de Montréal

Source : « The Influences of the Montreal Curling Club on the Development of Curling in the Canadas 1807-1857 »[27].

Les Écossais possèdent d'importants leviers financiers et les utilisent non seulement à leurs fins personnelles mais aussi au bien-être de leur communauté d'origine. La nouvelle colonie devient une occasion rêvée d'étendre l'activité commerciale déjà bien engagée au sein de l'Empire avec le transport maritime. Les secteurs des pelleteries mais surtout le commerce du bois après 1780 en deviennent les fers de lance. Au début du XIXe siècle, Montréal est une plaque tournante du commerce nord-américain et va maintenir cette suprématie tout au long du siècle. Les Montréalais écossais sont aux premières loges afin de profiter de ces retombées. Ils forment alors la classe des mieux nantis et certains accumuleront des fortunes colossales se hissant ainsi parmi la haute bourgeoisie canadienne.

---

[27] Robert W. Simpson, *op. cit.*, p. 158.

Controverse au sujet de la naissance canadienne du curling

Avant de clore ce premier chapitre, nous aimerions examiner cette question de la naissance du curling en 1760, immédiatement après la Conquête. D'après un récit de George Gale, les soldats écossais du 78e régiment des Fraser Highlanders blessés lors de la bataille de Sainte-Foy se seraient retirés dans un hôpital près de la rivière Saint-Charles et auraient pratiqué le curling durant leur convalescence[28]. À cette construction fantaisiste, s'ajoute encore un élément quand on prétendit que le régiment avait fait fondre des boulets de canon afin de fabriquer un équivalent à la pierre de curling[29].

Après la Seconde Guerre mondiale, cette légende connaîtra une diffusion telle que de nombreux clubs vont l'intégrer à leur historique. Quelques monographies récentes[30] l'ont reprise à leur compte, et la Monnaie royale canadienne a frappé il y a quelques années une pièce commémorative du curling en établissant la Conquête comme point d'origine de ce sport. Nous allons donc réfuter cette assertion et joindre les vues d'autres historiens éclairés sur le sujet, Robert W. Simpson[31], David B. Smith[32] et John A. Stevenson[33]. Aucun d'entre eux n'accrédite cette thèse de la naissance du curling à Québec en 1760.

La première question que l'on doit poser est de savoir si les soldats Highlanders pratiquaient déjà le curling en Écosse à cette époque. L'*Annual* de 1842 du Grand Caledonian Curling Club répond indirectement à cette interrogation en référant à deux ouvrages qui

---

[28] L'auteur prend soin d'ajouter : « While nothing authentic bearing on the subject is known. » George Gale, *Historic Tales of Old Quebec*, Québec, Telegraph Printing Company, 1920, p. 191. (245 p.)

[29] « When Canada Curls », *The Seigneur Club Magazine*, décembre 1931, p. 28.

[30] W. H. Murray, *The Curling Companion*, Glasgow, Richard Drew Publishing, 1981, p. 115. (190 p.) Mark Heller, *The Illustrated Encyclopedia of Ice Skating*, Londres, Paddington Press, 1979, p.135. (223 p.)

[31] Robert W. Simpson, *op. cit.*, p. 34.

[32] David B. Smith, *op. cit.*, p. 130.

[33] John A. Stevenson, *Curling in Ontario 1846-1946*, Toronto, Ryerson Press, 1950, p. 23. (272 p.)

témoignent des mœurs et des coutumes dans les Highlands. Passant en revue les pratiques sportives de l'époque, cette synthèse indique clairement que le curling n'est pas du nombre. Dans son histoire du curling, le révérend Kerr souligne que ce sport est au XVIIIe siècle une pratique typique du Sud de l'Écosse. Ce trait culturel appartient donc aux citoyens des Lowlands et, rappelons-le, l'émergence du curling en Amérique du Nord passe par leur établissement. À peine sortie de la rébellion de 1745 et fraîchement enrôlés dans les armées de l'Empire, il serait plutôt surprenant que les Highlanders aient intégré une forme d'amusement propre aux Lowlands. D'autre part, qu'est-ce qui aurait pu pousser les soldats à utiliser immédiatement la fonte plutôt que la pierre comme outil de jeu ? Selon une prise de décision fondée sur le mode de l'essai erreur, il aurait fallu compter un délai de plusieurs saisons avant d'expérimenter un autre matériau que la pierre.

De plus, à partir des sources écrites des militaires, personne n'a recensé à ce jour quelque bribe d'information qui pourrait valider cette hypothèse. Les mœurs de la garnison nous révèlent plutôt que les coriaces Écossais habitués aux conditions des Highlands trouvèrent très rudes les premiers hivers à Québec[34]. Enfin, au cours du XIXe siècle, aucune monographie[35], article de journal ou délibération de clubs ne fait état de cette naissance particulière du curling québécois. La tradition[36] d'un sport qui prend forme à la Conquête s'inventera donc plus tard au XXe siècle. L'intérêt pour l'historien est d'établir l'endroit, le moment précis où la fable trouve sa naissance, qui l'invente et pour quels motifs on cherche ensuite à cultiver le mythe. Il ne faut vraisemblablement retenir qu'une seule histoire avant la fondation officielle du Montreal Curling Club en

---

[34] J. R. Harper, *The Fraser Highlanders, 2e Edition*, Montréal, David M. Stewart Museum, 1995, p. 102. (221 p.)

[35] Nous faisons référence ici à trois ouvrages écossais anciens : John Kerr, *History of Curling*, Édimbourg, David Douglas, 1890, p. 323. (440 p.). James Taylor, *Curling, The Ancient Scottish Game*, Édimbourg, William Paterson, 1887, p. 394. (398 p.). John Gordon Grant, *The Complete Curler*, Londres, Adam and Charles Black, 1914, p. 52. (220 p.)

[36] C'est bien une tradition inventée au sens où Eric Hobsbawm la définit. Eric Hobsbawm et Terence Hill, *The Invention of Tradition*, Cambridge, Cambridge University Press, 1984, 320 p.

1807 et c'est celle qui est relatée dans la correspondance des curleurs de la première heure, John B. Greenshields et John Dyde[37] ; le curling a été pratiqué de façon plutôt informelle à Québec et du côté de la Mill Dam à Beauport autour des années 1805 et 1806 par un petit groupe d'Écossais. Nous ne pouvons en dire davantage.

Conclusion

Le curling de la première moitié du XIXe siècle appartient à l'Écosse et aux Écossais. Assurément, ils vont donner vie à l'activité et lui conférer les éléments qui en font dorénavant un sport, un jeu très bien défini dans ses règles et ses codes de comportements, presque identique à celui qu'on retrouve aujourd'hui. On assiste de plus à l'éclosion d'un imposant réseau de clubs au sein même de leur terre natale, exclusivement dans les Lowlands. Le Canada sera du même coup un des premiers pays de l'Empire à profiter de ce rayonnement. Sans être la plus considérable, leur immigration est constante et disséminée sur un vaste territoire. Les Écossais sont donc les premiers et les seuls initiateurs du curling en Amérique du Nord. Avec un sport qui doit compter sur un climat hivernal pour sa réalisation, le Canada offre une saison de jeu à nulle autre pareille. Le curling du Bas-Canada illustre déjà une évolution originale de l'univers matériel du jeu. On utilise la fonte de fer pour se fabriquer l'équivalent d'une pierre de curling et on sait se mettre à l'abri du froid intense en jouant à l'intérieur de bâtiments qui ne sont pour le moment que des entrepôts ou de vastes hangars.

Enfin, on ne peut souscrire à cette idée de la naissance du curling à Québec en 1760 au moment de la Conquête. Le dépouillement à ce jour des écrits de la garnison n'a fourni aucune indication qui accréditerait ce récit. De plus, on sait que le curling ne compte pas parmi les pratiques ludiques des soldats des Highlands écossais. Difficile de croire qu'ils se seraient spontanément exercés à ce jeu dans l'environnement encore hostile que pouvait représenter Québec à ce moment. Cette légende ne tient que de la tradition inventée.

---

[37] Robert W. Simpson, *op. cit.*, p. 35.

CHAPITRE II

PREMIÈRE SOCIABILITÉ DU CURLING

En parallèle d'une vie sportive qui connaît ses premiers ébranlements, se déploie une vie de relations qui mérite qu'on s'y attarde. Ce deuxième chapitre fera écho à la sociabilité du curling autour des premiers clubs à naître. Le lecteur pourra apprécier l'atmosphère plutôt festive à travers quelques récits où le sport n'est en fait que le prétexte à la rencontre de ces bons Écossais. Toutefois, après 1840, avec la mise à l'enjeu des médailles du Royal Caledonian Curling Club (RCCC)[1], un curling plus sportif se structure graduellement. Les francophones brillent par leur absence. Nous devrons approfondir cette question. Enfin, cette première tranche d'existence ne va pas sans susciter une réflexion concernant la survie de cette jeune institution sportive. Quels facteurs confèrent déjà au curling cette surprenante stabilité dans le temps ?

Une vie associative prend forme

Le contexte général

Afin d'apprécier la sociabilité sportive au XIXe siècle, il serait à propos de synthétiser brièvement comment s'épanouit la vie associative en général à cette époque. Avant 1815, Yvan Lamonde[2] identifie au Bas-Canada une sociabilité exclusivement urbaine qui se manifeste à travers les rassemblements de salons et de cafés à Montréal et à Québec, deux villes encore peu populeuses d'environ 15 000 habitants. Jusqu'en 1840, pendant que les francophones vivent surtout une sociabilité liée à leur patriotisme, celle des Britanniques est nettement plus diversifiée et les Écossais sont exemplaires sous ce rapport ; ils se dotent d'associations

---

[1] Rappelons que cet organisme a d'abord porté le nom de Grand Caledonian Curling Club à sa naissance en 1838.
[2] Yvan Lamonde, *Histoire sociale des idées au Québec*, Éditions Fides, 2000, p. 68. (573 p.)

telles la St. Andrews Society, la Highland Society, le Beaver Hall Club avec en plus des associations à fonction unique comme les Horticultural Society, Natural History Society, Theatre Society[3]. Les sports entrent dans cette catégorie. Après cette date, on voit se multiplier des associations chez les francophones comme l'Institut canadien, l'Institut des artisans ou l'Union catholique. Plus de 130 associations culturelles naîtront entre 1840 et 1880 avec un apogée de fondations autour de 1858. À Québec, à Montréal mais aussi un peu partout en province, des agglomérations plus ou moins importantes se donnent des lieux de discussion de la chose publique, une vie de relations chez les Canadiens[4] que Lamonde nomme sociabilité de toge et des professions libérales[5].

Quelles sont donc les associations sportives qui voient alors le jour ? Dans la première moitié du XIXe siècle, Donald Guay a identifié à l'égard de cinq sports précurseurs autant d'associations qui les chapeautent. Le tableau 2 nous les présente. Selon cet auteur, il ne semble pas que les Canadiens participent à la vie associative de ces premiers clubs. Le curling fait-il exception à la règle ? La question sera examinée un peu plus loin. Toutefois, Guay remarque que les francophones assistent aux régates et aux courses de chevaux. En 1808, un programme de courses organisé à Québec va attirer entre trois et quatre mille personnes[6]. Il faut reconnaître l'expression d'une sociabilité de masse à travers les premières manifestations de sport, sociabilité à laquelle les francophones participent.

---

[3] Robert W. Simpson, « The Influences of the Montreal Curling Club on the Development of Curling in the Canadas, 1807-1857 », mémoire de maîtrise, Western University, 1980, p. 48. (220 p.)

[4] Tout au long de cet ouvrage, on désigne les francophones par le vocable de Canadien avant la Confédération ; entre 1867 et 1960, on parlera des Canadiens français ; à compter de 1960, ils s'appellent Québécois francophones. Le terme francophone permet de les nommer indistinctement de l'époque.

[5] Yvan Lamonde, op. cit., p. 431.

[6] Donald Guay, La conquête du sport. Le sport et la société québécoise au XIXe siècle, Outremont, Lanctôt Éditeur, 1997, p. 54. (244 p.)

Tableau 2
Les premières associations sportives québécoises

Secteur sportif	Nom de l'association	Année de fondation
Courses de chevaux	Quebec Turf Club	1789
Curling	Montreal Curling Club	1807
Régates	Rowing Club	1837
Athlétisme	Montreal Olympic Club	1842
Raquette à neige	Montreal Snow Shoe Club	1843

Les clubs pionniers

Difficile de s'attacher aux questions relatives à la sociabilité sans nommer les premiers acteurs institutionnels du curling ! Le tableau 3 brosse la situation « officielle » du curling en 1859 et 1869 et permet de retracer les premières fondations. Entre 1807 et 1870, le nombre de clubs au Québec passe de un à six. On peut estimer que le nombre de joueurs au Québec oscille à ce moment-là autour de quelques centaines avec un léger recul du nombre total de membres entre 1859 et 1869. Montréal compte trois établissements à partir de 1850. La ville de Québec n'a plus que deux clubs en opération en 1869. Cependant, il y a eu un certain mouvement à Québec. Il y avait trois clubs au début des années 1850 avec la présence d'un autre club militaire, le club Cameron. On en perd la trace au cours de la même décennie. En 1862, du côté de Lévis, naît le club Hadlow avec un total de 29 joueurs dont quatre francophones. Ce club porte le nom d'un quartier de la ville. Il regroupe entre autres des employés du chemin de fer du Grand-Tronc et est situé à proximité du terminus[7].

---

[7] « Curling Match », *The Quebec Mercury*, 24 janvier 1863, p. 3.

Tableau 3
Liste officielle des clubs en 1869

Nom du club	Année de naissance	Nombre de membres recensés		Nombre de francophones
		1859	*1869*	*1869*
Montreal	1807	59	34	0
Montreal Thistle	1843	55	39	0
Montreal Caledonia	1850	24	38	0
Quebec	1821	33	38	2
Quebec Stadacona	1847	15	19	1
Buckingham	1855	23	21	2
Total		209	189	5

En 1867, Hadlow a toujours pignon sur rue, regroupant 42 joueurs. Deux ans s'écoulent et, brusquement, il ne sera plus jamais question de curling à Lévis. La figure 10 présente quelques vestiges de l'époque.

Figure 10
Médailles emblématiques du Hadlow Curling Club de Lévis (1862)

Source : *International Curling Magazine*[8].

Seul établissement à l'extérieur des agglomérations de Montréal et de Québec, Buckingham naît en 1855. Cette participation n'est pas entièrement fortuite. Dans un ouvrage substantiel[9] sur les pionniers du comté d'Argenteuil, on fait état d'une présence écossaise importante en spécifiant que les Lowlanders se sont établis davantage aux environs de Lachute au cours de la première moitié du siècle.

Même si le Québec peut se targuer de posséder sur son territoire le premier club de curling de l'histoire de ce sport au Canada, le mérite s'arrête là. L'Ontario prend rapidement sa mesure au cours de la décennie 1830 et compte déjà 24 établissements en 1869, un succès attribuable en

---

[8] Hugh Edward Weyman, « A Missing Link in Curling History is Discovered », *International Curling Magazine*, janvier 1963, p. 46-47.
[9] C. Thomas, *History of the Counties of Argenteuil Que. and Prescott, Ont.*, Montreal, John Lovell and Son, 1896, p. 63. (663 p.)

partie au peuplement écossais dans le Haut-Canada, un total estimé de 76 000 personnes en 1852, plus de cinq fois celui du Bas-Canada[10].

Et ailleurs dans le monde, quel est l'état du développement ? Nul doute, l'Écosse fait bande à part et mérite le titre enviable de berceau du curling. Le nombre de clubs affiliés au RCCC connaît une progression phénoménale en passant de 28 clubs en 1838-1839 à 373 trente ans plus tard. Chose certaine, l'Écosse vit déjà un âge d'or du curling à cette période malgré une saison de sport qui ne peut jamais être trop longue. Curieusement, après avoir laissé quelques indices de l'existence dès le XVIe siècle d'un jeu apparenté au curling, les habitants de la Flandre et du Nord de l'Europe ne structurent rien qui vaille à cette époque. Seul l'Angleterre connaîtra un certain développement. Un premier club naît à Leeds en 1820 ; toutefois, jusqu'en 1860, le pays voit le curling s'enraciner sur son territoire à un rythme qui n'est pas supérieur à celui qu'on retrouve au Québec. Le mouvement s'accélère par la suite. Avec Belfast, l'Irlande compte un premier club en 1841, mais les débuts sont laborieux tant et si bien qu'en 1869 on se retrouve avec le même total. Ces données confirment encore que les Écossais sont les seuls initiateurs du curling en Amérique du Nord. Ils joueront un rôle analogue en Nouvelle-Zélande où les premiers clubs officiels naissent au tournant de 1870[11].

Enfin, quelques clubs ont laissé très peu de traces si ce n'est qu'on relate leur existence à partir des délibérations d'autres clubs : la Curlers' Society of Montreal et le club de Côte-à-Barron sont de la liste. Bien que le club de Riverfield célébrait récemment en l'an 2000 son 175e anniversaire de fondation, il est difficile de témoigner d'une activité soutenue entre 1825 et 1870. Tout au plus, se fondant sur des témoignages recueillis, Peter Sellar[12] fait état d'un match entre James Davies, jadis un bon curleur en Écosse, et son voisin William Miller. On

---

[10] Charles W. Dunn, « Scottish Origin, People of », *Encyclopedia Canadiana*, vol. 9, Toronto, Grolier, 1977, p. 247-249.

[11] Christine Cameron, *History of New Zealand Curling*, [s.l.n.é.], p. 2. (97 p.)

[12] Peter Sellar, *The History of the County of Huntingdon and of the Seigniories of Chateaugay and Beauharnois*, Huntingdon, The Canadian Gleaner, 1888, p. 267. (584 p.)

aurait alors troqué les fers pour des blocs de bois. Ni les délibérations des clubs Thistle et Montreal, ni les relevés du RCCC ne font état par la suite d'une quelconque existence du club Riverfield à cette époque. Le dépouillement systématique du journal régional, *The Canadian Gleaner* entre 1863 et 1870 n'a pas permis de retracer une activité courante de curling. L'absence d'une organisation structurée n'aura donc laissé qu'une image impressionniste de cette fondation.

La présence militaire

Le tableau 3 nous l'indiquait : sur une soixantaine d'années, on en arrive à la formation d'un premier réseau de clubs avec une masse significative de joueurs. Toujours embryonnaire en 1840, ce réseau connaît un premier essor en partie grâce à la présence militaire au cours de la même décennie. Si on ne peut leur attribuer la paternité du curling au moment de la Conquête, l'engagement des officiers entre 1830 et 1870 est particulier. La relative accalmie qui s'installe après les Rébellions leur laisse donc beaucoup de temps libre[13]. À la fin de la décennie trente, le Montreal Curling Club répond alors à une requête du colonel Cathcart des 1th King's Dragoon Guards en expédiant dix paires de fers à deux régiments cantonnés au sud de Montréal. Ainsi, avant même la naissance du club Thistle en 1843, le Montreal Curling Club organise un match avec le régiment du 71th Highland Light Infantry près de Saint-Jean. Lorsque ce régiment fut rapatrié à Montréal en 1842, plusieurs militaires joignirent les rangs de l'établissement montréalais. Robert Simpson[14] a dénombré pas moins de 28 militaires qui ont été membres du Montreal Curling Club entre 1840 et 1857. La situation est analogue à Québec où ces derniers font sentir leur présence (figure 11, page suivante).

---

[13] Il est à propos de distinguer l'officier du simple soldat puisque les sports sont réservés à l'élite militaire. Claudette Lacelle, *La garnison britannique dans la ville de Québec d'après les journaux de 1764 à 1840*, Ottawa, Parcs Canada, Histoire et Archéologie, n° 23, 1979, 110 p.

[14] Robert W. Simpson, *op. cit.*, p. 205.

Figure 11
Une invitation pour les militaires et les parlementaires (1863)

Source : *Quebec Mercurey,* 25 février 1863.

Cette fois, ils se regroupent au sein de deux clubs distincts, Cameron et Stadacona, et deviennent des membres en règle du RCCC à la fin de la décennie de 1840. Quelques années avant leur retrait définitif, les militaires fondent encore un nouveau regroupement, le Royal Engineers ayant pour domicile Pointe-Lévis. En fait, il se trouve que ce groupe militaire est employé à la fortification sud des hauteurs de Lévis. On pourrait spéculer sur le fait que leur départ ait précipité la fin du club Hadlow, l'autre club de la Rive-Sud.

Loin d'être marginal, cette participation des militaires aura contribué à l'implantation du curling et à la première expansion des réseaux locaux de compétition au moment où il était particulièrement difficile de se déplacer en raison des distances et de la lenteur des moyens de communication. Toutefois, ces quelques regroupements n'eurent qu'un effet provisoire sur la jeune organisation du curling. Après le départ massif de la garnison au début des années 1870, les militaires restants intégrèrent les clubs civils.

L'essence d'une pure sociabilité

La convivialité au Montreal Curling Club

Des six règles que se donne le Montreal Curling Club en 1807 lors d'un premier rassemblement, il y en a trois qui concernent les usages festifs de l'après-match. Il nous semble que ce début du curling à Montréal exprime de façon éloquente l'idée de la solidarité et de la convivialité spontanée proche de l'intimité familiale. L'action va donc se centrer au tout début sur la rencontre sociale, un rituel où l'on déguste le traditionnel *beef and greens* copieusement arrosé de la boisson nationale. Aussi, les règles déterminent à cette époque un enjeu qui n'est pas une médaille mais l'obligation plutôt étonnante pour l'équipe vaincue de payer *a Bowl of Whisky Toddy* lors des libations suivant la partie. Thomas Blackwood (voir l'encadré de la page suivante), l'animateur principal du Montreal Curling Club pendant près de trente ans, admit un jour l'erreur d'avoir privilégié autant la dimension sociale. Ainsi, il écrivait : « experience soon shewed us that some indolent members, who were not keen curlers, had joined the Club for the sake of conviviality: they were very seldom absent from the dinner table, though rarely to be found on the Rink[15] ».

---

[15] *Minute Book* du Montreal Curling Club, premier livre.

**Figure 12
Thomas Blackwood**

Source : *Scrap Book* du Royal Montreal Curling Club.

Thomas Blackwood a été le premier président du Montreal Club en 1807[16]. Cet honneur aurait pu ne prendre aucune signification particulière, mais jusqu'en 1840 ce personnage sera l'un des principaux propagandistes du curling à Montréal. En effet, il est du groupe restreint de six personnes qui relancent le club en 1820. Quelque douze ans plus tard, c'est encore lui qui sollicite par un avis ses compatriotes montréalais afin de stimuler la participation au curling. Le club ne compte alors que huit membres. À la fin de l'année 1840, après de nombreuses années de dévouement à titre de secrétaire, Thomas Blackwood présente sa démission et devient un membre honoraire jusqu'à son décès en 1842. Sur le plan professionnel, Blackwood est un notable engagé dans le commerce de fourrures. Il est associé à la firme de James McGill[17]. En 1822, Blackwood est élu président d'un comité de commerce qui devient par la suite le Board of Trade de Montréal[18].

---

[16] *Minute Book* du Montreal Curling Club, premier livre.
[17] C'est James McGill qui par le don du domaine de Burnside permit la réalisation de l'université du même nom.
[18] Robert W. Simpson, *op.cit.*, p. 61.

Voyons un peu plus en détail comment cette sociabilité s'est exprimée à travers la vie associative du Montreal Curling Club. De 1807 à 1813, le club vit une activité continue sans que ce ne soit jamais un calendrier trop chargé de rencontres sportives ou sociales. Par la suite, les délibérations du club tiennent de la page blanche jusqu'à 1820. On peut supposer que le début des hostilités avec les Américains associé à un climat de morosité économique serait en partie responsable de la suspension des activités. Si le club n'eut pas cette régularité souhaitée, on pourrait évoquer encore quelques motifs. Certes, il y avait une masse critique de membres, mais permettait-elle de faire chaque mercredi un match de midi à quinze heures comme les règlements du club le stipulent ? Il semble que non. Les premiers membres privilégiaient surtout la convivialité de l'après-match et toujours selon les comptes rendus[19] de Blackwood, la majorité n'avait pas été initiée au curling en Écosse. En effet, George Gillespie était le seul à posséder les habiletés du curling. On s'imagine que sans cet « entraîneur » le match ne pouvait que difficilement se dérouler. Enfin, on s'exposait à des conditions climatiques autrement plus rigoureuses qu'en Écosse. La glace ne manquait pas, mais elle était souvent recouverte de neige.

Le début de la décennie de 1820 salue le retour des activités du Montreal Curling Club. Avec cette renaissance, les statuts et règlements en disent un peu plus avec huit règles qui précisent la façon de jouer et le mode d'organisation. Toutefois, l'enthousiasme sera de courte durée. De 1824 à 1832, le club ne connaît pas une activité fébrile. On a toujours peine à rassembler le nombre nécessaire de joueurs. Entre temps, Québec s'est dotée d'un regroupement en 1821 et Halifax en fait de même en 1824. Au cours des années 1830, on voit poindre de nouveaux établissements dans le Haut-Canada en particulier où sept clubs amorcent leurs activités. Le phénomène du curling au Canada prend un caractère d'irréversibilité. Il n'y a plus qu'un pas à franchir avant que deux clubs éloignés décident d'une rencontre. La sociabilité est toujours bien vivante comme en témoigne cette anecdote datant de 1832. Il est question de la note de repas des membres du Montreal Curling Club lors d'une activité

---

[19] *Minute Book* du Montreal Curling Club, premier livre.

tenue à l'Hôtel Orr. L'addition inclut les frais suivants : une bouteille et demie de Whysky, 6 bouteilles de « whisky for toddy », 10 bouteilles de Madère, 4 bouteilles de Porto, 12 verres de Brandy et 300 huîtres. D'autres frais s'ajoutèrent pour le bris des verres...[20]

Une première mutation de sociabilité

L'affaire peut sembler banale mais le Montreal Curling Club tient huit réunions au cours de 1836 et à la toute fin de l'année il répond positivement à l'invitation de John Dyde, alors secrétaire du Quebec Curling Club, de tenir un premier match intercités. Ce premier match ne revêtirait-il qu'un caractère anecdotique dans la légendaire rivalité entre Québec et Montréal ? Il a toute son importance puisqu'il représente une première avancée dans le processus de « sportivation » du curling. Malgré le fait que le Bas-Canada traverse une période trouble de son histoire avec les Rébellions de 1837-1838, des matchs se tiennent maintenant sur des bases plus régulières à raison de deux fois semaine. On souligne que des membres jouent presque tous les jours. De plus, on se crée des catégories nouvelles en opposant les nouveaux aux anciens, les Écossais de souche aux natifs d'ici, les hommes mariés aux célibataires[21]. Les premières récompenses sous forme de médailles emblématiques feront bientôt leur apparition. À travers ces quelques indicateurs, il faut reconnaître l'amorce d'un changement dans la façon de pratiquer le curling ; une première mutation dans la nature du comportement social. La sociabilité des débuts s'est transformée. Elle a fait place à un curling « plus sérieux ». Le milieu des années 1830 marque donc une première transition dans le curling québécois.

---

[20] *Minute Book* du Montreal Curling Club, premier livre.

[21] L'idée n'est pas entièrement nouvelle puisque cette catégorie un peu fantaisiste de rencontre existait déjà en Écosse au XVIIIe siècle. Cependant, ce match sera maintenu par la suite et il constitue en 1850 la première tradition d'une compétition de curling à Montréal. John Kerr, *History of Curling*, Édimbourg, David Douglas, 1890, p. 126. (440 p.)

D'un curling aléatoire aux allures folkloriques, on passe maintenant en seconde vitesse. Les activités de curling continuent de se régulariser. D'une part, on ne connaîtra plus de longues périodes d'interruption. Sans qu'il soit encore question d'une temporalité très définie, très organisée, le RCCC structure dorénavant un programme compétitif élémentaire. Par exemple, lors de son admission à cet organisme en 1841, le Montreal Curling Club se voit octroyer une Silver Medal qui se dispute entre les membres du club. L'arrivée d'un second club affilié au RCCC signifiera une rencontre entre les clubs Montreal et Thistle pour l'obtention d'une première District Medal en 1845. Par la suite, au fur et à mesure que des clubs s'ajoutent, le RCCC offre à chaque année un certain nombre de médailles devant être disputées entre eux. Quelle forme le rapport compétitif prend-t-il à ce moment-là ? Selon les prescriptions de la société mère écossaise, les matchs sont planifiés sous le mode d'un défi interclubs sans respecter toutefois une logique spatiale particulière : Québec peut disputer une District Medal contre Kingston et se retrouver l'année suivante dans une compétition analogue avec Lévis (Hadlow). Au début de la décennie de 1860, le rayonnement accru du réseau ferroviaire facilite grandement cette approche. Ainsi, le Montreal Curling Club prendra régulièrement le chemin de Kingston pendant que le Quebec Stadacona ira jouer à Montréal contre Toronto[22]. Tout en trouvant plaisir à se confronter à des adversaires éloignés, une véritable identité de club se crée localement à Québec et à Montréal entre 1840 et 1870. Toutefois, le réseau local de Québec sera fragilisé davantage avec le départ des militaires. En 1865, les clubs montréalais se dotent d'une coupe en argent, emblématique d'un premier championnat de Montréal[23].

On reconnaîtra à ce phénomène précurseur l'idée neuve d'établir le champion au sein d'un ensemble. C'est un progrès notable en ce qui touche la dimension compétitive du sport. D'autre part, au début de la décennie quarante, le Montreal Curling Club introduit une forme de jeu

---

[22] *Annual of the Royal Caledonian Curling Club for 1863*, Édimbourg, S. Forrester, 1863, p. 247. (280 p.)
[23] *Montreal Herald*, 16 février 1865, p. 2.

individuel déjà pratiquée en Écosse et appelée *point game* où le curleur accumule des points à partir de différents lancers à exécuter (figure 13).

Figure 13
Les différentes épreuves du *point game*

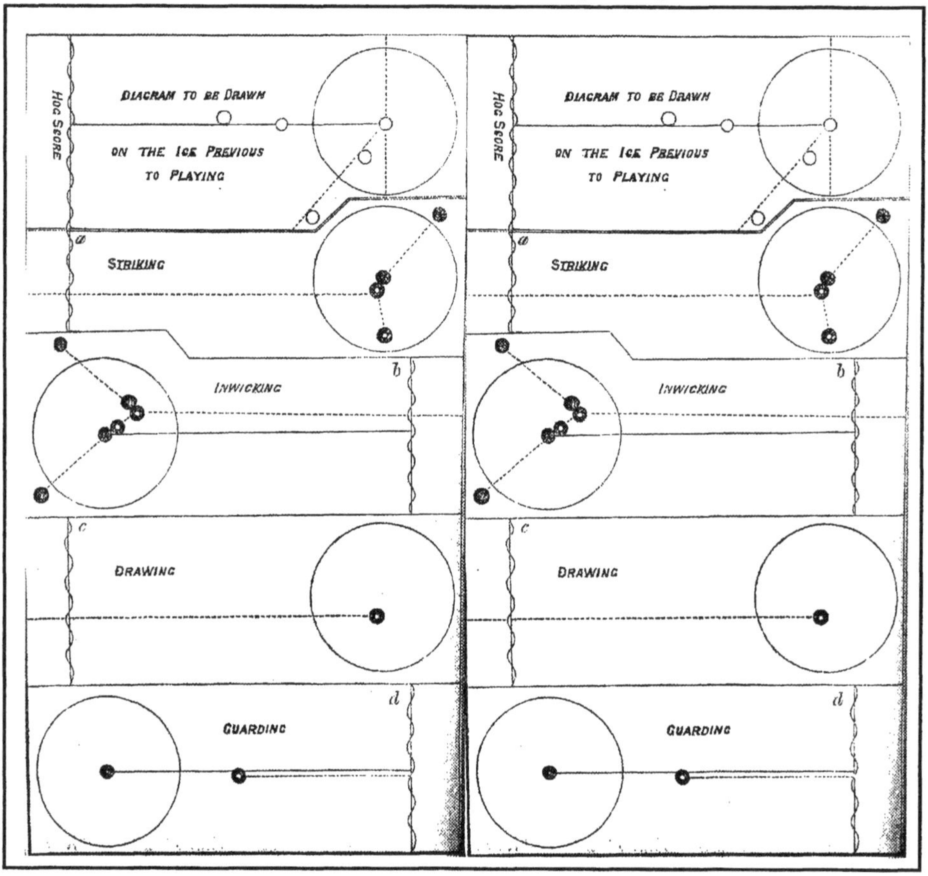

Source : *Annual of The Royal Caledonian Curling Club*, 1862-1863.

Cette forme de jeu restera populaire jusqu'au début du XXe siècle, mais elle ne supplantera jamais le match conventionnel. En 1855, lors d'une compétition de ce type impliquant les trois clubs de Montréal, on procède à une présélection des curleurs afin de participer à l'événement. C'est le premier élément de progressivité en vue d'établir le meilleur. De 1840 à 1870, les enjeux sportifs commencent à prendre de l'importance. Cependant ce « nouveau » curling ne signifie pas la fin des matchs amicaux à partir de catégories originales de joueurs. Au début des années 1860, la compétition traditionnelle entre célibataires et hommes mariés existe toujours. Les journaux relatent aussi des compétitions entre les Écossais et les Anglais[24]. Néanmoins, sans qu'elle ne sonne le glas de la convivialité et des usages festifs durant et après le match, la fonction sportive s'affirme et s'affranchit un peu plus dans une sorte de processus d'autonomisation du sport. Les délibérations des clubs le reflètent et de plus, même si les quotidiens ne présentent pas encore de sections sportives, le nombre et le contenu des articles sportifs traduisent une importance nouvelle associée aux résultats du match.

En reconnaissant cette transformation, il y a lieu de se demander à quoi elle peut être attribuable. À l'influence écossaise, répondrons-nous d'emblée. Dès le début du XIXe siècle, grâce au dynamisme de leurs clubs et en particulier au club de Duddingston, la fonction sportive s'affirme déjà en Écosse. Rappelons-le, en 1838, le Grand Caledonian Curling Club vient unifier les forces du curling écossais au sein d'une même fédération. Cet événement a une portée considérable puisque l'uniformisation des règles se réalise de façon complète à ce moment-là. En plus de préciser les règles, l'organisation mère fournit désormais un cadre juridique régissant toutes les affaires du curling. Le Canada sera au premier rang afin de profiter de cette situation puisque, rappelons-le, les Écossais y ont trouvé une terre de prédilection et que les échanges sont nombreux à cette époque. Au début des années 1830, le Montreal Curling Club accueille de nouveaux membres, la plupart Écossais. On peut raisonnablement supposer que ces derniers contribuent à l'instauration d'un curling plus structuré, plus formalisé. Nettement influencé par l'Écosse, le curling canadien ne s'éloignera plus de ce modèle par la suite. L'acceptation de ce cadre formel conduit à l'élection d'un premier bureau de direction au sein du Montreal Curling Club pour la saison 1842. Par la suite, le curling canadien demandera et obtiendra son affiliation à travers

---

[24] « The Curling Match », *Quebec Mercurey*, 16 février 1863, p. 3.

la formation d'un organe différencié. À compter de 1852, la Canadian Branch devient l'organisme intermédiaire devant régir le curling au sein des deux Canadas. Cette supervision est bien réelle comme en témoigne cette correspondance de son secrétaire David Mair en 1863 (figure 14).

Figure 14
Assignation à tenir un match (1863)

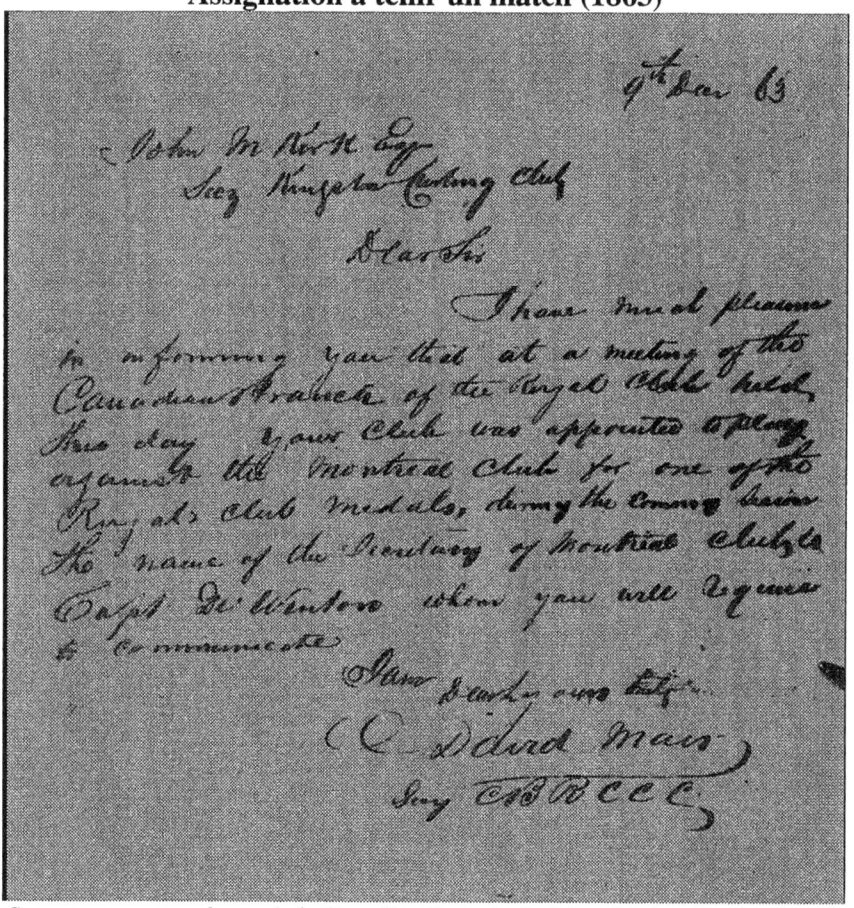

Source : correspondance de la Canadian Branch, Archives Nationales du Canada, Ottawa, (MG 28, I 229, vol. 10).

La Nouvelle-Écosse obtient aussi le même privilège[25]. En somme, cette première mutation de sociabilité est attribuable à l'influence écossaise qui dicte alors ses impératifs vers un sport plus structuré. De plus, ce changement se produit dans le contexte où les associations spécialisées poursuivant des buts précis sont de plus en plus populaires.

L'absence quasi totale des francophones

Parce que l'on traite de sociabilité, on ne peut vraisemblablement passer outre à la question de la participation au curling des Canadiens, eux qui sont tout de même la population majoritaire du Bas-Canada. À la fondation du Montreal Curling Club, l'intention exprimée est de regrouper des Écossais, « some natives of North Britain ». Dans son mémoire de maîtrise, Robert Simpson interprète cette intention en la qualifiant de discrimination fondée sur l'ethnicité[26] et il emploie les termes de « rigid social discrimination in evidence[27] ». Cependant, dès ses débuts, le Montreal Curling Club s'accorde une certaine souplesse à l'égard de l'adhésion des membres ne la limitant pas strictement à des Écossais de souche. Nous en avons pour preuve la participation de David David. D'origine juive, il devient membre du club en 1808-1809 et il est le second avec David Mitchell Jr à n'être pas Écossais de naissance[28]. Au cours de la décennie quarante, des rencontres amicales entre Écossais et Barbarians[29] sont un autre indice de la volonté d'inclure et non l'inverse. En 1853, sur les 24 membres du Montreal Curling Club, 20 sont Écossais, 3 sont Anglais et il y a un Canadien, de sorte qu'en 1857 le secrétaire de la Canadian Branch est enchanté d'affirmer dans une correspondance auprès du RCCC : « We find, however, that the game is by no means, confined to Scotchmen, as some of our best Curlers are English, Irish and

---

[25] Ces informations ont été colligées à partir de données fragmentées tirées des *Annuals* du RCCC entre 1842 et 1870.
[26] Robert W. Simpson, *op. cit.*, p. 68.
[27] Robert W. Simpson, *op. cit.*, p. 157.
[28] *Minute Book* du Montreal Curling Club, premier livre.
[29] Non sans une pointe d'humour, c'est ainsi qu'on qualifie les curleurs qui ne sont pas Écossais de souche.

Canadian Born³⁰. » Cependant, peu d'allusions concernent les Canadiens si ce n'est une anecdote qui ne leur accorde pas le beau rôle et ne fait que refléter leur ignorance à l'égard du sport. Thomas Blackwood rapporte ainsi les propos d'un soi-disant colon canadien dans le *Canadian Magazine* de 1824 : « J'ai vu aujourd'hui une bande d'Écossais qui jettoient des grandes boules de fer, faites comme des bombes, sur la glace, après quoi, ils crioient soupe, soupe; ensuite, ils rioient comme des foux³¹. »

Mais qu'en est-il véritablement de la participation des francophones à cette époque ? Au sein de l'ensemble des clubs affiliés au RCCC, il a été impossible de dénombrer un seul nom à consonance française avant 1855. Un commerçant de bois de la ville de Québec, P.R. Poitras, entre au Quebec Curling Club en 1856. À la même époque, H. Sauvé, un médecin chirurgien de Buckingham, devient membre du club de l'endroit. Quelques années plus tard, en 1863, il sera le premier francophone à assumer la présidence du club. Sauvé, marié à une anglophone, représente un cas identifié d'exogamie³². La présence francophone en curling à cette époque tiendrait davantage de la coïncidence. L'absence est presque totale. Si, comme le prétend Claudette Lacelle³³, les officiers et les notables de Québec, qu'ils soient anglophones ou francophones, s'adonnent aux mêmes divertissements, cette condition du moins ne se réalise pas au curling. Toutefois, Benjamin Rousseau, un francophone, semble avoir l'habileté, et le journal *Le Canadien* rapporte ainsi sa prouesse : « A la grande partie de jeu de galets qui a eu lieu dernièrement dans la rue Saint-Paul, M. Benjamin Rousseau a battu tous ses concurrents et a gagné la tabatière d'Or³⁴. »

Pourquoi en est-il ainsi au moment où d'autres communautés ethniques se sont engagées, particulièrement après 1840 ? En fait, les

---

³⁰ *Annual of the Royal Caledonian Curling Club for 1858*, Édimbourg, S. Forrester, 1858, p. 235. (248 p.)
³¹ Robert W. Simpson, *op. cit.*, p. 61-62.
³² Pierre-Louis Lapointe, *Les Québécois de la bonne entente*, Sillery, Septentrion, 1998, p. 331. (358 p.)
³³ Claudette Lacelle, *op. cit.*, p. 42.
³⁴ *Le Canadien,* 8 mars 1861, p. 5.

rapports francophones/anglophones ne se détachent jamais des contextes politique et social qui ont cours entre 1830 et 1840, un intervalle où les tensions ethniques et linguistiques sont poussées à leur paroxysme. Donald Guay a d'ailleurs relevé à ce moment-là un certain nombre d'incidents lors d'événements sportifs. Les programmes de courses de chevaux sont propices à des affrontements entre la soldatesque anglaise et des spectateurs francophones. En 1833, une rixe fait de nombreux blessés et entraîne même la mort d'un Canadien du nom de Salomon Barbeau[35]. Autre événement, le capitaine Markham, un membre du Montreal Curling Club depuis 1836 est grièvement blessé à Saint-Denis-sur-Richelieu lors d'un combat avec les Patriotes. Incidemment, Robert Simpson[36] souligne que lors des rébellions de 1837-1838, la majorité des 20 membres du Montreal Curling Club sont devenus des officiers à titre volontaire. Quand on sait que la garnison devient après 1840 un partenaire de premier plan du curling, on ne peut imaginer que les élites francophones démontrent un quelconque enthousiasme à joindre leur contrepartie anglophone afin de s'adonner au sport, une forme sociale émergente typique de la culture britannique. La garnison, comme la magistrature, est une évocation incessante de la Conquête symbolisant chez les francophones l'ordre établi, une autorité imposée avec laquelle elle a souvent eu maille à partir. Difficile de vibrer au même plaisir de la joute ! S'en approcher ? C'est le risque d'être perçu comme un traître à sa communauté au moment où les blessures des Rébellions ne sont pas entièrement cicatrisées.

Et les Écossais ? Auraient-ils pu témoigner une sympathie particulière à l'égard des francophones ? Le docteur Nelson représente bien l'exception en se rangeant dans le camp des Patriotes, mais très majoritairement les Écossais vont rester solidaires de la Couronne et des institutions britanniques n'hésitant pas à participer activement aux efforts visant à mater les Rébellions. Par la suite, au moment d'entrer dans la Confédération, on ne pourra guère parler de rapprochement mais plutôt d'un agacement, voire même une indignation des anglophones au constat

---

[35] Donald Guay, *op. cit.*, p. 151.
[36] Robert W. Simpson, *op. cit.*, p. 103.

que les institutions des Canadiens français s'imposent de plus en plus à toute la communauté. La législation provinciale, le droit civil français et la religion catholique en forment les principaux éléments. À l'extérieur de Montréal, les citoyens anglais comme écossais se percevront de plus en plus comme des ressortissants dans un pays où l'allégeance est pourtant britannique[37]. Ils ne sont certainement pas disposés à partager le jeu de curling avec les Canadiens français. Il n'est donc pas surprenant que ces derniers soient le seul groupe ethnique à être isolé de ce sport.

Comment se posent les premiers jalons de pérennité ?

On ne pourra clore ce chapitre sans aborder la question de la pérennité du curling. Déjà, au début de la décennie 1870, on peut compter sur deux clubs cinquantenaires. Malgré sa brève histoire, le curling québécois fait donc preuve d'une remarquable stabilité dans le temps. Deux facteurs nous ont semblé d'importance quand on examine l'origine des premiers regroupements de curling en Amérique du Nord. Le premier a trait à la nature juridique des regroupements ; les constitutions, statuts et règlements des associations existent sur papier et jouent leur rôle en structurant et en encadrant la vie sportive et associative. Nous en avons traité préalablement. Toutefois, cet élément ne saurait être tenu pour seul responsable de l'essor ou du déclin des associations sportives. Le curling en tant que forme sociale non utilitaire – après tout, ce n'est pas une école ou un hôpital – a su résister à l'érosion du temps parce que les êtres humains qui l'ont accompagné ont fait preuve de persistance. Si la substitution des membres du groupe s'effectue progressivement et même avec lenteur, le groupe a plus de chance de maintenir son identité unie, de transmettre ses valeurs, de conserver sa mémoire collective. Bref, il faut que le mouvement des entrées et des sorties ne soit jamais trop massif. Analysons quelques statistiques de l'ancienneté des membres. Les tableaux 4 et 5 reflètent cette caractéristique au sein des clubs de Montréal et Québec sur une quinzaine d'années. Les premiers points de lecture, les années 1845 et 1847, révèlent que ces clubs maintiennent un

---

[37] Peter Sellar, *op.cit.*, p. 568.

noyau significatif de membres expérimentés supérieur en nombre aux membres de cinq ans et moins.

Tableau 4
Ancienneté des membres du Quebec Curling Club
(Année de fondation, 1821)

Année de référence	Plus de 30 ans	Entre 15 et 29 ans	Entre 6 et 14 ans	5ans et moins
1847	0	4	7	7
1852	1	5	3	8
1858	2	4	9	8
1863	1	5	11	33

Tableau 5
Ancienneté des membres du Montreal Curling Club
(Année de fondation, 1807)

Année de référence	Plus de 30 ans	Entre 15 et 29 ans	Entre 6 et 14 ans	5ans et moins
1845	1	1	22	17
1851	0	3	11	24
1857	0	7	14	40

Les tableaux montrent ensuite une accélération des entrées à la fin des années 1850. Y a-t-il lieu de s'en inquiéter ? Peu d'indices nous portent à conclure que le curling a subi les contrecoups de ces nouvelles adhésions. Toutefois, cette réflexion nous a conduit à examiner l'ancienneté des personnes clés de l'organisation, c'est-à-dire les membres des bureaux de direction (tableau 6).

Tableau 6
Ancienneté des membres du bureau de direction

Année de référence	Plus de 30 ans	Entre 15 et 29 ans	Entre 6 et 14 ans	5 ans et moins
Montreal Curling Club (1857)	0	2	3	2
Quebec Curling Club (1863)	1	2	2	2

Cette statistique confirme que la gouvernance des clubs de l'époque reste entre les mains des membres expérimentés malgré la venue récente de nouveaux joueurs. Leur rôle est éminemment stratégique à l'égard des modes d'organisation, de la transmission harmonieuse des valeurs et de la mémoire du regroupement. Enfin, la plupart des clubs ont établi une catégorie de « membre honoraire » où l'on reconnaît entre autres la contribution des membres les plus anciens, des individus qui ont pour mérite d'avoir duré et d'avoir contribué. L'annexe I présente quelques-uns de ces vaillants serviteurs du curling. Au XIXe siècle, la mention la plus prestigieuse revient à John Dyde (voir l'encadré).

Figure 15
John Dyde (1863)

Né au Danemark en 1795, John Dyde débarque à Montréal vers 1814. Pendant une quinzaine d'années, ses affaires l'entraînent dans un chassé-croisé autour de la planète. Il revient cependant s'établir à Québec en 1831 et, quelques années plus tard, c'est lui qui prend l'initiative d'organiser un premier match entre Québec et Montréal. Lors des Rébellions de 1837, il se voit rapatrier sur Montréal où il prend une part active dans l'infanterie. En 1855, il devient lieutenant-colonel des Montreal Rifles. Le marquis de Lorne lui fait l'honneur de le nommer aide de camp de Sa Majesté en 1879. Tout au long du XIXe siècle, le colonel Dyde va prendre une part active en curling[38], d'abord a titre de membre du Montreal Curling Club où il entre en 1838. De plus, il est un joueur émérite et pratique le sport jusqu'à un âge avancé. Il forme avec trois autres montréalais notoires, Sir Hugh Allan, l'honorable John Young et James Tyre, une équipe habile et victorieuse appelée les Auld Callants[39] (*old fellows*) dont l'âge moyen atteint à un moment donné 74 ans. Il est aussi celui qui aura le privilège d'initier au curling Lord Dufferin au cours de la décennie 1870. Il assume enfin la présidence de la Canadian Branch pendant une longue période de temps de 1877 à 1886.

Conclusion

En comparaison de l'Ontario et des Maritimes, le curling québécois s'est développé avec lenteur au cours de cette période, car les foyers de peuplement écossais ont été moins nombreux au Québec qu'ailleurs. Le réseau se consolide toutefois autour de six clubs dont un seul se situe à

---

[38] « The Death of Col. Dyde », *Montreal Daily Star*, 5 mars 1886, p. 5.
[39] John Kerr, *Curling in Canada and the United States*, Édimbourg, Geo. A. Morton, 1904, p. 166. (787 p.)

l'extérieur des villes de Québec et Montréal. Nettement plus orientés vers la convivialité jusqu'au début des années 1840, les usages du curling se transforment par la suite. C'est l'apparition d'un curling plus sportif, mieux rythmé, constant au gré des saisons, le début d'une rivalité interclubs avec la mise à l'enjeu des premières récompenses selon le mode du défi. La naissance du RCCC écossais en 1839 n'est pas étrangère à l'essor que prend alors la dimension sportive. De plus, l'extension spectaculaire du réseau ferroviaire après 1850 multiplie les occasions de confrontations. Toutefois, les francophones qui forment la majorité des habitants du Bas-Canada sont totalement absents de ce paysage sportif jusqu'en 1855. Par la suite, on voit poindre quelques noms à consonance française mais la participation reste ténue. On conçoit difficilement qu'à travers l'épisode des Rébellions, Anglo-britanniques et Canadiens fraternisent désormais sur les pistes glacées.

Le curling a pris racine au tout début du XIXe siècle et il assure sa pérennité par la suite. Cette remarquable première survivance de plus d'un demi-siècle nous amène aux constats suivants. D'une part, si le nouveau-né est un petit Hercule[40], c'est d'abord que le curling Écossais l'a inoculé d'une forte dose d'un formalisme de nature juridique. Les constitutions, statuts et règlements très bien rédigés sont un calque de ce qui se fait en Écosse ; voilà un premier facteur de sa relative stabilité dans le temps. D'autre part, parce que le curling peut se pratiquer jusqu'à un âge avancé, l'adhésion de longue durée est facilitée. L'ancienneté des membres est donc l'autre élément ayant contribué à la cohésion des premiers clubs puisque les modes de fonctionnement et les valeurs ont été transmis d'une génération à l'autre.

---

[40] En s'inspirant d'Edmond Rostand, (*Cyrano de Bergerac*).

DEUXIÈME PARTIE

PREMIÈRE VÉRITABLE AFFIRMATION (1870-1920)

CHAPITRE III

DANS LA MOUVANCE DES AUTRES SPORTS NAISSANTS

Avant 1870, le sport est toujours au sein de la société un phénomène marginal, une présence quelque peu aléatoire. Les trente dernières années du XIXe siècle vont offrir un tout autre relief. Au sein même de l'Empire britannique, il connaît un développement qui ne manque pas de surprendre. Selon Eric Hobsbawm[1], le sport constitue la plus remarquable des pratiques sociales nouvelles du dernier tiers du XIXe siècle. L'Amérique du Nord et le Canada ne sont pas en reste. La mobilité des personnes et les échanges fréquents avec la Grande-Bretagne et les États-Unis placent la société québécoise dans une position privilégiée pour lui faire une bonne réception. La décennie de 1870 est en fait celle de l'éclosion véritable du sport tant par le nombre que par la diversité des activités, un peu comme si ses nouveaux leaders découvraient que les jeux imaginés par d'autres à des époques antérieures devaient maintenant se structurer et s'organiser. On ne peut écrire l'histoire d'un sport particulier, le curling, sans la rattacher à un contexte sportif global au moment où de nombreuses activités tant hivernales qu'estivales émergent. Nous établirons donc la place du curling dans la mouvance générale des sports d'hiver. Par la suite, le curling sera présenté sous les angles suivants : la mise sur pied des premières compétitions, les performances réalisées et les principales innovations sur les plans de la technique de jeu et de l'équipement.

---

[1] Eric Hobsbawm et Terence Hill, *The Invention of Tradition*, Cambridge, Cambridge, University Press, 1984, p. 298. (320 p.)

Comment se compose la saison hivernale ?

Le curling, le patinage et la raquette font partie d'un patrimoine sportif hivernal qui puise ses origines avant 1870. Cependant, le décollage amorcé au cours de cette décennie est unique en son genre puisque l'on quitte une activité souvent pratiquée sans rapport compétitif afin d'entrer dans une forme de jeu qui saura faire une place à la rivalité et à la nécessité de nommer un gagnant. Les sports d'hiver concernent des activités typiques liées directement à la présence de la neige et de la glace. Il y a tout intérêt à considérer cette dynamique des sports puisqu'une offre de plus en plus diversifiée signifie l'exercice d'un choix, d'une préférence pour une masse croissante de sportifs. Dans ce contexte, la popularité d'un sport ou l'autre varie en fonction de l'attrait que d'autres activités peuvent exercer. Les succès retentissants que connaîtra le hockey sur glace n'iront pas sans créer quelques remous autour d'autres activités. À partir de ce que les journaux nous en rapportent, voyons d'un peu plus près comment se construit cette mosaïque des sports d'hiver.

Bien que le curling les surpasse en ancienneté, la raquette et le patin jouissent d'une popularité grandissante au cours des années 1860. La raquette montre les traits d'une véritable activité sportive. Tout en maintenant son caractère récréatif avec ses longues promenades, le programme compétitif s'élabore un peu plus au fil de la décennie[2] : course de fond, le quatre milles, le mille, course de vitesse, 150 verges, course d'obstacles, etc. Sa popularité grandit ; en 1875, le Montreal Snow Shoe Club présente à lui seul une liste de 252 adeptes[3]. Pendant deux décennies, de 1870 à 1890, la raquette domine sans l'ombre d'un doute le paysage sportif hivernal (figure 16). De fait, la raquette connaît son apogée, un âge d'or qui culmine avec le carnaval de Montréal des années 1883 à 1888. Pour la seule année 1884, le *Montreal Daily Star* ne recense pas moins de seize clubs en opération. La majorité des établissements

---

[2] Hugh W. Becket, *The Montreal Snow Shoe, Its History and Record*, Montréal, Becket Bros Printers, 1882, 521 p.
[3] *Montreal Herald*, 11 février 1875, [s.p.].

n'auront toutefois qu'une existence éphémère. Sans qu'elle ne s'éteigne par la suite, la raquette amorce un déclin au cours des décennies suivantes. En 1901, seulement quatre clubs de raquette ont plus de dix ans d'existence[4]. Toutefois, la descente ne sera pas trop brutale puisque au début du XXe siècle, les francophones reprennent le flambeau et donnent un nouveau souffle à l'activité.

Figure 16
Le Montreal Snow Shoe Club sur le Mont-Royal (1872)

Photo composite de William Notman. Source : Musée McCord, Montréal.

L'intégration sportive emprunte un modèle similaire à celui des anglophones et ne se réalise pas uniformément à travers les diverses

---

[4] Alan Metcalfe, « Organized Sport and Social Stratification in Montreal », Richard S. Gruneau et John G. Albinson, dir., *Canadian Sport Sociological Perspectives*, Don Mills, Addison-Wesley, 1976, p. 87. (433 p.)

couches de la société. Elle est réservée à une élite bourgeoise francophone. Une autre contribution notable induite par le sport de la raquette tient à son caractère de mixité. Il y a donc une présence remarquée des femmes au tournant des années 1880 comme en témoigne cette mention journalistique : « Such clubs are composed of ladies and gentlemen, it being an article in the unwritten by-laws of many of them that no gentlemen can become a member […] unless he is accompanied by a lady[5]. » La raquette aura joué presque le rôle de sport national pendant les décennies de 1870 et 1880. Elle va bientôt et pour très longtemps être détrônée par le hockey sur glace.

Les activités associées au patin à glace vont aussi marquer singulièrement cette période. Les premiers indices de l'existence d'un *skating rink* intérieur datent du début des années 1850, plus précisément à Québec en 1852. Il y avait bien nécessité d'une enceinte fermée afin de se protéger des rigueurs du climat, mais les bâtiments sont rudimentaires et temporaires. Avec le temps, les installations acquièrent un élément de permanence. Le Victoria Skating Rink de Montréal voit le jour en 1861. Au début de la décennie 1870, les activités de patinage y sont nombreuses : les bals, mascarades et carnavals rassemblent l'élite sociale de Montréal sous les regards d'une foule enviable. Pas moins de 2 500 personnes assistent à un *fancy dress entertainment* en 1874[6]. De plus, on voit poindre à cette époque une forme de patinage plus sportive avec des concours d'habiletés de patin et des courses sur glace.

L'innovation que représente le fait de patiner dans un espace fermé, circonscrit, pave la voie à l'émergence d'une activité unique en son genre, le hockey sur glace. Ainsi, l'historiographie du sport a reconnu le 3 mars 1875 comme la date où un premier match a été disputé[7]. Marqué d'une progression phénoménale, le hockey s'impose vingt ans plus tard comme le premier sport d'hiver au Canada et au Québec, un engouement qui tient du caractère spectaculaire de l'activité, antagonisme fondé sur l'idée de

---

[5] « Over the Snow », *Montreal Daily Star*, 6 février 1884, p. 3.
[6] « Victoria Skating Rink », *Montreal Herald*, 4 février 1874, [s.p.]
[7] Michel Vigneault, « La naissance d'un sport organisé au Canada : Le hockey à Montréal, 1875-1917 », thèse de doctorat, Université Laval, 2001, p. 72. (479 p.)

défendre ou de conquérir un territoire avec en plus la rapidité accrue dans les déplacements que confère la lame d'un patin (figure 17).

Figure 17
Le hockey sur glace (*circa* 1900)

Matchs en plein air à l'Université McGill. Source : Archives nationales du Canada (C-81683, C-17831)

Le sport va essaimer rapidement à travers les différentes couches de la société et rejoindre une masse d'adeptes, une progression étonnante chez les francophones au début du XXe siècle et des assises non seulement à Montréal et à Québec mais un peu partout en région dans des villes de taille plus modeste. Robuste et fondée sur la valeur physique d'un individu, cette excitante pratique va ravir à d'autres sports, comme la crosse ou la raquette, les adeptes qui recherchaient un sport vigoureux dans une confrontation plus agressive. Les contenus journalistiques du début du siècle font déjà état du contexte particulier de *rough hockey*[8]. Cet engouement ne se limite pas qu'aux messieurs. En 1903, 1 500 spectateurs assistent à un match où une équipe féminine de Trois-Rivières dispose de Montréal[9].

Quelles activités viennent encore s'ajouter à ce tableau ? Sans qu'il ne soit une pratique compétitive, le toboggan est particulièrement en vogue dans les années 1880 et les clubs de raquetteurs comptent souvent leur propre section de toboggan. Les glissoires aménagées sont spectaculaires pour le temps et lors du carnaval de Montréal c'est une des activités les plus prisées par les touristes étrangers (figure 18). Les courses de chevaux sur glace (*trotting*) font aussi partie du paysage sportif. Bien que nettement plus marginal, le yachting de glace et le vélocipède de glace existent tout comme la pêche blanche et les attelages de chiens. Les *dog derbies*, courses de chiens de traîneaux à caractère compétitif, gagneront de plus en plus de popularité dans les premières décennies du XXe siècle et recevront une couverture médiatique en conséquence. Enfin, à travers un foisonnement aussi riche de sports et d'activités physiques, il y a une absence remarquée au XIXe siècle et c'est le ski. Le premier club naît à Montréal au milieu des années 1900. Québec emboîte le pas quelques années plus tard. Puisque ce sport tire ses origines du Nord de l'Europe et de la Scandinavie, il aura mis un temps à s'établir au sein même de la communauté anglophone pourtant reconnue comme chef de file de la culture sportive au Canada.

---

[8] « Very Rough Game Played in Vancouver », *Montreal Daily Star*, 10 février 1903, p. 2.
[9] « Fair Ladies Faced the Puck », *Montreal Daily Star*, 4 mars 1903, p. 2.

Figure 18
Le Carnaval de Montréal (1885)

Source : « The Politicians at the Carnival », *Montreal Daily Star, Carnival Number*, 1885.

Cette présence nouvelle mais bien réelle fait en sorte que le sport s'incruste et habite maintenant le quotidien des citoyens de Montréal et de Québec. En effet, les journaux vont accorder à la nouvelle sportive un intérêt grandissant. Habitués à des entrefilets et le plus souvent à de très courts articles pendant la décennie de 1860, nous remarquons que la nouvelle sportive apparaît avec plus de régularité au cours de la décennie suivante sans pour autant qu'une colonne spécifique lui soit définie dans le journal. Il faudra attendre le début des années 1880 avant qu'apparaisse un véritable espace consacré au sport, une sorte de chronique variée où il question de toutes les nouvelles sportives. C'est l'ancêtre de la page sportive et, dans un quotidien comme le *Montreal Herald*, cette rubrique apparaît en 1882. Aussi, la section sportive est mieux garnie en raison du nombre accru des sports, des compétitions de toutes sortes et des premiers championnats qui rythment un peu plus la vie sportive selon le cycle des saisons. De 1870 à 1900, en l'espace de quelques décennies, le sport est entré non seulement dans les mœurs des citadins de Montréal et de Québec mais aussi à l'intérieur des communautés urbaines de plus petite taille.

Quelques avancées dans le processus compétitif

Premières compétitions officielles et parrainages

Dans cet environnement propice à tous les sports, que va devenir le curling ? Parce qu'il profite d'un enracinement plus profond que les autres, ce sport ne détient-il pas une longueur d'avance dans le développement de son processus compétitif ? La décennie 1870 amène enfin les premières compétitions officielles réservées à l'ensemble des clubs existants ; elles portent les noms de Quebec Challenge Cup (1874), Governor General (1874) et Tankard (1875).

Comme sa dénomination l'indique, la Quebec Challenge Cup a été offerte à la compétition en 1874 par le Quebec Curling Club afin d'être disputée entre tous les clubs du Canada. Elle se déroule sous le mode du défi, une forme de compétition particulièrement prisée dans le monde du sport à cette époque. Des équipes venant d'aussi loin que la Nouvelle-Écosse ou l'Ontario y participent. La règle est la suivante : le club intéressé au défi informe le club en possession du trophée de son désir de se mesurer. Les clubs sont alors inscrits sur une liste selon l'ordre d'entrée des demandes. Le club possesseur peut compter sur un délai de deux semaines entre chaque rencontre. On déplace alors entre deux et quatre équipes afin de réaliser la confrontation. La Quebec Challenge Cup va rester âprement disputée au cours de cette période. C'est un enjeu de prestige[10].

---

[10] *Scrap Book* du Montreal Curling Club, 1917.

Le trophée Governor General est présenté en 1874[11] selon les plans de Lord Dufferin, mais la première compétition ne se tient que l'année suivante. La finale se déroule habituellement dans la Capitale fédérale en présence de cet illustre personnage. Lord Dufferin, le troisième gouverneur général en poste au Canada, est lui-même passionné de curling. Il s'est fait construire une piste recouverte à Rideau Hall en 1873 et il a fondé le Club de curling du gouverneur général. Une patinoire et une glissade pour le toboggan sont aussi aménagées. Son approche aura valeur d'exemplarité auprès de ses successeurs. Afin de lui témoigner leur reconnaissance avant son départ, les curleurs montréalais passent commande auprès du photographe Notman en 1878. Il en a résulté une des plus belles photos en composition de l'époque (figure 19). Au cours de la période 1870-1920, les gouverneurs généraux deviennent donc des promoteurs remarqués du fait sportif au Canada.

Figure 19
Curling sur le Saint-Laurent (1878)

Photo composite de William Notman offerte au gouverneur général lors de son départ en 1878. À l'avant-plan, près des bêtes, Lord Dufferin et Lady Dufferin. Source : Archives nationales du Canada, (PA-173084).

---

[11] « Curling », *Montreal Herald*, 2 février 1874, p. 1.

Tableau 7
Liste des gouverneurs généraux et leur contribution à l'avancement du sport (1870-1910)

Gouverneur général	Années en fonction	Quelques sports privilégiés
Lord Dufferin	1872-1878	Curling, patinage, Toboggan
Lord Lorne, Duc d'Argyll[12]	1878-1883	Curling, patinage, luge
Marquis de Lansdowne	1883-1888	Participation au carnaval, raquette toboggan
Lord Stanley	1888-1893	Hockey sur glace
Marquis d'Aberdeen[13]	1893-1898	Curling, hockey
Lord Minto	1898-1904	Patinage, bicyclette, crosse
Comte Gray	1904-1911	Football, curling

Non seulement le curling mais tous les autres sports profiteront de cette bienveillance et de cet encouragement. Toutefois, ces derniers ont semblé privilégier les sports d'hiver car la saison exerce sur eux une véritable fascination, un exotisme bien senti chez ces aristocrates britanniques peu habitués à de telles conditions climatiques. Ils vivent alors les plaisirs de l'hiver canadien sans avoir à en subir les affres. Le tableau 7 fait la synthèse de l'apport des gouverneurs généraux de l'époque à la cause du sport.

---

[12] Le duc d'Argyll a été président du Royal Caledonian Curling Club (RCCC) à deux reprises, de 1872 à 1874.
[13] Le marquis d'Aberdeen a été président du RCCC en 1885-1886.

Pendant la même décennie, l'autre compétition d'importance à faire son entrée est celle du Tankard en 1875. Le trophée est mis à l'enjeu pendant une période de cinq ans, et la cinquième année les clubs les plus méritants au cours des confrontations antérieures jouent pour l'obtention définitive du Tankard. Comme pour le Governor General, c'est une compétition en double (voir glossaire des termes). La dernière série des Tankards se déroula de 1893 à 1898[14].

Bien que les trois championnats précités constituent une première étape dans le processus de « sportivation », on ne peut affirmer que l'idée de révéler le meilleur entre tous, de nommer le champion est une évidence forte. Tout au plus, l'honneur est collectif puisque les rencontres font habituellement appel à deux équipes et plus d'un même club. Le contenu des articles sportifs va dans le même sens et précise davantage la performance d'un club que celle des individus qui le composent.

D'autres compétitions d'importance voient encore le jour au cours de cette période. Lors du carnaval de Montréal en 1884, les autorités du curling ont été conviées à participer à l'événement en organisant un grand bonspiel ouvert aux étrangers. Le Grand National Curling Club of America offre alors la Gordon International Medal du nom de son président Robert Gordon. Cette rencontre devient le premier événement international annuel du curling québécois. Ce match n'a jamais la prétention de déterminer un champion de l'Est du Canada et des États-Unis. Le mode de sélection des équipes en témoigne puisqu'il n'y a pas d'épreuves préliminaires visant à identifier les meilleures équipes disponibles. Malgré l'enthousiasme de la première rencontre en 1884, les débuts sont modestes. Il n'y aura pas de rencontres entre 1885 et 1887. L'épisode montréalais de variole en 1885 a refroidi quelque peu l'ardeur des curleurs américains. La compétition reprend en 1888 et à compter de l'année suivante elle va alterner entre Montréal et une ville américaine. Bien qu'elle n'implique que deux équipes de chaque côté de la frontière jusqu'en 1909, la rencontre se déroule avec régularité au cours de la

---

[14] *Annuals* of the Royal Caledonian Curling Club, période 1890-1900.

décennie 1900. Elle ne connaîtra plus qu'une autre interruption majeure entre 1916 et 1918 en raison de la guerre[15].

À l'été 1898, le trophée du Victoria Jubilee fut présenté par le Royal Caledonian Curling Club (RCCC) à la Canadian Branch et disputé une première fois l'année suivante. Au début, chaque club participant entrait dans une compétition en double. À compter de 1914, la rencontre devient un championnat en simple n'opposant alors que deux équipes de quatre joueurs. De par son nom qui commémore le 60e anniversaire de la reine Victoria, ce trophée magnifique devient au tournant des années 1920 l'enjeu par excellence, le *Blue Ribbon* des compétitions masculines en simple au Québec[16]. Contrairement au Tankard, il ne devient jamais la propriété d'un club après un certain nombre d'années (figure 20). Le trophée du Montreal Amateur Athletic Association (MAAA) est mis à l'enjeu en 1893 et cette rencontre constitue une autre épreuve réservée cette fois aux clubs de la région montréalaise. Sans qu'elle ne fasse partie du programme officiel de la Canadian Branch, la compétition a son importance. Le MAAA est l'organisme multisports qui chapeaute tout le sport amateur et certains de ses membres et dirigeants sont aussi des curleurs. Le trophée est disputé pendant une période de trois ans après quoi il devient une possession permanente. On relance ensuite un autre cycle de compétition avec un nouveau trophée[17].

La District Medal continue de se jouer à cette époque. Elle demeure la forme de récompense la plus ancienne mise de l'avant par le RCCC bien avant l'apparition des premiers trophées. Rappelons qu'il s'agit d'une rencontre planifiée au début de la saison entre clubs d'une même ou de différentes régions. Pour la seule année 1900, le prospectus de la Canadian Branch prévoit huit événements officiels conduisant à autant de récompenses. Il n'y pas de processus éliminatoire dans cette compétition. L'originalité de la rencontre tient au fait que les équipes sont obligées à l'occasion de sortir de leur région immédiate.

---

[15] Grand National Curling Club of America, *100th Anniversary, Annual for 1867-1967*, vol. XXXVIII, 1967, p. 120-121. (144 p.)

[16] « Outremont Wins Blue Ribbon of Curling World », *Montreal Daily Star*, 13 février 1922, p. 18.

[17] *Annuals* of the Royal Caledonian Curling Club, période 1890-1910.

Figure 20
Le trophée du Victoria Jubilee (1899)

Les directeurs de la Canadian Branch posant avec le trophée du Victoria Jubilee : David Guthrie, Alex Murray, Geo. H. Balfour, Geo. W. Wood. Source : club de curling Victoria, Québec.

À Québec, le réseau compétitif n'a jamais la taille de celui de Montréal mais la décennie 1910 voit l'arrivée d'un événement d'importance qui aura ses répercussions pour le reste du siècle. Il s'agit du bonspiel de Québec dont la première rencontre date de 1915. Bien que l'organisation du bonspiel ait toujours dénombré l'événement à partir de 1914, nous n'avons retracé aucune compétition en 1914. La confusion vient probablement du fait que le trophée Senator Tobacco Cup a été présenté en décembre 1914 mais joué l'année suivante[18]. À ses débuts, le bonspiel de Québec présente donc deux compétitions, Château Frontenac et Senator Tobacco Cup[19]. Le tableau 8 fait la synthèse des compétitions qui ont vu le jour entre 1870 et 1920.

Tableau 8
Les compétitions officielles au début des années 1920

Nom de la compétition	Catégorie	Année de la 1re rencontre
Victoria Jubilee	homme (1 équipe)	1899
Governor General	homme (total des points, 2 équipes)	1875
Senator Cup et Château Frontenac (Bonspiel de Québec)	homme	1915
Ladies Royal Caledonian Curling Cup[20]	femme	1922
MAAA Trophy[21]	homme	1893
Quebec Challenge Cup	homme	1874
Gordon Medal	homme	1884
District Medal	homme	1845

Source : ce tableau a été constitué à partir des *Annuals* du Royal Caledonian Curling Club, 1840-1925 et des *Scrap Books* du Montreal Curling Club, 1900-1920.

---

[18] Ainsi, le bonspiel de Québec de 2004 a été le 91e. On en serait seulement au 90e.
[19] *Scrap Book* du Montreal Curling Club, 1914-1915.
[20] En 1939, ce trophée quitte l'univers féminin et devient l'enjeu d'une rencontre avec pierres s'adressant aux hommes, l'équivalent du Royal Victoria Jubilee. Le trophée change partiellement de nom et devient Royal Caledonian Trophy.
[21] Ce trophée sera remplacé par le Island Inter-Club Trophy en 1929.

Enfin, s'ajoutent encore à ce tableau les rencontres interclubs qui sont une véritable tradition à Montréal et qui opposent un nombre considérable d'équipes, souvent près d'une centaine de curleurs à chaque fois. En 1904, une nouvelle compétition s'adressant aux curleurs de peu d'expérience de la région montréalaise voit le jour. Quelques années plus tard, la tenue du bonspiel du centenaire, épreuve commémorative des 100 ans du Montreal Curling Club, donne naissance à une épreuve récurrente les années suivantes. Enfin, depuis déjà un bon moment chaque club s'est doté à l'interne de compétitions particulières[22].

Chez les dames, avant même la naissance de la Ladies Curling Association (LCA), deux compétitions se mettent en branle sous la forme d'un défi au début des années 1900. La Ladies Challenge Cup se dispute depuis le début du siècle selon une règle qui établit une possession définitive en 1904. L'autre événement, la Coronation Cup sera mise à l'enjeu pendant sept ans, de 1902 à 1909. En 1904, une première au Canada, Montréal tient un bonspiel féminin, la Ladies Cup Competition. Soixante-dix dames y participent dont un groupe d'Américaines du club Brookline[23]. C'est le club de Lachine qui remporte l'événement. L'année suivante, le RCCC fait don d'un trophée appelé Royal Caledonian Curling Club Challenge Cup[24]. Cet enjeu a un effet stimulant sur l'adhésion de sections féminines nouvelles.

En recevant du RCCC un premier trophée emblématique, l'association féminine améliore la fréquence de ses compétitions. Cette rencontre en double devient par la suite le premier vrai championnat des femmes. Il le demeurera jusqu'en 1937 malgré une variante de trophées à compter de 1922. En 1914, premier écho d'un championnat en simple, Lady Gilmour, de Montrave en Écosse, fait don d'un nouveau trophée pour une compétition devant se dérouler en simple avec une possession

---

[22] Déjà, en 1879, dans le prospectus du club Thistle, il est question de cinq compétitions différentes au cours de l'année.
[23] *Scrap Book* du Quebec Ladies Curling Club, 1904.
[24] *Annual* of the Royal Caledonian Curling Club for 1905-1906, Édimbourg, T. & A. Constable, 1906, p. lxxxi. (542 p.)

définitive au bout de trois ans[25]. Le premier véritable championnat en simple débute ensuite en 1938 avec la compétition intitulée Coronation. Malgré une arrivée tardive, un effectif moindre et une saison de jeu relativement plus courte que chez les hommes, les femmes réussissent à structurer en moins d'une vingtaine d'années un premier programme de compétitions.

Une progressivité plus affirmée sans championnat national
Au début de la décennie 1890, les deux compétitions du Tankard et Governor General connaissent une transformation majeure. Au lieu de sélectionner les finalistes par un processus d'élimination qui se déroule isolément dans chaque club selon la forme *point game*, on en vient à subdiviser le territoire en différents centres qui tiennent des compétitions préliminaires avant que les rencontres éliminatoires ne se déroulent à Montréal. C'est une évolution substantielle dans le processus compétitif, un caractère de progressivité nettement plus affirmé. Les rondes préliminaires multiplient les interactions entre clubs créant en quelque sorte une forme de suspens que la presse sportive sait alimenter.

Les compétitions du Victoria Jubilee et du Governor General continuent de gagner en notoriété au cours des premières décennies du siècle. Elles constituent sans doute les épreuves les plus importantes de la Canadian Branch. En 1914, lorsque le Victoria Jubilee cesse d'être une compétition par équipe de deux, il révèle par cette disposition nouvelle que le curling sera dorénavant attentif à l'équipe, la reconnaissance d'un quatuor et de son *skip* plutôt que le club. La coutume de la remise de trophée se transforme de sorte que ce n'est plus le président du club qui reçoit ce dernier mais plutôt les joueurs impliqués. Les articles sportifs témoignent plus souvent des performances individuelles. Dans le reportage d'un match, on commence à nommer le gagnant.

Toutefois, aucun championnat national ne se met en branle entre 1870 et 1920. En 1905, Lord Grey, gouverneur général, émet bien l'idée

---

[25] *Annual* of the Royal Caledonian Curling Club for 1914-1915, Édimbourg, T. & A. Constable, 1915, p. ci. (530 p.)

de tenir au Canada un grand bonspiel international[26]. En 1909, lors du premier voyage des Canadiens[27] en Écosse, la coupe Strathcona est mise à l'enjeu. Pourrait-on penser assister à un premier championnat mondial entre Écossais et Canadiens ? Il n'en est rien ; le mode de sélection des joueurs le prouve, de part et d'autre on ne vise pas à déléguer les curleurs les plus habiles. Du côté canadien, la représentation est géographique et prend en compte les moyens financiers et la disponibilité des curleurs. Il y a certes l'enjeu de la coupe mais la rencontre est d'abord prétexte à des retrouvailles.

Vraisemblablement, le curling est-il en retard sur les autres sports qui auraient déjà structuré un championnat canadien ? À cette époque, peu de sports d'hiver peuvent prétendre tenir un véritable championnat d'un océan à l'autre. Dans les premières décennies du XXe siècle, nombreuses sont les organisations sportives qui revendiquent à l'occasion une rencontre d'envergure nationale ou internationale sans qu'il en soit véritablement le cas[28]. En examinant la question de plus près, on se rend compte que le championnat annoncé ne touche souvent que la région et que la progressivité de la compétition est absente en raison principalement des déplacements des sportifs, coûteux en temps et en argent. Le hockey fait peut-être exception à la règle. Du moins, il est le plus avancé dans ce processus. En effet, Lord Stanley a fait don en 1893 d'une coupe emblématique du championnat du Dominion. Elle est disputée sous le mode du défi[29] pendant plus de dix ans. Avec les fusions de ligues, ce n'est toutefois qu'à la décennie 1910 qu'un circuit professionnel véritable s'impose opposant les meilleures équipes canadiennes. Grâce à ses succès de guichet, le hockey devient l'unique

---

[26] *Annual of the Royal Caledonian Curling Club for 1905-1906*, Édimbourg, T. & A. Constable, 1906, p. lxxxv. (542 p.)
[27] Cette équipe est formée de 37 Canadiens dont 7 Québécois. Aucun francophone n'y participe.
[28] « Snowshoeing. A Canadian Championship », *The Gazette*, 8 février 1901, p. 2.
[29] Michel Vigneault, « Les débuts du hockey montréalais », Jean-Pierre Augustin et Claude Sorbets, dir., *La culture du sport au Québec*, Talence, La Maison des Sciences de l'Homme d'Aquitaine, 1996, p. 190. (p. 187-205)

sport d'hiver capable de financer l'infrastructure d'un championnat national.

Au début du siècle, chez les messieurs, le curling jouit d'une bonne vitalité et il offre la possibilité de participer à de nombreux événements comme nous venons de le décrire. En contrepartie, les autorités de la Canadian Branch accueillent maintenant avec une certaine réserve les épreuves nouvelles qui pointent ici et là au gré de bienfaiteurs intéressés à laisser leur empreinte : « but there has been growing a feeling among our thoughtful curlers, that such competitions are not altogether in the best interests of the game[30] ». On dénonce en outre le lien entre le trophée et une marque de commerce, une sorte de flirt avec le professionnalisme. De plus, ce phénomène a pour conséquence que le simple membre voit sa disponibilité de glace réduite. En procédant de cette façon, un certain nombre de curleurs croient que les intérêts d'un club sont moins bien servis puisque la dimension sociale est reléguée au second plan. Toutefois, ces mises en garde auront peu d'effets sur le rythme d'accroissement des compétitions et, de surcroît, la popularité grandissante du curling avec les pierres va contribuer à la multiplication des événements[31].

Les performances lors des compétitions

S'il demeure difficile de reconnaître les meilleurs curleurs, y a-t-il au moins un club, une organisation qui se démarque des autres ? Entre 1874 et 1902, la Quebec Challenge Cup aura été en possession du club d'Ottawa pour 31 matchs, Montréal, 20, Québec et Ormstown, 16. Voilà au moins une première statistique de la performance. Malgré la petitesse du village qui l'a vu naître, le club de Ormstown connaît un succès retentissant au cours des premières décennies du XXe siècle. Dans l'épreuve du Victoria Jubilee, entre 1900 et 1920, il l'emporte à cinq reprises tout en étant finaliste à quatre occasions. Ormstown participe

---

[30] *Annual of the Royal Caledonian Curling Club for 1899-1900*, Édimbourg, T. & A. Constable, 1900, p. cxxxix. (493 p.)
[31] En 1915, avant même la formation de la Granite Curling Association, il existe un tournoi de curling avec les pierres, la Baillie Cup, « Granite Curling For Baillie Cup », *Scrap Book* du Montreal Curling Club, 1915.

aussi à la finale du Governor General à trois occasions et va ravir deux titres. De 1899 à 1903, avec 14 matchs disputés, ce dernier détient la Quebec Challenge Cup pendant trois ans[32]. Quand on songe que ce club ne compte jamais beaucoup plus qu'une trentaine de membres, l'efficience de ses curleurs est remarquable, attribuable en partie aux membres d'une même famille, les McGerrigle. Les autres clubs de la Rive-Sud ne sont jamais à prendre à la légère. En 1915, le club de Howick fait les frais de la finale du Victoria Jubilee. L'équipe est considérée comme étant très jeune avec un âge moyen de 15 ans[33]. D'ailleurs, l'élément jeunesse doit être regardé comme un facteur de succès de ces clubs. Des usages moins stéréotypés, une atmosphère familiale et un nombre restreint de joueurs donnent la possibilité à des jeunes de jouer dans ces clubs ruraux.

Un processus d'innovation constant

Entre 1870 et 1920, envisagées sur l'ensemble de la période, les innovations de curling sont colossales. Il y a d'abord la pierre que l'on perfectionne. Ensuite, si les dimensions de la surface de jeu ne subissent pas de modifications, les enceintes se transforment de façon considérable. Enfin, les techniques de jeu et la stratégie se raffinent encore un peu plus.

Sans oublier la pierre, le fer privilégié
Au Québec et dans l'Est ontarien, le fer demeure sans contredit l'outil de jeu le plus utilisé. À l'échelle mondiale, sur plus d'une centaine d'années, la Canadian Branch aura été l'unique utilisatrice d'un autre matériau que la pierre. Avant 1880, au tout début de leur histoire, les Manitobains ont aussi utilisé les fers[34]. Ils les délaissent complètement par la suite. Le fer prend la forme d'une *tea kettle*, une espèce de bouilloire en raison de la poignée légèrement recourbée qui se greffe à

---

[32] *Annual of the Royal Caledonian Curling Club for 1902-1903*, Édimbourg, T. & A. Constable, 1903, p. cliii. (510 p.)
[33] « Victoria Won Jubilee Trophy », *Montreal Daily Star*, 6 février 1915, p. 17.
[34] « Winnipeg's Famous Big Bonspiel », *Montreal Daily Star*, 20 décembre 1902, p. 22.

l'extrémité supérieure. Si l'on discute peu des caractéristiques physiques du fer de curling à l'époque, un article du *Evening Star* précise tout de même la forme de sa semelle[35]. Elle est bien concave, facilitant le déplacement de cette masse lourde 56-64 livres (25.4-29 kg) sur la glace. D'ailleurs, tous les fers examinés datant de cette époque possèdent cette particularité. Avec l'arrivée du curling féminin, un fer de poids moindre 25-30 livres (11.3-13.6 kg) fait son apparition (figure 21).

Figure 21
Fer utilisé en curling féminin (*circa* 1910)

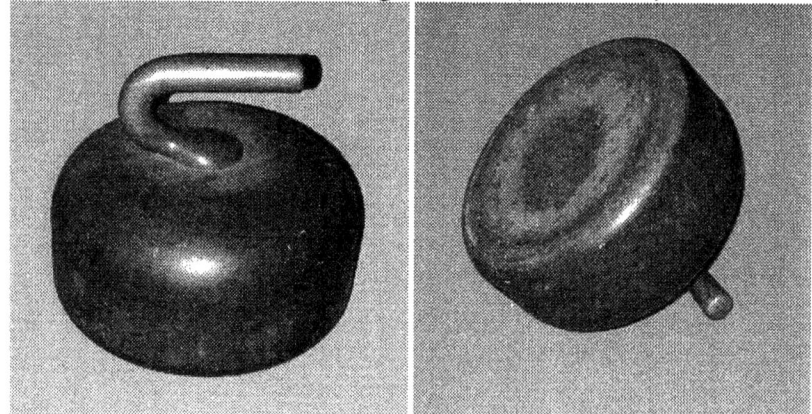

Source : club de curling Victoria, Québec.

Cependant, cet âge d'or des fers ne signifie pas l'absence totale des pierres. Au fur et à mesure que les échanges avec l'Ontario, les Maritimes et les États-Unis s'intensifient, les curleurs québécois sont mis en contact avec le jeu de pierres. Lorsque le club Stadacona de Québec rencontre Toronto en 1861, on assiste à une forme de compromis entre les joueurs ; on convient alors qu'une équipe de chaque côté devra faire l'effort de s'adapter à l'outil de jeu de l'adversaire[36]. Autre exemple, durant le carnaval d'hiver de 1884, la compétition de la Gordon Medal se déroule

---

[35] « Curliana », *The Evening Star*, 23 février 1875, [s.p.]
[36] *Annual of the Royal Caledonian Curling Club for 1863*, Édimbourg, S. Forrester, 1863, p. 247. (280 p.)

avec les pierres. Également, la présence de plus en plus fréquente de quelques clubs américains qui viennent à Montréal afin de participer à des *friendly games* entraîne l'utilisation exclusive des pierres. Enfin, la visite des Écossais en 1903 aura encore stimulé la conversion des fers à celle des pierres. En effet, en préparation de l'événement, le Montreal Curling Club fait l'acquisition de pierres commandées directement d'Écosse[37]. Avec le club Caledonia, il est le seul à en posséder un ensemble. Ainsi, c'est par le processus dynamique des échanges que le curling québécois s'ouvre graduellement à la pratique du curling avec pierres.

Quelle évolution la pierre connaît-elle au cours de ces années ? Dans la seconde moitié du XIXe siècle, deux facteurs vont contribuer à une plus grande standardisation de la forme : l'extraction d'un fort pourcentage de pierres à partir d'un gisement reconnu et de plus en plus réputé, l'Île de Ailsa Craig[38] en Écosse et la mécanisation du procédé de fabrication. Auparavant, sans qu'ils puissent en faire un gagne-pain unique, des maçons consacraient une partie de leur temps à la fabrication des pierres. Ayant acquis la forme circulaire, un poids et un volume à l'intérieur de certaines tolérances, que pouvait-on ajouter de plus à cette pierre ? Tout d'abord, l'insertion d'une poignée amovible allait permettre d'utiliser la pierre de façon réversible, cette dernière possédant alors deux surfaces différenciées utilisables selon les conditions de glace. C'est là une innovation qui se généralise dans la seconde moitié du XIXe siècle, mais qui ne résout pas les controverses concernant la semelle optimale. John Kerr[39] souligne la très grande variété des semelles durant la période qu'il a qualifiée de transition (1800-1838). Le dessous de la pierre devrait-il être complètement plat, concave ou convexe ? Ce questionnement va tenir durant une bonne partie du XIXe siècle.

On doit à J. S. Russell, un immigrant écossais originaire du Lanarkshire et membre du Toronto Club, d'avoir trouvé réponse à cette question en concentrant ses efforts principalement sur le modèle concave

---

[37] « Lieut. Col. Stevenson Has Gone to Halifax », *Montreal Daily Star*, 26 décembre 1902, p. 2.
[38] Le gisement fournit trois variétés de pierres, Blue Hone, Red Hone et Common Ailsa. Les pierres de Ailsa Craig ont le mérite d'offrir des propriétés géologiques analogues.
[39] John Kerr, *History of Curling*, Édimbourg, David Douglas, 1890, p. 399. (440 p.)

de la semelle. L'innovation de Russell consista à réduire la largeur de la bande de contact avec la glace tout en lui conférant une forme ovale. Il expérimenta à la fois différents diamètres de la couronne, largeurs de celle-ci ainsi que profondeurs de la concavité. En 1879, il obtint des résultats satisfaisants avec une pierre reposant sur une couronne ovale d'environ 3/8 à 1/2 pouce (9.5 à 12.7 mm) de largeur et un diamètre de 5 à 5 1/2 pouces (12.7 à 14 cm). La pierre glissait aisément et elle répondait avantageusement à l'effet que le joueur voulait bien lui communiquer[40]. Cette belle trouvaille aurait pu sombrer dans l'oubli si un certain Andrew Kay du Ayrshire n'avait pas prêté une oreille attentive aux travaux de Russell. Considéré comme l'un des premiers producteurs de pierres en Écosse, ce dernier conçut une machine permettant de façonner avec exactitude le bloc de pierre selon les spécifications du *Russell's Improved*. La figure 22 illustre la machine ayant fait l'objet d'une demande de brevet en 1881[41]. De plus, après avoir acquis dans la première moitié du XIXe siècle une forme circulaire selon des standards de poids et de taille, l'invention de Russell aura servi à démontrer la

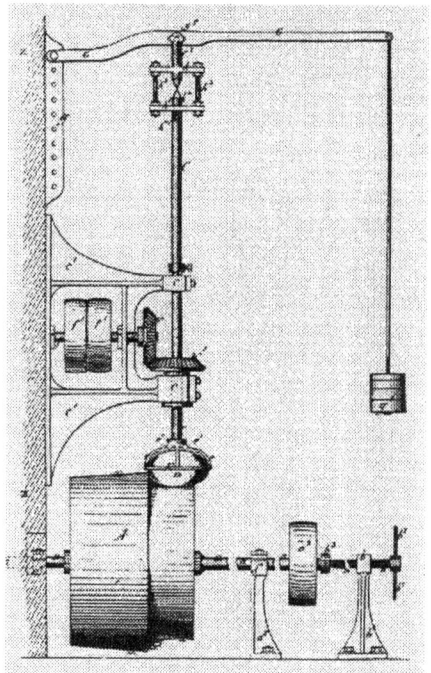

**Figure 22
Mécanisation du procédé (1881)**

Source : *Curling : An illustrated history.*

---

[40] Déjà à cette époque, on savait qu'un diamètre de couronne plus grand faisait courber davantage la pierre lors d'un lancer. Le diamètre que Russell avait déterminé semblait optimiser les propriétés d'une pierre : glisser aisément et adopter une trajectoire courbe significative.
[41] David B. Smith, *Curling: An Illustrated History*, Édimbourg, John Donald Publishers Ltd, 1981, p. 56. (232 p.)

supériorité d'une semelle concave indépendamment des conditions de glace.

Au XIXe siècle, le génie des Écossais ne se limita pas qu'au procédé de fabrication de la pierre. De différentes façons, ils cherchèrent à allonger leur très courte saison de jeu. On assista à des demandes de brevets plutôt inusitées : une pierre sur roulettes, une autre avec roulement à billes, une troisième reposant sur de petites brosses (figure 23).

Figure 23
Pierre-brosse (*circa* 1880)

Source : collection personnelle de David B. Smith, Troon, Écosse.

> **Pétrologie, la composition minérale d'une pierre de curling**
> Le révérend Kerr, intellectuellement curieux, a cherché à connaître au XIXᵉ siècle la composition exacte des pierres de curling en circulation. Dans son ouvrage, il fournit d'ailleurs un inventaire illustré des principales pierres selon le lieu d'extraction et la texture. Il rapporte ensuite les résultats d'une étude sur le sujet qu'il a confiée à un éminent géologue écossais, Foster Heddle. Ce dernier réfute d'abord le fait que les pierres soient de granite. Puisqu'il en analyse plusieurs, il utilise alors les termes de granophyre, phorphyrie, diorite et dolerite afin de les nommer. En cette matière, selon la composition chimique et les assemblages minéralogiques, on retrouve en fait une variété presque infinie de noms. C'est le risque inhérent lorsqu'on fait appel à l'expertise géologique ; en bout de piste, Heddle complique les choses plutôt qu'il ne réussit à les simplifier. Les curleurs de toutes les époques ont-ils erré en utilisant le vocable granite afin de désigner leurs pierres ? Probablement que non puisque le terme granite peut être utilisé dans un sens générique. « Les granites, ou plus généralement les granitoïdes, forment la plus grande partie de l'écorce des continents[42] » ; ce qui laisse place à une très grande diversité au sein de cet ensemble. Néanmoins, le rapport du géologue permet de conclure que la pierre de curling nécessite une composition minéralogique particulière afin d'encaisser des chocs importants sans s'abîmer et transférer adéquatement son *momentum*. C'est une roche ignée résultant de la cristallisation d'un magma. D'une texture grenue, un grain plutôt serré, elle contient un certain pourcentage de quartz combiné à d'autres éléments tels que *felpar*, *augite*, *olivine* et *hornblende* qui lui confèrent dureté, résistance et élasticité[43]. Ainsi, avant la fin du XIXᵉ siècle, les puristes du curling ont une excellente connaissance de leur outil de jeu. Cependant, la terminologie compliquée des géologues ne s'imposera jamais dans le langage courant des curleurs.

Brosse ou balai, les origines d'un long débat

En Écosse, bien qu'au tout début du XIXᵉ siècle du côté de Kilmarnock[44], on rapporte l'utilisation de brosses faites de crin de cheval, il faut attendre le début du XXᵉ siècle avant que cette pièce d'équipement ne devienne l'instrument privilégié par la majorité des curleurs écossais.

---

[42] Le granitoïde est le terme désignant l'ensemble des granites. Alain Foucault et Jean-François Raoult, *Dictionnaire de géologie*, 4ᵉ édition, Paris, Masson, 1995, p. 140. (324 p.)
[43] John Kerr, *op. cit.*, p. 383.
[44] David B. Smith, *op. cit.*, p. 105.

Au Canada et au Québec, le balai domestique demeure en usage. Dans leurs impressions de voyage, les Écossais en tournée canadienne de 1903 admettent presque unanimement la supériorité des Canadiens dans l'art de balayer la pierre ou le fer. Ils ont constaté combien le balayage est vigoureux et ils sont surtout étonnés de voir le synchronisme entre les brosseurs et le *skip* qui commande toujours en temps opportun l'action de brosser. Le révérend Kerr ne prise guère le balai domestique des Canadiens qui dépose des déchets de paille ça et là. Pour lui, c'est un recul par rapport au balai original des Écossais plus fusiforme. À tort, on croit toujours que le balai joue son rôle par le déplacement de l'air devant la pierre et en toute logique un gros balai devrait être l'outil le plus efficace[45]. Les Écossais font donc évoluer la pièce d'équipement à cette époque pendant que les Canadiens raffinent l'usage tactique du balai en situation de jeu. Au début des années 1920, une série d'études sur le balayage menées conjointement par des curleurs suisses[46] et le professeur Harrington de l'Université de la Saskatchewan[47] démontrent qu'il faut mettre en rapport le déplacement de la pierre et la friction de la glace. L'explication d'un déplacement de l'air devant la pierre est écartée *de facto*. Tout en reconnaissant l'importance du balayage, les auteurs ne s'entendent pas sur le nombre de mètres que l'action de balayer donne à la pierre. Lorsque la surface est de plus en plus polie par des balayages successifs, tout nouveau balayage ajoute très peu à la distance parcourue[48].

Les enceintes de jeu
Au début de cette période, s'amorce un mouvement qui conduit les principaux clubs à quitter les derniers entrepôts et les installations

---

[45] *Annual of the Royal Caledonian Curling Club for 1902-1903*, Édimbourg, T. & A. Constable, 1903, p. xcix. (510 p.)
[46] A. Noel Mobbs et F. McDermott, *Curling in Switzerland*, Londres, Arrowsmith, 1929, p. 95-137. (223 p.)
[47] E. L. Harrington, « An Experimental Study of the Motion of Curling Stones », *The Transactions of the Royal Society of Canada, third series*, vol. XVIII, Ottawa, 1924, p. 247-259.
[48] A. Noel Mobbs et F. McDermott, *op. cit.*, p. 121.

temporaires afin de se doter de bâtiments de jeux permanents. Le Quebec Curling Club venait d'emménager dans de nouveaux locaux en décembre 1867. À Montréal, en 1869, la presse rapporte que le club Caledonia est le premier établissement de Montréal à disposer d'un édifice neuf à vocation unique de curling. Les échanges de plus en plus fréquents avec d'autres clubs ont contribué à un aménagement spécifique des lieux. Dès le début des années 1860, Kingston offre plus que la simple piste glacée recouverte. Il y a un espace réservé à des fins de convivialité. D'ailleurs, les nouvelles installations du club Caledonia ont tenu compte de cette dimension : « In the front of the building facing on Mountain Street, is a large reception room. Between the rinks is a broad platform for spectators while for the ladies there has been a roomy gallery[49]. » Les enceintes nouvelles répondront à la fois aux impératifs d'un sport et d'un spectacle, mais elles devront tenir compte d'une sociabilité toujours bien vivante. Les trottoirs de bois entre les pistes, les galeries surélevées et les surfaces vitrées permettent aux adeptes de regarder les matchs dans des conditions plus agréables. Les trottoirs disparaîtront graduellement. S'ils permettaient aux spectateurs d'assister aux matchs de très près, ils constituaient une proximité susceptible de déranger la concentration des curleurs et surtout, ils mobilisaient une surface qui autrement pouvait devenir une aire de jeu.

Enfin, documents iconographiques à l'appui, on remarque que le volume d'espace peut être variable d'un club à l'autre. Quelquefois, le plafond est bas et supporté par des colonnes disséminées au milieu des trottoirs. C'est le cas du club St. Lawrence de 1892 ou du club Thistle avant 1913. Cette situation évolue pour le mieux avec des constructions comme celle du Montreal Curling Club en 1889. Une photo de l'établissement de 1903 laisse entrevoir un bâtiment en forme de demi-lune avec de nombreuses fenêtres sur les côtés, des puits de lumière dans la partie supérieure du toit et deux larges trottoirs séparant les trois pistes de jeu. Le club Thistle érige en 1913 un splendide bâtiment étagé au coût de 100 000 $. La figure 24 permet d'apprécier la qualité des installations de ces deux clubs.

---

[49] « Curling », *The Gazette*, 16 décembre 1869, [s.p.]

Figure 24
Intérieur du Montreal Curling Club (1903)

Source : *Scrap Book* du Royal Montreal Curling Club, Montréal.

Intérieur du Thistle Curling Club (1913)

Source : *Scrap Book* du Thistle Curling Club, Musée McCord, Montréal.

À cette époque, on récupère le mieux possible la lumière du jour. Dès les débuts de la décennie soixante-dix, il est tout de même possible de faire du curling en soirée grâce à l'utilisation de plus en plus généralisée de l'éclairage au gaz. Les comptes rendus du club Caledonia nous apprennent qu'un *opening gaz light match* a eu lieu le 11 janvier 1867. Au milieu des années 1880, l'éclairage électrique reste encore trop dispendieux mais il se répand au cours de la décennie suivante. Ainsi, la lumière artificielle est une autre innovation qui établit une démarcation entre le temps du travail et celui du loisir désormais possible en soirée.

Avant les années 1920, aucun club québécois ne va disposer d'un système de réfrigération de la glace. La technologie est disponible au début du XXe siècle et les Américains seront les premiers à s'en prévaloir. Malgré quelques probables redoux, à Montréal la saison de curling s'étale sur un horizon de temps d'environ quatre mois. On y retrouve une glace bien dure, de première qualité, qui s'épaissit au fil de la saison. De plus, des ventilateurs sont installés afin de faire entrer une certaine quantité d'air froid et chasser l'humidité. Les Écossais de la tournée de 1903 reconnaissent que la qualité de la glace est un atout majeur du curling canadien. Un des membres de ce groupe, le docteur Kirk, décrit l'utilisation d'un appareil rudimentaire qui permet de répandre de fines gouttelettes d'eau sur la glace, « in a former case of a watering can[50] ». Il ne précise pas si c'est là un usage généralisé du curling canadien ou québécois. De la glace intérieure bien dure dont la surface est travaillée, un éclairage électrique permettant le jeu en soirée et des espaces de convivialité confortables avec vue sur les pistes constituent des atouts qui font l'envie des curleurs écossais lors de leur voyage. Toutefois, on conserve une certaine nostalgie du curling en plein air et il arrive encore à l'occasion que des matchs se déroulent à l'extérieur. Par exemple, en 1903, le lac Saint-Louis est le site d'un match entre des curleurs de Montréal et ceux du club Brookline[51] de Boston. Au début du XXe siècle, les installations rénovées et spacieuses des clubs Montréalais auront

---

[50] John Kerr, *Curling in Canada and the United States*, Édimbourg, Geo. A. Morton, 1904, p. 549. (787 p.)
[51] « International Curling Match », *Montreal Daily Star*, 2 février 1903, p. 2.

valeur d'exemple pour le reste des villes intéressées à pratiquer le curling. Certes, il est toujours possible de pratiquer l'activité à partir d'une piste extérieure ou d'un hangar, mais il est peu probable qu'une telle approche soit gage de succès à moyen ou à long terme.

Les techniques de jeu et les règlements

En demandant à ses compagnons de voyage de commenter leur séjour de 1903, John Kerr a comparé dans son second ouvrage les curlings canadiens et écossais et il nous a laissé des indications précieuses concernant la technique du jeu et les stratégies utilisées à cette époque. En synthèse, il ressort que lors du lancer les Canadiens soulèvent moins la pierre que les Écossais : cette dernière reste près de la glace, l'élan arrière est réduit et le lanceur pousse ensuite avec l'épaule et il glisse vers l'avant sur quelques verges (2 mètres). Si ce style est moins gracieux, selon un observateur du groupe[52] la ligne de direction est meilleure. Une autre distinction à établir avec le curling écossais est qu'à chaque fois qu'un Canadien lance une pierre, il lui confère un effet. James Simpson[53], un autre membre de l'équipe écossaise, souligne que pour être un curleur efficace au Canada[54] il faut maîtriser les effets intérieur et extérieur, (*handle-in, handle-out*). Cela ne signifie pas pour autant que les Canadiens aient été les initiateurs de l'effet sur la pierre. John Kerr en traite abondamment dans un ouvrage[55] de 1892.

Sur le plan stratégique, les Écossais s'accordent à dire que le jeu canadien est davantage axé sur le placement des pierres et il n'est pas surprenant de voir à la fin d'un bout, la maison entièrement encombrée[56].

---

[52] John Kerr, *op. cit.*, p. 525.

[53] John Kerr, *op. cit.*, p. 576.

[54] Au début des années 1920, la technique qui consiste à communiquer un effet est un fait admis. Les recherches de St. Moritz précisent qu'un nombre restreint de rotations de la pierre sur elle-même, soit trois, est la façon la plus efficace de faire courber la pierre. A. Noel Mobbs et F. McDermott, *op. cit.*, p. 114.

[55] John Kerr, « Curling », Duke of Beaufort et Alfred E.T. Watson, dir., *Skating, Curling, Toboganning and Others Ice Sports. The Badminton Library of Sports and Past Time*, Londres, Longmans Green and Co., 1892, p. 364. (464 p.)

[56] John Kerr, John Kerr, *Curling in Canada and the United States*, Édimbourg, Geo. A. Morton, 1904, p. 556. (787 p.)

Le balayage efficace des Canadiens, un trait dominant de leur stratégie, permet de lancer des pierres plus lentes qui courbent davantage. Enfin, certains ont remarqué que les *skips* canadiens utilisent des signaux afin de transmettre la stratégie à adopter. Les Écossais ne possèdent pas un tel système de communication[57].

Entre 1870 et 1920, l'environnement réglementaire du curling connaît très peu de modifications si ce n'est que sur le plan de l'éthique on critique un certain laisser-aller de la part des joueurs non engagés dans l'action. En effet, plutôt que de se retirer et d'attendre sagement leur tour, des joueurs se déplacent au gré de leur fantaisie, allument une cigarette quand ils ne vont pas carrément conseiller leur *skip*. Le révérend Kerr déplorent ces agissements chez les curleurs écossais[58], mais il semble que le « mal » s'étende aussi au curling canadien.

Enfin, sans que la durée d'un match ne fasse partie des règlements généraux du curling, la tendance est à sa diminution constante. Deux modes existent : on joue selon un nombre fixe de bouts de curling ou le match se termine quand une première équipe atteint la marque de 31. Toujours en vogue en 1870, la partie de 31 est aléatoire en durée puisque deux équipes d'égale force pratiquant un jeu défensif peuvent mettre beaucoup de temps à atteindre la marque. Avec l'instauration du temps industriel, le curling, comme tous les autres sports, évolue de plus en plus vers une durée déterminée ; les matchs sont tout de même assez longs, 18 bouts avant de glisser à 16, puis à 14. Dans une épreuve comme le Victoria Jubilee, la ronde éliminatoire est de 16 bouts jusqu'en 1907. Une partie exige bien trois à quatre heures mais n'oblige plus son report au lendemain. En semaine, lors de matchs amicaux, la soirée est divisée en deux plages horaires afin de permettre à un plus grand nombre de s'adonner à l'activité.

---

[57] John Kerr, *op. cit.*, p. 573.
[58] *Annual of the Royal Caledonian Curling Club for 1902-1903*, Édimbourg, T. & A. Constable, 1903, p. xcix. (510 p.)

Conclusion

Ce parcours historique de la fin du XIXe et du début du XXe siècle ne pouvait se concevoir sans une approche globale au moment où les principales activités sportives prennent forme. Et le mot « forme » revêt ici toute son importance. La plupart des sports acquièrent alors les traits fondamentaux qui les différencient toujours aujourd'hui. Même s'il s'invente avant les autres, le curling amorce le passage au XXe siècle sans ne jamais dominer le paysage hivernal. Vers 1880, c'est la raquette qui connaît un âge d'or et, une décennie plus tard, le hockey supplante toutes les autres activités et prend les allures d'un sport national. Chaque sport possède donc sa personnalité, son rythme de développement en fonction d'un ensemble de facteurs qui lui est propre.

Le curling avance à un rythme qui n'est jamais celui du hockey. Toutefois, les progrès vont être appréciables dans la construction de son rapport compétitif, son processus de « sportivation ». Au début de la période, se mettent en place les premières compétitions permanentes, un même enjeu sportif qui revient années après années. Vers 1890, en fonction de ces événements, on instaure un processus préliminaire de rencontres permettant aux différents clubs de progresser vers la victoire finale. En 1920, sans qu'il ne soit encore question de nommer le champion à l'échelle de la province, l'honneur de la victoire ne se rapporte plus exclusivement à un club, mais aussi à une équipe. De nombreuses compétitions ont vu le jour et les femmes ajoutent un élément de plus à cette mosaïque sportive.

La construction de bâtiments essentiellement réservés au curling constitue bien dans l'univers matériel de ce sport, le fait notable de période. Même si aucun club québécois ne dispose avant les années 1920 d'un procédé de réfrigération, ces édifices mettent dans une large mesure le curling à l'abri des aléas du temps. La pierre profite aussi d'innovations singulières : la concavité de la semelle et la largeur de la couronne en constituent les marques tangibles. Dans un contexte où les échanges sportifs avec les Américains, les Écossais et le reste du Canada se développent, le fer comme substitut de la pierre tient tout de même le coup et demeure l'outil de jeu le plus populaire au Québec et dans l'Est ontarien.

S'il faut admettre que le premier voyage des Écossais en 1903 est d'abord et avant tout un grand moment de sociabilité, il n'en demeure pas moins une occasion inespérée afin de comparer l'efficacité des techniques de jeux des uns et des autres. Les Écossais ont relevé chez les Canadiens des différences marquées dans la façon de jouer : un balayage efficace de la pierre, un élan arrière court lors du lancer, des stratégies de jeux où l'on cherche d'abord à placer la pierre plutôt qu'à sortir celle de l'adversaire. La réflexion sur l'amélioration des techniques de jeu est déjà bien amorcée. Elle ne connaîtra de cesse par la suite.

CHAPITRE IV

UNE SOCIABILITÉ INÉDITE, QUELQUEFOIS CONTRAINTE

Si le sport entre dans la quotidienneté à cette époque, s'il effleure toutes les couches de la société, sa pénétration se réalise à des degrés divers selon les acteurs en présence. Au Québec comme ailleurs, ce sport de la fin XIXe appartient à la frange élitiste de la société. Il joue pleinement son rôle de marqueur social. Cependant, avant la Première Guerre mondiale, plusieurs activités deviennent accessibles à une majorité de citoyens. Comment le curling évoluera-t-il dans un pareil contexte ? Après avoir inventorié les principaux établissements et la sociabilité qui s'y déploie, nous tenterons au cours de ce chapitre de mieux connaître la composition sociale des clubs au moment où le réseau des établissements semble en expansion. Aussi, l'absence presque totale des francophones avant 1870 nous oblige à revisiter la question. Pourquoi leur participation demeure-t-elle aussi stagnante ? Troisièmement, dans le contexte de l'émergence des premières luttes féministes, les femmes entrent en contact avec ce nouveau produit culturel. Comment seront-elles perçues au sein d'un cercle jusque-là essentiellement masculin ? Envisagée sous un angle plus culturel, nous nous intéresserons ensuite aux valeurs qui animent les curleurs et, par extension, tous les sportifs de l'époque. Les Montréalais sont particulièrement fiers d'afficher leur caractère de nordicité, une particularité unique de leur personnalité. Enfin, le chapitre s'achève en dégageant les facteurs qui pérennisent un peu plus le curling de 1870 à 1920.

Vie associative formelle

La situation du curling dans le contexte général de la sociabilité

Au début des années 1860 « se met en place une sociabilité inédite et aux formes variées[1] ». Une transformation véritable se produit puisqu'on délaisse les lieux de la sociabilité culturelle afin de faire connaissance avec des regroupements moins associés aux débats d'idées et aux polémiques, mais plutôt au loisir, au théâtre, au spectacle et, bien entendu, au sport. La perte d'intérêt à l'égard de ce type d'association ne signifie pas une désaffectation complète du club social sans vocation particulière. Des regroupements prestigieux comme les clubs St. James et Mont-Royal, le club Canadien ou le club de la Garnison de Québec maintiennent un niveau enviable de fréquentation. Dans ce contexte, les individus ne sont plus à la merci d'un seul regroupement et partagent dorénavant leurs intérêts entre différentes entités sociales. Le sport est au premier rang afin de profiter des ressources et du dévouement de ceux qui constituent en fait les forces les plus progressistes de la société. La mise sur pied d'un premier organisme multisports, le Montreal Amateur Athletic Association (MAAA) en 1881, constitue un événement clé de la vie associative sportive de Montréal. Le MAAA devient le point de convergence des sportifs essaimant d'une mosaïque de plus en plus étendue de sports.

En 1870, donnée encourageante, le curling peut compter sur quatre clubs bien constitués ayant plus de vingt ans d'existence chacun. Toutefois, entre 1860 et 1880, le nombre d'établissements québécois ne fait que stagner : Montréal en conserve trois, mais la région de Québec doit recentrer ses activités autour d'un seul regroupement. Elle a perdu les clubs Stadacona et Hadlow où la présence militaire avait toujours été significative. Le déclin relatif de Québec, sa perte d'influence politique et le faible accroissement de sa population globale et anglophone de surcroît expliquent cette stagnation. Dans le reste du Québec, la situation évolue avec lenteur. Buckingham s'éclipse après une quinzaine d'années

---

[1] Yvan Lamonde, *Histoire sociale des idées au Québec, 1760-1896*, Montréal, Éditions Fides, 2000, p. 402. (573 p.)

d'existence. Trois-Rivières (1875) et Sherbrooke (1880) prennent le relais. En comparaison, l'Ontario et les Maritimes connaissent une croissance qui ne se matérialise jamais au Québec. En effet, l'Ontario compte 62 clubs en 1879-1880 et les Maritimes possèdent 14 établissements dont 8 en Nouvelle-Écosse. Entre 1880 et 1900, le paysage du curling va tout de même s'animer. Montréal double son effectif de clubs avec la venue des clubs Heather de Westmount (1887), St. Lawrence (1892) et St. Andrews (1898). En périphérie de la métropole, Lachine voit le jour en 1894 et Valleyfield en 1900. Un peu plus au sud, c'est près de Châteauguay que le curling connaît un nouvel essor. Rappelons qu'au tout début du XIXe siècle, par la transmission orale et familiale, on a eu vent d'une certaine activité du côté de Riverfield. Parce que la majorité des clubs n'adhèrent pas au Royal Caledonian Curling Club (RCCC), leur identification est plus complexe, mais la présence de journaux locaux, comme le *Ormstown New Dominion* et le *Ormstown Courier*, nous facilite la tâche et permet de conclure à l'existence de clubs et à une certaine vitalité des rencontres. Lors du carnaval de Montréal de 1884, les clubs de Stoney Creek et Fertile Creek se mesurent dans le bonspiel officiel ; une section est alors réservée non pas à l'usage des fers ou des pierres, mais des blocs de bois[2]. Bien que les clubs n'impressionnent pas par le nombre de membres ne regroupant souvent que quelques dizaines de joueurs, on en dénombre pas moins de huit avec Ormstown, Howick, Maple Leaf (Georgetown), Lorne (Allan's Corners), Thistle (Saint-Étienne), Lansdown, ainsi que Fertile Creek et Stoney Creek. Le phénomène mérite l'attention puisqu'on assiste à la naissance d'une première série de clubs en milieu rural. La Rive-Sud de Montréal est sans contredit la première région en dehors de Montréal et de Québec à structurer un programme de curling.

La concentration autour de Montréal est indéniable. Québec compte maintenant un deuxième établissement avec le club Victoria dont la

---

[2] « The Curling Bonspiel », *Montreal Daily Star,* 8 février 1884, p. 8.

naissance formelle[3] remonte à 1891. À l'Ouest de l'Île de Montréal, en Outaouais, deux clubs sont identifiés : Lachute, et Buckingham qui refait surface après une éclipse de près de trente ans. Ce que la cartographie ne révèle pas, ce sont les existences éphémères. Le club de St. John's (Saint-Jean-Iberville) est en opération au début des années 1880. Il disparaît à la fin du XIXe siècle. Il en est de même du club Thistle de Carillon dans le comté d'Argenteuil. En 1888, ce village se paie même le luxe de posséder deux établissements. Il faut croire que le phénomène est davantage le résultat de dissensions que d'une popularité soudaine. Au cours de la décennie 1880, le club Richmond County dans les Cantons de l'Est n'existera que quelques années. Le quotidien *The Gazette* relate aussi l'existence d'un club à Longueuil en 1906[4]. Curieusement, on ne retrace aucun indice d'activité par la suite. Y a-t-il lieu de s'inquiéter de ces mouvements d'entrée et de sortie ? En comparaison d'autres sports comme la raquette, les clubs de curling sont particulièrement stables. Les premières décennies du XXe siècle confirment leur aplomb. Tous les clubs membres du RCCC en 1900 le sont toujours en 1920. D'une quinzaine d'établissements en 1900, le curling enregistre une croissance modeste mais soutenue et atteint le nombre de vingt-six en 1920. Les petites organisations de la région de Châteauguay ont consolidé leurs opérations et ont adhéré au RCCC. En province, on note une certaine effervescence du côté de la Mauricie. Afin d'obtenir une image encore plus précise de la situation, il nous a semblé opportun d'examiner, en dernière analyse, l'évolution de la population totale des membres de clubs (figure 25).

---

[3] On évoque l'année 1891 pour la tenue d'un premier *Minute Book*. Toutefois, à partir d'un document interne du club réalisé par le major Charles Chauveau en 1963, il est question d'une activité informelle du côté de la rivière Saint-Charles dès 1887.
[4] « Longueuil Curling Club », *The Gazette,* 1er décembre 1906, p. 2.

**Figure 25
Effectif des clubs 1879-1919**

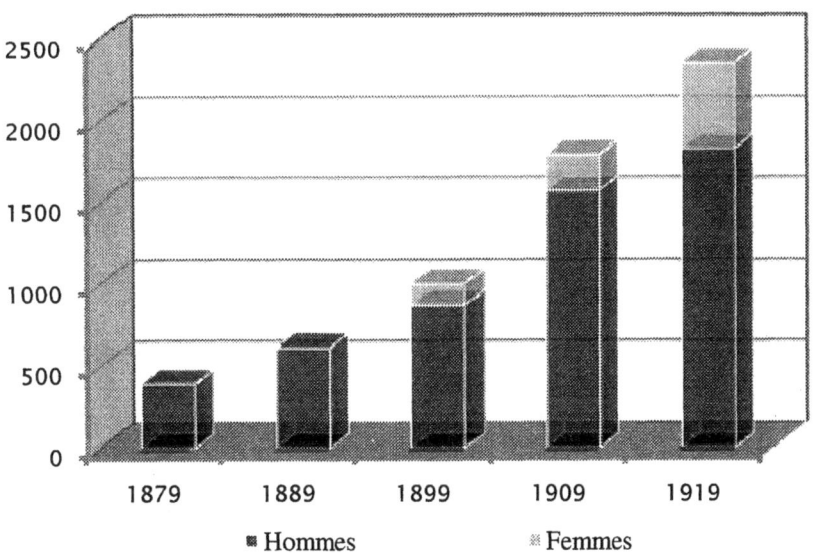

Ce qui retient l'attention en premier lieu, c'est une croissance forte du nombre de membres au cours de la première décennie du XXe siècle. La clientèle masculine des clubs va presque doubler et, de cet ensemble, c'est toujours Montréal qui donne le ton[5]. Il faut dire que la Métropole connaît en ce début de siècle un développement remarquable. De plus, la communauté britannique de l'Île de Montréal fait plus que doubler sa population entre 1871 et 1901, passant d'environ 55 000 à 114 000

---

[5] En accord avec Metcalfe qui affirme que ce sont des communautés de 100 000 personnes et plus, Montréal et Toronto, qui organisent et développent le sport à ce moment. Alan Metcalfe, *Canada Learns to Play: The Emergence of Organized Sport, 1807-1914*, Toronto, McClelland and Stewart, 1987, p. 53. (243 p.)

habitants. Elle représente toujours en 1901, 31,6 % de la population totale de l'Île[6].

La progression va s'infléchir légèrement dans la seconde décennie. Un certain nombre de curleurs masculins sont à la guerre. La participation accrue des femmes au cours de cette période vient toutefois soutenir la croissance. Le curling trouve donc au sein des villes un terreau propice à son développement. Le tableau 9 l'illustre. Le pourcentage des joueurs en milieu urbain atteint 95 % de l'ensemble à ce moment-là.

Tableau 9
Liste des clubs en milieu urbain[7] (1919)

Club	Localisation	Nombre total de membres	Population de la ville[8]
Montreal	Île de Montréal	336	991 768
Heather	" "	188	"
Thistle	" "	183	"
Caledonia	" "	136	"
St. Lawrence	" "	130	"
Outremont	" "	125	"
St. Andrews	" "	95	"
Lachine	" "	116	"
Montreal West	" "	55	"
Victoria	Québec	127	95 193

---

[6] Paul-André Linteau, René Durocher, Jean-Claude Robert, *Histoire du Québec contemporain, tome I: de la Confédération à la Crise (1867-1929)*, Montréal, Boréal, 1989, p. 62. (758 p.)
[7] Le critère de la taille de population, 3 000 habitants et plus, détermine un statut de ville.
[8] Paul-André Linteau, *op. cit.*, p. 474.

Quebec	Québec	88	95 193
Sherbrooke	Sherbrooke	123	23 515
Three Rivers	Trois-Rivières	90	22 267
Shawinigan	Shawinigan	27	10 625
Valleyfield	Valleyfield	15	9 215
St. John's	Saint-Jean-Iberville	23	7 734
Granby	Granby	98	6 785

Bien qu'on ne puisse y établir un rapport de causalité, nombreux sont les observateurs de la scène sportive qui ont lié l'émergence du sport à ce contexte nouveau d'urbanisation. D'une part, l'urbanisation concentre en un lieu géographique donné une masse critique de citoyens qui disposent de suffisamment de temps et de ressources afin de s'adonner à une activité somme toute non essentielle de la vie. D'autre part, le fait de s'agglomérer ainsi transforme les rapports sociaux : impossibilité pour l'individu de connaître tous ses concitoyens tout en demeurant lui-même un inconnu aux yeux d'une vaste majorité. Dans la vie urbaine, la multiplication des occasions de contact impose une nécessaire réserve, une superficialité de l'échange. La distance sociale serait selon les travaux de Robert Park[9] la condition sous-jacente de la sociabilité en milieu urbain. Ces rapports plus impersonnels où le citoyen se fond dans la masse des anonymes l'obligent en contrepartie à développer des stratégies nouvelles, une participation à la vie collective au sein de groupes ciblés. De ce point de vue, le sport apparaît comme une sorte d'antidote à la superficialité des échanges. La recherche de relations vraies, intimistes entre les individus, peut être considérée comme un des facteurs de l'essor des sports dont le curling à la fin du XIXe siècle.

De l'ensemble des villes où le curling se pratique, l'Île de Montréal représente à elle seule 63 % de tous les curleurs. Toutefois, si l'urbanisation crée des conditions favorables, à Montréal le boom de

---

[9] Robert E. Park, Ernest W. Burgess, *Introduction to the Science of Sociology, Third Edition*, Chicago, University of Chicago Press, 1969 [1921], p. 311. (1040 p.)

l'immobilier qui accompagne ce passage dans le XXᵉ siècle engendre un effet négatif, une pression à la hausse sur le prix de la propriété foncière. En comparaison d'autres sports, le curling nécessite un espace moyen pour sa réalisation. L'enceinte de hockey ou de baseball exige davantage, la raquette, beaucoup moins. En raison de la composition sociale des clubs, le curling montréalais a tout de même les moyens lui permettant de résister à la spéculation foncière et conséquemment à des hausses de taxes résultant de l'augmentation de la valeur.

De nouveaux acteurs institutionnels

Au début de la décennie 1870, le curling québécois ne s'appuie donc que sur un nombre restreint d'acteurs. Des sept clubs dénombrés, quatre seulement affichent une certaine vitalité : Montreal, Caledonia, Thistle et Quebec. Ces clubs sont sous l'égide de la Canadian Branch dont les affaires sont regroupées à Montréal. La Canadian Branch jouit tout de même d'une influence considérable parce qu'elle représente aussi tous les clubs de l'Ontario, au total une trentaine d'établissements. Ce déséquilibre des forces en présence est annonciateur des difficultés à venir. Depuis déjà un moment, les Ontariens sont mécontents ; ils se sentent bien éloignés du cercle d'influence de la Canadian Branch, eux qui regroupent la majorité des clubs. Toutefois, ce ne sera pas un club ontarien mais plutôt le club Caledonia de Montréal qui revendiquera un changement. En effet, en novembre 1871, dans un mémoire qu'il fait parvenir aux autorités de la Canadian Branch, ce club réclame la création d'un regroupement qui soit indépendant du RCCC, une organisation pancanadienne ayant les pleins pouvoirs de régir le curling au Canada. En premier lieu, il allègue les difficultés d'obtenir l'information utile au moment opportun. De plus, les cotisations versées par les clubs canadiens sont nettement supérieures à celles payées par les clubs écossais. Si les montants ainsi déboursés étaient utilisés directement ici, il y aurait suffisamment de ressources afin de faire la promotion du sport et se procurer les récompenses. La proposition du club Caledonia ne reçut pas l'aval de la Canadian Branch. Il y avait certainement à Montréal un noyau influent de curleurs encore très proches de la tradition écossaise qui ne souhaitaient pas voir un tel scénario se réaliser.

En Ontario, à la même époque, un mouvement similaire visant la formation d'une entité nationale du curling s'active. On sollicite alors les clubs du Québec et des Maritimes. Les intérêts divergents des uns et des autres obligent alors les leaders ontariens à retraiter plutôt vers la création d'une organisation de moindre prétention. C'est ainsi qu'une requête est présentée au RCCC en 1874 demandant la permission de créer une Ontario Branch[10] et, en décembre de la même année, l'affaire est conclue à la satisfaction des clubs intéressés[11]. Perte de rayonnement pour la Canadian Branch, elle n'a plus que onze clubs sous sa juridiction : quatre clubs québécois et sept de l'Est ontarien dont Kingston et Ottawa, tous ayant en commun le fait de jouer avec les fers.

La naissance des premiers clubs féminins à la fin du XIXe siècle, conduit à la mise sur pied de la Ladies Curling Association (LCA) en 1904. Affiliée à la Canadian Branch dès ses débuts, la LCA entretient avec cette dernière des rapports harmonieux. Quoique, avec un brin de condescendance, il est écrit dans le rapport annuel de la Canadian Branch de 1905 : « It is interesting to note the enthusiasm that is shown in the game by the lady curlers. At a bonspiel, held last February in Montreal, the good play throughout, and the business-like way in which it was carried through, was a surprise to many of the male curlers of the city[12]. » Les résultats de leurs compétitions apparaissent dorénavant dans les rapports annuels de la Canadian Branch et du RCCC.

Comment s'exprime la vie de relations ?

Des événements signifiants

L'expansion du réseau des clubs et une vie associative florissante au début du XXe siècle contribuent à l'épanouissement de la vie sportive. Rappelons-le, ayant délaissé après 1840 un curling aux usages festifs, les adeptes concentrent davantage leurs efforts à structurer un programme

---

[10] John A. Stevenson, *Curling in Ontario 1846-1946*, Toronto, Ryerson Press, 1950, p. 37. (272 p.)
[11] « Curliana », *Toronto Globe*, 18 décembre 1874. [s.p.]
[12] *Annual of the Royal Caledonian Curling Club for 1905-1906*, Édimbourg, T. & A. Constable, 1906, p. lxxxi. (542 p.)

sportif. Toutefois, sans que ce ne soit jamais une mise au rancart définitive, le curling maintient une certaine vie de relations. À travers des manifestations bien concrètes, pouvons-nous apprécier une certaine reconquête de la sociabilité à cette époque ? Voyons-y d'un peu plus près en catégorisant les événements selon qu'ils s'insèrent dans le calendrier normal d'une saison de curling ou qu'ils revêtent plutôt un caractère *ad hoc*.

Ayant fait son apparition aux premiers jours de l'histoire du curling, le repas annuel de club *beef and greens* constitue de fait la tradition de sociabilité la plus ancienne. C'est une activité qui se déroule habituellement lors de l'inauguration de la saison[13], une réception plutôt intime des membres d'un club (figure 26). Les bureaux de direction des autres clubs sont conviés quelquefois. Au cours de la décennie 1870, l'activité deviendra bisannuelle dans certains clubs. Une information tirée des *Minute Books* du club Thistle en 1875 révèle que les curleurs réclament maintenant un repas en fin de saison. On y présente généralement le bilan de la saison écoulée et par la suite on passe aux divertissements avec du chant, des discours de circonstances sans oublier les nombreux toasts. Néanmoins, si les clubs ne donnent pas l'image de sociétés de tempérance, il ne faudrait pas croire que les activités sociales tournent nécessairement à la beuverie. Par exemple, en 1890, le club Caledonia édicte des règles très sévères concernant la consommation d'alcool à l'intérieur de ses murs. De plus, chaque club compte habituellement un ministre de culte presbytérien dont la présence et l'influence sont plus que symboliques. À cette époque, l'Église protestante condamne en des termes très clairs le fléau de l'alcoolisme. Dans les dernières décennies du XIXe siècle, l'ouverture de nouveaux clubs et la restauration des enceintes existantes permettent que la plupart des rencontres sociales se déroulent au club même. Les banquets commémoratifs et les rencontres internationales se déplacent habituellement vers les grands hôtels.

---

[13] « City Items », *Montreal Herald*, 6 décembre 1864, p. 2.

Figure 26
Un carton d'invitation (1906)

Source : *Scrap Book* du Montreal Curling Club, 1907.

Un autre événement associé cette fois à la période du temps des fêtes s'ajoute au calendrier des curleurs avant la fin du XIXe siècle ; il s'agit de la réception du Nouvel An au sein même des clubs. Dès les années 1870, on relève bien quelques traces d'activités le premier janvier mais il faut attendre une vingtaine d'années avant que ce *At Home* ne devienne populaire. L'activité revêt d'abord un caractère social : il est de bon usage de s'échanger une visite entre clubs pendant que le bureau de direction de la Canadian Branch procède à une tournée plus systématique de ses membres. Moins orientée vers le pôle traditionnel de la famille[14], il faut reconnaître ici l'expression d'une sociabilité inédite. À la toute fin de la saison, la fête des Irlandais devient une occasion supplémentaire de

---

[14] « New Year's Sports », *Montreal Daily Star*, 3 janvier 1893, p. 6.

festoyer. En 1911, au Quebec Curling Club les francophones ont joué contre les Irlandais en après-midi avant de partager un repas[15]. La tradition s'installe aussi à Montréal où des clubs soulignent la St. Patrick. En 1915, le club Thistle célèbre l'occasion par un dîner et des matchs amicaux opposant les Écossais et les Irlandais.

L'instauration d'un repas hebdomadaire et le succès qu'il mérite dès ses débuts demeure sans contredit l'indice le plus convaincant d'une sociabilité à la hausse. En 1901, le samedi, le club Thistle met cet usage de l'avant. La formule est novatrice et la presse ne manque pas de le souligner[16]. Puisant dans la « gastronomie écossaise » un plat traditionnel de *collops and potatoes* que les curleurs avalent sur le coup de treize heures, on profite ensuite d'une animation avec maître de cérémonie. Il n'y a plus qu'un pas à franchir avant de proposer un conférencier invité. D'autres établissements vont par la suite imiter le club Thistle et, à l'aube des années 1920, le dîner-conférence du samedi fait partie du paysage montréalais du curling. À Québec, dans une moindre mesure, un rassemblement hebdomadaire existe aussi. Le *Quebec Chronicle* de février 1919 rapporte qu'un *usual beef and greens* sera servi à dix-huit heures[17]. Malgré quelques différences selon les établissements, la vie sociale du curling s'enrichit donc à cette époque d'une série de manifestations qui vont prendre un caractère durable. Résumons-les : activités d'ouverture et de fermeture, fête du premier de l'An, fête de la St. Patrick, repas-conférence du samedi. D'ailleurs, après 1890 on observe un changement dans les comptes rendus de clubs. Les comités de direction ne font pas que régler les questions relatives aux compétitions et colliger les performances du club. Ils consacrent de plus en plus d'efforts à l'organisation des activités sociales.

La sociabilité s'exprime encore à travers tout un cortège d'événements aléatoires sans caractère de régularité. À chaque fois qu'un match amical oppose deux villes moindrement éloignées, on réserve un temps pour la convivialité. Sans qu'il soit d'intérêt d'en fournir la

---

[15] « Curlers Had a Jolly Gathering », *Quebec Chronicle*, 17 mars 1911, p. 6.
[16] « Curling, Will Serve Luncheon », *The Gazette*, 17 janvier 1901, p. 2.
[17] « Rink Competition at Quebec Club », *Quebec Chronicle*, 1er février 1919, p. 6.

nomenclature complète, quelques événements méritent d'être soulignés, car ils structurent quelque chose de neuf et de permanent dans les relations. En premier lieu, le carnaval de 1884 permet à l'organisation du curling de rallier non seulement de nombreuses équipes canadiennes et américaines mais aussi de se faire mieux connaître au sein de la communauté sportive de Montréal. Le banquet de clôture jette les bases de la collaboration future entre les curleurs des États-Unis et du Canada. En 1901, la compétition de la Gordon Medal n'attire qu'un total de seize joueurs. Tout de même, une quarantaine de personnes accompagnent et participent à la réception suivant la partie au Montreal Curling Club. En 1910, la réception qui se déroule à l'hôtel Windsor regroupe une centaine de personnes dans une soirée où la tradition écossaise est à l'honneur : haggis, costume traditionnel et cornemuse[18].

La première visite des Écossais allait fournir une occasion exceptionnelle de vivre les rapports de convivialité tant à Québec qu'à Montréal. La section suivante de ce chapitre en fait le récit détaillé. Malgré les coûts associés, la disponibilité de temps et le travail de logistique que ces voyages transatlantiques engendrent, Canadiens et Écossais vivront deux autres rendez-vous avant le déclenchement de la guerre. En 1909, les Écossais reçoivent une troupe canadienne où la participation québécoise ne représente toutefois que sept personnes sur un total de trente-sept. L'Écosse est de retour en 1912. Lors du banquet d'au revoir à Montréal, un incident présage de mauvais augures à quelques temps d'une entrée en guerre. En paradant avec les plats, voilà que le fameux *haggis* glisse des mains de son porteur et ... se retrouve sur le parquet[19]. Même si ces visites ne récréent jamais entièrement les conditions du jumelage de 1903, elles représentent un moment fort stimulant la vie sociale du curling, les acteurs n'étant jamais les mêmes d'un voyage à l'autre.

Enfin, au milieu des années 1910, les premières manifestations du bonspiel de Québec fondent la tradition d'une hospitalité particulière dans la Vieille Capitale. C'est l'occasion d'un banquet suivi d'un concert avec

---

[18] *Scrap Book* du Montreal Curling Club, coupure de presse de 1910.
[19] *Scrap Book* du Montreal Curling Club, coupure de presse de 1912.

les artistes locaux et les membres des équipes invitées. Le journal local rapporte que « Toasts were proposed and heartily drunk and the evening came to a close by the singing of Auld Lang Syne[20]! »

Le tout premier séjour des Écossais

Rarement aura-t-on vu un événement de sport aussi bien documenté[21]. Dans un ouvrage de 787 pages, le révérend John Kerr résume le voyage des vingt-quatre joueurs[22] Écossais de curling en terre d'Amérique. Comme c'est la Canadian Branch qui a orchestré le plan de séjour, la portion québécoise du voyage est substantielle De plus, la presse montréalaise va offrir une couverture exceptionnelle de l'événement rapportant les principaux faits et gestes tout au long du voyage et lors du passage au Québec, les lecteurs auront eu droit à de pleines pages de texte.

Au départ du transatlantique Bavarian le 17 décembre 1902, Kerr, le capitaine de l'équipe écossaise (figure 27), résumait bien l'état d'esprit du groupe : « No party ever left Scotland, with a more difficult task before them than they had if they were to beat the Canadians at the game of curling in which, as they all knew, they had attained perfection[23]. » Les Écossais ne se croyaient donc pas supérieurs aux Canadiens. Tout en souhaitant un *friendly contest*, leur attitude était déjà celle de l'humilité. Ils savaient que l'hiver canadien est long, offrant une saison de curling bien plus longue que la leur. Les curleurs canadiens ne pouvaient être que des adversaires redoutables. Ils pratiquaient le sport sur des surfaces glacées de première qualité, à des températures idéales, et bénéficiaient d'un abri rendant la pratique plus supportable lors des grands froids. La portion canadienne du voyage débuta à Halifax le 28 décembre. Le lieutenant-colonel Alexander A. Stevenson, président de la Canadian

---

[20] « Senator Cup Won by Quebec Curlers », *Quebec Chronicle*, 28 février 1919, p. 6.

[21] Deux membres de la formation vont par la suite produire des monographies. John Kerr, *Curling in Canada and the United States*, Édimbourg, Geo. A. Morton, 1904, 787 p.; D. R. Gordon, *With the Curlers in Canada*, Bathgate, 1903, 76 p.

[22] Deux femmes allaient les accompagner. Il s'agissait de l'épouse et la fille de Provost Ballantyne.

[23] John Kerr, *op. cit.*, p. 122.

Branch, s'était déplacé pour les accueillir. Les Écossais arrivèrent à Québec le 7 janvier 1903, logèrent au Château Frontenac, vécurent une première expérience en toboggan, furent reçus au Manoir Kent près des chutes Montmorency, jouèrent au curling et se firent battre par une équipe ... féminine.

Figure 27
L'équipe écossaise de 1903

Avec balai, John Kerr. Source: collection personnelle de David B. Smith, Troon, Écosse.

Incidemment, ils auraient à nouveau à croiser le fer contre une équipe féminine du Montreal Curling Club. De leur séjour à Québec, les Écossais furent impressionnés par les paysages grandioses, la vue du Cap Diamant, le froid glacial. Dans cet ouvrage, Kerr prend quelques lignes pour décrire la société canadienne-française[24]. Il est plutôt estomaqué de la richesse des congrégations religieuses. Il observe le phénomène des familles nombreuses et commente la loyauté des francophones à la

---

[24] John Kerr, *op. cit.*, p. 164.

Couronne britannique, un sentiment un peu artificiel à ses yeux quand on songe à la guerre en Afrique du Sud où les Canadiens français viennent d'accorder leur sympathie aux Boers. Quelques jours plus tard, la troupe se retrouva à Montréal. Un accueil chaleureux, plus d'une centaine de curleurs les attendaient à la descente du train. Escortés au son de la cornemuse, les Écossais gagnèrent leur quartier, hôtel Windsor, s'il vous plaît. Ils passèrent une bonne semaine à Montréal et aux environs. Les nombreux clubs de la région métropolitaine furent mis à contribution ; le Montreal Curling Club, le Heather de Westmount, le St. Lawrence, le Caledonia, le Thistle et le club de Lachine. Toutes ces organisations reçurent la visite de quelques équipes écossaises dans un programme de compétitions amicales. Grâce à la supervision du colonel Stevenson, l'accueil montréalais ne connut pas de répit : réception à l'arrivée et banquet de clôture en passant par toute une gamme d'activités sociales et sportives comme la promenade en traîneau sur le Saint-Laurent, l'excursion en raquette, la glissade en toboggan sur le Mont-Royal et la visite d'une ferme modèle.

Cette première rencontre en terre canadienne s'apparentait bien à des retrouvailles entre Écossais de souche et ces nouveaux Canadiens anglophones de première ou de deuxième génération. À la lecture de l'ouvrage, on remarque l'empressement du révérend Kerr à traduire les us et coutumes de ce pays, mais aborde-t-il la performance strictement sportive de son équipe ? Il faut aller en annexe du livre dans le compte rendu au quotidien pour retrouver les résultats des matchs. À cet égard, nous résumerons en quelques lignes : les Écossais font belle figure à Québec. La situation se complique à Montréal où les Canadiens prennent un léger avantage sur leurs adversaires. Les équipes féminines de Montréal remportent aussi la victoire.

Ils quittèrent ensuite Montréal en direction d'Ottawa pour une portion ontarienne qui dura bien quatorze jours. Le 1er février, la troupe se retrouva à Winnipeg où deux équipes participèrent à la Winnipeg Challenge Cup dans le cadre du bonspiel de l'endroit. Neuf jours plus tard, ils prenaient le chemin des États-Unis pour la dernière partie du voyage : Minneapolis, Chicago, Utica, New York. Ils s'embarquèrent le 21 février 1903 pour toucher terre à Liverpool le 28 février. Quelle ville canadienne remporta la palme auprès des Écossais ? Laissons John Kerr le révéler dans ces quelques lignes : « If the Scottish team had to be bannished from Scotland to Canada, and given their choice of residence there, the majority would probably fix upon Montreal. [...] The social side of life in the great Canadian metropolis is certainly delightful[25]. »

Un tissu social qui préserve le curling du professionnalisme

Un extrait tiré du *Montreal Herald* de 1855 pouvait laisser l'impression que le curling se pratique sans distinction de classe : « Amongst the players we noticed the Merchant and the Mechanic, the Soldier and the Civilian, the Pastor and his Flock, all on an equal footing for the game of curling levels all ranks[26]. » Les travaux de Robert Simpson[27] ont permis de nuancer en décrivant la composition sociale du Montreal Curling Club jusqu'au milieu du XIXe siècle. Essentiellement, le curling est pratiqué par une classe bourgeoise issue du monde des affaires et des professions libérales. Toutefois, ce n'est pas l'exclusion systématique et complète des personnes de conditions plus modestes puisque les clubs en comptent à l'occasion quelques-unes. La question qui se pose pour nous est la suivante : la fibre sociale du curling va-t-elle rester intacte au cours de la période 1870-1920, renforcer son caractère élitiste ou encore, comme dans beaucoup d'autres sports, s'ouvrir à un plus large segment de la population ?

Des dispositions acquises de la bourgeoisie et de l'aristocratie
Afin de répondre à ces questions, nous allons procéder en premier lieu à un inventaire succinct des manières d'être des participants, ce qui façonne leur agir au quotidien et s'est incarné de longue main. Les *Minute Books* des clubs et les articles de journaux nous en révèlent un peu. Les curleurs prennent le train pour leur loisir et se déplacent sur de bonnes

---

[25] John Kerr, *op. cit.*, p. 122.
[26] *Montreal Herald*, 12 janvier 1855, [s.p.]
[27] Robert W. Simpson, « The influences of the Montreal Curling Club on the development of curling in the Canadas 1807-1857 », mémoire de maîtrise, Western University, 1980, 220 p.

distances. Ils utilisent déjà le télégraphe afin d'organiser les matchs et programment ces derniers très souvent à des moments où habituellement les gens sont au travail. Ils tiennent les réunions de clubs à leur lieu de travail, consignent avec précision leurs opérations dans des registres, entretiennent une correspondance abondante quand ils ne vont pas jusqu'à s'épancher avec un certain lyrisme en mettant en prose, en vers ou en chanson, l'univers du curling. Au XIXe siècle, la pâleur d'un jour d'hiver sur un étang glacé, fresque romantique, métaphore de la brièveté de ce passage terrestre, inspire nombre de curleurs et permet de créer un répertoire poétique considérable[28]. Toutefois, cet usage n'est pas exclusif au curling et à l'Écosse. Les raquetteurs canadiens composeront aussi quelques strophes. Enfin, il existe encore un autre signe qui trahit une certaine appartenance de classe, l'indice d'un habitus qui colle davantage à une élite de la société, et c'est la connivence entretenue par le monde du curling avec une certaine aristocratie politique dont la principale tête d'affiche est la personne du gouverneur général du Canada (figure 28).

D'autre part, si l'on s'attarde quelques instants aux coûts associés à la pratique du curling, aux revenus et au pouvoir d'achat des individus, il est possible d'inférer la classe sociale des participants. Les curleurs doivent d'abord fournir leurs propres instruments de jeu. Même si la dépense est non récurrente, une paire de fers coûte environ 15 $. Il en va autrement avec les droits de jeu que l'on débourse à chaque année. Entre 1873 et 1885, la cotisation annuelle du club Caledonia passe de 5 à 10 $. Le travailleur moyen peut-il se permettre un tel débours ? Les recherches de Sylvie Dufresne concernant le carnaval de Montréal fournissent réponse à cette question. S'inspirant des travaux antérieurs de Jean de Bonville, cette auteure situe approximativement le salaire moyen annuel du travailleur à 337 $ au milieu de la décennie 1880[29]. Les frais de subsistance, logement et nourriture vont représenter entre 70 et 80 % de ce total. Il ne resterait à la famille de ce dernier qu'une soixantaine de

---

[28] John Macnair, *The Channel-Stane or Sweepings Frae the Rinks,* vol. 1, Édimbourg, Richard Cameron, 1883, 160 p.
[29] Sylvie Dufresne, « Le carnaval d'hiver de Montréal (1883-1889) », mémoire de maîtrise, Université du Québec à Montréal, 1980, p. 94. (214 p.)

dollars afin de combler les autres besoins, les vêtements, le transport en commun, les produits d'hygiène et d'utilité courante.

Figure 28
Le prince Arthur inaugure le club Caledonia (décembre 1869)

Source : *The Complete Curler*[30]

Voilà pourquoi il est improbable qu'un chef de famille, travailleur non spécialisé, puisse s'offrir un tel luxe. Toutefois, un ouvrier célibataire, comme un maçon, qui gagne entre 10 et 12 $ par semaine, ou un employé de bureau rémunéré avec régularité sur toute l'année, peuvent éventuellement assumer les coûts d'une participation au curling. Afin de

---

[30] Cette image reproduite à partir du livre *The Complete Curler* trouve son origine dans *The Graphic* du 21 mai 1870. John Gordon Grant, *The Complete Curler*, Londres, Adam and Charles Black, 1914, p. 53. (220 p.)

valider ces observations de nature qualitative, une étude systématique[31] de la composition sociale des clubs a révélé que le curling concentre son effectif autour d'une élite sociale au fur et à mesure que l'on avance dans les premières décennies du XXe siècle. Les professions libérales sont aux premières loges afin de profiter de ce mouvement.

Nous avons en toute dernière analyse examiné les données biographiques des personnalités bien en vue du XIXe siècle à partir notamment d'une histoire en trois tomes de la ville de Montréal[32]. Du troisième recueil consacré aux biographies, il a été possible d'extraire une trentaine de noms. Le tableau 10 présente douze personnalités émérites de Montréal ayant entretenu des liens significatifs avec le milieu du curling. Deux observations ressortent de l'analyse. D'une part, le curling attire toujours au début du XXe siècle des personnes illustres, particulièrement du monde des affaires. Nul besoin d'en compter un grand nombre au sein de chaque club, quelques-uns suffisent à créer cette image de marque. D'autre part, le Montreal Curling Club est parmi l'ensemble des clubs le lieu de rassemblement privilégié. Néanmoins, le curling n'est pas l'unique cercle de sociabilité de ce groupe sélect. En effet, les individus adhèrent habituellement à d'autres clubs sportifs ou sociaux. Voyons à titre d'exemple la description sociale qui est faite de Edward Ashworth Whitehead :

> In club circles, he was longer and prominent, holding membership in the Mount Royal Club; St. James Club, of with he served as a chairman; the Royal Montreal Golf Club; Forest and Stream Club; Montreal Hunt Club; Montreal Jockey Club; Montreal Curling Club; Montreal Polo Club; St. George Snow Shoe Club; The Isle Way Club; the Military Institute and the Royal St. Lawrence Yacht Club[33].

---

[31] L'étude a consisté à faire l'appariement entre le nom d'un adepte et sa profession à partir des annuaires de l'époque. Pierre Richard, « Une histoire sociale du curling au Québec, de 1807 à 1980 », thèse de doctorat, Université du Québec à Trois-Rivières, 2006, p. 233-241. (569 p.)

[32] William Henry Atherton, *Montreal from 1535 to 1914, Biographical, tome III*, Montréal, S.J. Clarke Publishing, 1914, 686 p.

[33] William Henry Atherton, *op. cit.*, p. 442.

Tableau 10
Dix personnalités prestigieuses associées au curling (1870-1910)

Nom	Décennie	Club	Prestige social
Donald A. Smith	1900	Montreal	1er Baron Strathcona
Hugh Allan	1870	Montreal	Président de Allan Line of Steamships
George A. Drummond	1880	Montreal	Président de Canada Sugar Refining
Alexander C. Hutchison	1890	Heather	Architecte
Edward S. Clouston	1900	Montreal	Haut dirigeant Hudson Bay
Louis-Joseph Forget	1900	Montreal	Financier
Rodolphe Forget	1900	Montreal	Financier
Hugh M. Allan	1900	Montreal	Homme d'affaires
Frederick W. Thompson	1900	Montreal	Propriétaire de Ogilvie Mills
Edward A. Whitehead	1900	Montreal	Homme d'affaires

Ces personnages ont donc bâti leur fortune ou leur réputation en profitant des progrès de l'industrialisation et du développement des transports. Ils comptent d'ailleurs sur des ressources financières telles qu'il est relativement aisé pour eux d'assurer la part la plus importante de leurs dépenses lors des compétitions. Dans ce contexte, aucune pression particulière ne s'exerce afin que la récompense à l'enjeu soit un prix en argent.

Pendant que le débat fait rage au sein de beaucoup d'autres sports, dont le hockey et la crosse au début du siècle, le curling demeure un fleuron de l'amateurisme, le bon élève du puissant MAAA, préservé par son tissu social du pouvoir « malsain » d'un quelconque pactole. Lors d'un banquet de clôture de saison à Québec, cette citation exprime l'état d'esprit des curleurs : « The spirit of professionalism was creeping into the games but the little has been drawn in curling and it would ever be marked with the same cleanliness[34]. »

Enfin, cette réflexion n'est pas sans susciter une question de fond : en vertu de quels facteurs le curling demeure-t-il si élitiste ? Est-ce la raison des coûts nécessaires à le produire qui crée une barrière infranchissable envers une certaine catégorie de gens comme c'est aussi le cas en yachting, en golf ou en turf ? Certainement, il y a là un effet restreignant, mais il faut chercher davantage en considérant qu'à bien des égards le milieu du curling au tournant du XXe siècle est plus que l'expression d'un sport, c'est aussi une forme aristocratique qui tend à préserver ses attributs et qui se pérennise en utilisant les moyens dont il dispose, principalement la sélection par cooptation.

L'entrée timide des francophones

À cette époque, la vie montréalaise illustre de façon éloquente ce que sont « le cloisonnement institutionnel et le développement séparé », pour utiliser les termes de Paul-André Linteau[35]. En effet, ce dernier affirme qu'avant 1930 les élites des communautés ethniques, anglaises, françaises, irlandaises et écossaises ne cherchent pas les rapprochements. Autrement, on retrouve des divisions qui surviennent sur une base tantôt linguistique, tantôt religieuse. Le monde sportif n'échappe pas à cette réalité de cloisonnement. À l'exception des courses de chevaux, du baseball et de la raquette qui font leur apparition plus tôt dans l'univers sportif francophone, l'historiographie du sport nous situe les débuts d'une

---

[34] « Gathering of Quebec Curlers », *Quebec Chronicle*, 27 mars 1911, p. 6.
[35] Paul-André Linteau, *Histoire de Montréal depuis la Confédération*, Montréal, Boréal, 1992, p. 164. (613 p.)

appropriation chez ces derniers dans la dernière décennie du XIXe siècle. On voit alors se constituer des clubs sportifs à majorité francophone à l'intérieur de différents sports. L'Association athlétique d'amateurs de Montréal, le pendant du MAAA anglophone, devient le premier organisme multisports des Canadiens français à Montréal.

Le curling de cette période reflète-t-il cette division sur le plan ethnique avec des clubs à dominance écossaise, irlandaise ou canadienne-française ? Ce n'est pas le cas. Les immigrants écossais et les Canadiens d'origine écossaise continuent d'exercer un rôle de premier plan dans le développement de ce sport mais les clubs reproduisent dorénavant la grande famille britannique où Anglais et Irlandais sont aussi présents. Les francophones vont-ils se joindre à ce groupe ? Encore une fois, les *Annuals* du RCCC nous fournissent une matière détaillée permettant l'étude de la composition ethnique des clubs. Nous avons donc compilé à partir des clubs les noms de membres à consonance anglaise ou française. Entre 1860 et 1900, quelques noms à consonance française commencent à apparaître à cet inventaire des clubs, mais ce total stagne autour d'un maigre 3 % (tableau 11, page suivante).

En 1878, sur treize francophones répertoriés, onze proviennent du club de Trois-Rivières. Ainsi, au sein de ce club, c'est près du tiers de l'effectif qui est francophone. Dans son mémoire sur les notables de Trois-Rivières, François Guérard corrobore ce résultat quand il avance : « Il ne semble pas que les anglo-saxons aient constitué, à l'intérieur de ces associations, de petites cliques imperméables aux Canadiens français. C'est du moins ce qu'illustre la continuelle composition d'équipes mixtes dans les joutes de curling[36]. » Pourrait-on croire à un décollage chez les francophones de cette ville et même à la création éventuelle d'un lieu identitaire ? À compter de 1885, le club de Trois-Rivières s'éclipse pour un bon moment et il ne refait surface qu'au début de la décennie 1910.

---

[36] François Guérard, « Les notables de Trois-Rivières au dernier tiers du XIXe siècle », mémoire de maîtrise, Université du Québec à Trois-Rivières, 1984, p. 92. (137 p.)

Tableau 11
Proportion des francophones
au sein de l'ensemble des clubs de curling québécois (1863-1919)

Année	Noms à consonance française	Nombre total de joueurs	% de francophones
1863	9	229	3,9 %
1867	6	247	2,4 %
1871	3	301	1,0 %
1878	13	402	3,2 %
1883	18	407	4,4 %
1888	7	534	1,3 %
1893	15	641	2,3 %
1898	25	852	2,9 %
1903	26	907	2,9 %
1908	76	1477	5,1 %
1913	112	1798	5,4 %
1919	113	1766	6,2 %

Levasseur et Séguin synthétisent en un commentaire ce qui peut être la dynamique associative du club de Trois-Rivières au début du XXe siècle : « Faible numériquement mais jouissant d'une place prééminente dans la socio-économie locale, les anglophones ont longtemps formé un groupe extrêmement cohésif autour d'institutions propres [écoles, églises] et de pratiques identitaires dans des lieux de rassemblement déterminés[37]. »

---

[37] Roger Levasseur et Normand Séguin, « Mouvement associatif et réseaux informels à Trois-Rivières », Roger Levasseur, dir., *De la sociabilité. Spécificité et mutations*, Montréal, Éditions du Boréal, 1990, p. 284.

Le taux général de participation augmente légèrement au début du XXe siècle. Il se situe selon le ratio de 1 francophone pour 20 anglophones. Malgré la faiblesse du taux, la participation francophone présente quelques signes encourageants. Ainsi, on a retenu les succès de J. G. Bruneau de Québec autour de 1890, de Roméo Langlais et de René H. Fortier dans les premières décennies du XXe siècle. À titre de personnalités éminentes francophones, les noms de Rodolphe Forget (figure 29), Louis-Joseph Forget, Joseph Alcide Chaussé et Charles Hector Dussault apparaissent au tableau des curleurs. Devrait-on considérer le curling comme une exception au phénomène du cloisonnement institutionnel sur la base ethnique ? En raison de la faible participation des francophones qui s'assimilent entièrement à l'institution anglo-britannique, nous ne percevons pas une brèche significative dans les rapports ethniques.

Figure 29
Le richissime Rodolphe Forget et sa résidence d'été de Saint-Irénée (*circa* 1910)

Source : Archives Domaine Forget.

Il nous faut cependant examiner plus à fond les causes de la participation très mitigée des francophones au curling entre 1870 et 1920.

La question pourrait encore être formulée en ces termes : pour quelles raisons la bourgeoisie francophone ne participe-t-elle pas davantage à cette activité ? On ne peut répondre à cette question sans reconsidérer l'état des rapports entre francophones et anglophones à cette époque. Après la relative accalmie qui suit la naissance du Canada, une série d'événements politiques viennent semer les premiers doutes dans l'esprit d'une élite canadienne-française ; les crises scolaires du Nouveau-Brunswick (1871), du Manitoba (1890-1896) et de l'Ontario (1912), le sort réservé à Riel en 1885, la participation aux guerres impériales (les Boers) en 1899, rappellent que depuis la Confédération, le périmètre d'influence politique des francophones ne s'étend plus au-delà des frontières du Québec. La crise de la conscription de 1917 est encore une question qui divisera les deux groupes linguistiques. Pourrait-on s'attendre à des rapports plus harmonieux, des rapprochements entre des communautés plus petites qui se côtoient au quotidien comme c'est le cas à Châteauguay ou dans la région de l'Outaouais ? L'ouvrage de Peter Sellar[38] fournit quelques indices de l'état d'esprit qui anime une communauté anglophone québécoise en dehors des grands centres ; ces citoyens ressentent beaucoup de frustrations, l'impression d'avoir été floués et placés en minorité. Leur allégeance et leur fidélité à la Couronne britannique ne leur confèrent pas un meilleur sort en regard des francophones qu'ils ont combattus durant les Rébellions. En vertu de la création d'un parlement provincial, les Canadiens français sont rentrés en grâce et détiennent maintenant un statut de majoritaire à l'intérieur des frontières du Québec. C'est un peu la même atmosphère qui prévaut dans l'Outaouais. Sous le couvert de relations exemplaires de bonne entente, ce que Pierre-Louis Lapointe a qualifié « l'utopie bonententiste », se dissimulent près d'un siècle de tensions et de luttes ethniques du côté de Buckingham et dans la Basse-Lièvre[39] entre 1850 et 1950.

---

[38] Peter Sellar, *The History of the County of Huntingdon and of the Seigniories of Chateaugay and Beauharnois*, Huntingdon, The Canadian Gleaner, 1888, 584 p.
[39] Pierre-Louis Lapointe, *Les Québécois de la bonne entente*, Sillery, Septentrion, 1998, p. 336. (358 p.)

Ce contexte explique donc partiellement le faible taux de participation des francophones. D'autre part, un mécanisme de sélection des membres par cooptation aura eu pour effet d'engendrer une forme de discrimination directe[40] à l'égard de ces derniers. Ce favoritisme ne pouvait bénéficier qu'à quelques bourgeois ou notables canadiens-français qui s'intégraient au cercle social de la bourgeoisie anglo-britannique (voir l'encadré).

Ne pas être reconnu « Black Ball » !

Voici le procédé qui avait cours dans certains clubs de curling : lorsqu'un individu aspirait à devenir membre, il lui fallait obtenir unanimement l'appui d'un comité de sélection. Afin d'entourer le processus de la plus grande discrétion et préserver le caractère secret de la sélection, on utilisait un coffret à deux tiroirs munie d'ouvertures sur le dessus (figure 30). Disposant de deux billes, une noire et une blanche, chaque sélectionneur en laissait tomber une dans le tiroir du haut. Si par malheur, une bille noire était retrouvée dans le lot, le membre aspirant n'était pas retenu et déclaré *Black Ball*. D'autres clubs sociaux ont pu généraliser cet usage puisque chez les francophones, on a vu se répandre l'expression « se faire blackbouler » pour décrire le fait d'être évincé.

Figure 30
Le coffret de sélection (début XXe siècle)

Source : club de curling Victoria, Québec

Une dernière question se pose : y aurait-il lieu de penser que les francophones rejettent le curling parce qu'ils l'identifient à la culture anglo-saxonne, et que tout ce qui est dans cette culture est perçu comme

---

[40] À travers un ouvrage qui traite du phénomène dans le milieu sportif, Marc Lavoie énumère les sources possibles de la discrimination. Marc Lavoie, *Désavantage numérique : les francophones dans la LNH*, Hull, Éditions Vent d'Ouest, 1998, p. 21. (168 p.)

une menace à leur identité et leur survie ? Si tel avait été le cas, c'est tout le domaine du sport qu'ils auraient rejeté. Au contraire, nos premières observations de la raquette, du baseball et des courses de chevaux vont dans le sens d'une forme d'acculturation, une réception relativement rapide aux valeurs sportives. C'est donc ailleurs qu'il faut rechercher une explication à ce faible taux de participation.

Mais enfin, si la bourgeoisie francophone n'exprime pas une aversion particulière à l'égard du curling, pour quelle raison ne se donne-t-elle pas à l'instar de la raquette un lieu de pratique bien à elle ? Le taux de participation aurait certainement fait un bond en avant. À Montréal, un réseau bien établi de clubs va faire en sorte que les quelques dizaines[41] de Canadiens français intéressés par le curling vont se fondre dans les établissements anglophones. On n'atteindra jamais, à cette époque, la masse critique permettant de se donner un premier lieu identitaire. Sans lieu d'appartenance dans une ville comme Montréal, le curling chez les francophones était condamné à se développer avec lenteur.

La présence nouvelle des femmes

Rappelons les faits : le curling féminin se structure dans les clubs autour de sections féminines dûment constituées au cours de la dernière décennie du XIXe siècle. Le Montreal Ladies' amorce le mouvement en 1894, Québec et Lachine suivent en 1898 et St. Lawrence en 1900. Heather et Ormstown rejoignent le groupe en 1905. Avec à peine une dizaine d'années d'existence, le curling féminin compte en 1906, six clubs québécois représentant 299 membres. Outremont, Huntingdon et Trois-Rivières viendront compléter le réseau des clubs québécois à la fin de la période. Le Montreal Ladies' se distingue tout de même de tous les autres. Dès 1900, il compte déjà 100 membres et va maintenir cet effectif au cours des décennies suivantes. Cette progression globale du curling

---

[41] La statistique de l'année 1913 est révélatrice à ce sujet. Sur 112 noms à consonance française répertoriés, 36 seulement proviennent des clubs de l'Île de Montréal.

féminin est remarquable. Seul le golf devancera le curling en créant une section féminine au sein du Montreal Golf Club en 1892[42].

En 1909, six clubs ontariens associés à la Canadian Branch ont aussi leur section féminine. Même si le curling connaît un essor spectaculaire au Manitoba, le premier club féminin ne se forme pas avant 1903[43]. Aux États-Unis, il n'y a pas de traces de curling féminin avant 1900. Par la suite, on relate un timide début d'activités au tournant des années 1920 sans pour autant qu'un regroupement formel ne soit mis sur pied[44]. Depuis la seconde moitié du XIXe siècle, les femmes québécoises ont participé aux activités du patinage d'abord, de la raquette et du toboggan par la suite. Avant même la formation d'une première section féminine de curling, les clichés du photographe Notman nous laissent à penser qu'elles ont pratiqué le sport de façon informelle quelque 15 ans plus tôt (figure 31). De plus, elles assistent à des matchs comme ce 11 janvier 1867 où un match se déroule en soirée au club Caledonia[45]. Suivant le modèle de la raquette, elles participent à des activités sociales organisées par les messieurs. À titre d'exemple, à Trois-Rivières en 1883

Figure 31
Mademoiselle Allan et madame Stephenson (1876)

Photo composite de William Notman.
Source : Musée McCord, Montréal.

---

[42] Alan Metcalfe, *Canada Learns to Play: The Emergence of Organized Sport, 1807-1914*, Toronto, McClelland and Stewart, 1987, p. 38. (243 p.)
[43] « Winnipeg's famous Big Bonspiel », *Montreal Daily Star*, 20 décembre 1902, p. 22.
[44] Grand National Curling Club of America, « *100th Anniversary Annual for 1867-1967* », vol. XXXVIII, 1967, p. 21. (144 p.)
[45] *Minute Book* du club Caledonia, année 1867.

un *ladies' day* a été préparé[46]. En 1888, le club Caledonia consacre aux dames une soirée par semaine, le mardi[47]. Une coupure de presse tirée d'un *scrap book* du club Thistle de 1890 rapporte que les membres les plus jeunes du club ont organisé une soirée à laquelle une centaine de dames ont assisté.

Elles sont d'abord spectatrices et accompagnatrices et elles jouent de façon informelle à l'occasion. Cependant, on peut toujours se demander s'il y avait de la résistance à leur venue dans les clubs, si elles ont eu à essuyer un quelconque refus avant 1894. L'examen attentif des *Minute Books* des clubs montréalais ne révèle aucune tentative sérieuse de les contraindre dans leur volonté de pratiquer le sport. Tout au plus, quelques années après sa fondation, une autre coupure de presse nous relate l'atmosphère ayant prévalue à la formation du Montreal Ladies' : « After fully considering the matter in all its bearing and notwithstanding discouraging criticism of their gentleman friends, the club was formed and negotiations promptly entered with the Montreal Curling Club who very generously placed their handsome rink and club-rooms at the disposal of the ladies[48]. » Il y avait tout de même une situation avantageuse pour les deux parties. Le curling féminin pouvait dorénavant occuper les heures creuses de la journée et en tant que locataire contribuait aux revenus généraux du club en acquittant un montant annuel de location. Certes, leur pratique restait subordonnée à celle des hommes et à la volonté de ces derniers de leur consentir un tarif raisonnable, mais il semble que les rapports soient restés cordiaux. Cela s'explique principalement du fait que les adeptes féminines de ce sport sont de même condition sociale que leur contrepartie masculine et que très souvent les listes de membres laissent apparaître le nom de l'épouse, la fille ou la sœur d'un curleur masculin.

Sans partager les mêmes heures, les deux groupes se croisent au club et quelquefois participent à la même activité. En 1898, le rapport annuel de la Canadian Branch relate que l'*Afternoon Tea* du Montreal

---

[46] *Minute Book* du club Three Rivers, année 1883.
[47] *Minute Book* du club Caledonia, année 1888.
[48] *Minute Book* du Quebec Ladies Curling Club, coupure de presse, 1900-1902.

Curling Club est un moment fort apprécié non seulement des dames mais aussi des messieurs : on joue alors une heure avant de poursuivre avec les activités sociales. Le journal *The Gazette* rapporte qu'en janvier 1901 à cet endroit, hommes et femmes ont pratiqué le curling en après-midi : « The day was distinctly a ladies' day and seldom, except at some fashionable ball or like, entertainment are no many of Montreal's society people seen together[49]. » On raconte que les dames ont agi à titre de *skip* et qu'il n'y avait pas d'équivoque lorsqu'elles commandaient le balai. De plus, on a utilisé leurs fers de moindre poids. Loin de parler d'un phénomène généralisé de mixité, l'examen des *Minute Books* du Ladies Quebec Curling Club nous a permis de relever des activités mixtes à chaque année au cours des premières décennies du XXe siècle (figure 32, page suivante). Cependant, on ne remarque pas de bonspiel mixte avant le milieu des années 1920.

Sans que ce soit le triomphe de la mixité, ce n'est donc pas l'expression d'une sociabilité exclusivement masculine ou féminine, une cloison étanche entre les deux groupes. Des passerelles existent. À la fin du XIXe siècle, on aura senti de la part d'une majorité masculine un accueil à l'égard des femmes et même une fierté de pouvoir compter sur elles. De fait, dans son essence, le curling n'est pas au même titre que d'autres sports l'expression de l'agressivité ou de la force brute. Il s'appuie sur la finesse, l'habileté motrice et une certaine intelligence au jeu, des atouts qui permettent aux femmes de rivaliser rapidement d'aisance avec les hommes. Les victoires qu'elles remportent lors du passage de l'équipe masculine d'Écosse en 1903 en sont la preuve.

---

[49] « World of Sport, Ladies and Gentlemen Curlers at Montreal Rink », *The Gazette*, 9 janvier 1901, p. 2.

Figure 32
Mixité au Quebec Curling Club (*circa* 1900)

Source : archives personnelles de Pierre Richard.

Au moment où les premières voix s'élèvent pour dénoncer les formes de sport qui ternissent l'image de la féminité, on trouvera très peu à dire à l'égard de ce sport (figure 33). À travers une forme d'humour toujours discutable, l'aptitude de la femme à pratiquer le curling lui est reconnue puisqu'elle est déjà habile avec le balai. Les premiers quolibets[50] remontent à 1855 …

---

[50] *Montreal Herald*, 12 janvier 1855, [s.p.]

Figure 33
Joueuses du Quebec Curling Club au club de la rue Saint-Vallier
(*circa* **1905**)

Source : archives personnelles de Pierre Richard.

L'expression des valeurs

Nous ne pouvions clore ce chapitre sans l'envisager sous un angle plus culturel en nous intéressant quelque peu aux valeurs qui animent les curleurs et par extension les sportifs de cette époque. À quelles représentations particulières le curling tient-il ? Trois thématiques seront abordées dans cette section : amateurisme, nationalisme, nordicité.

Le débat de l'amateurisme et du professionnalisme

Nous l'avons formulé plus tôt en des termes équivalents, de par sa composition sociale le curling reste foncièrement à l'abri des effets pervers que pourrait exercer sur lui l'appât d'un gain matériel. Bien avant de voir sourdre au début des années 1880 les premiers conflits entre amateurs et professionnels, le curling peut se targuer depuis longtemps d'être un sport « free from the sordid and degrading vice of gambling[51] ». Au tournant du XXe siècle, c'est le débat de l'amateurisme et du professionnalisme qui mobilise maintenant une partie de l'opinion publique, une controverse à laquelle la classe dominante et indirectement le monde du curling ne vont pas rester indifférents. L'élite sociale qui a donné naissance au sport n'accepte pas que ce dernier passe aux mains des promoteurs du sport spectacle, eux qui font déjà actionner les tourniquets, engrangent des profits et, pour répondre à l'impératif premier de la victoire, engagent les meilleurs athlètes en leur offrant un gagne-pain. Le hockey sur glace est bien le sport où ce modèle est mis en évidence. Par exemple, en 1903, un succès de guichet, 2 500 personnes assistent à un match entre le club d'Ottawa et le Shamrock de Montréal[52]. Le curling n'atteindra jamais un tel niveau de participation du public. Il attire bien quelques centaines de spectateurs à l'occasion, mais puisque l'on ne réclame pas un droit d'entrée, le spectacle ne génère donc aucune retombée financière. Les pressions financières sont plutôt inexistantes. Toutefois, indirectement, les curleurs sont engagés dans le débat de l'amateurisme. Leur philosophie du sport s'inspire de la conception que s'en fait l'aristocratie anglaise : le sport s'intègre à un mode d'existence, il joue un rôle de premier plan dans la vie d'un gentleman et fait l'apologie de ce statut social. Il faut donc évincer du sport tous ceux qui gravitent autour en touchant rémunération. En curling, cela s'apparente-t-il à une forme de discrimination entraînant l'exclusion du monde ouvrier ? De la même façon que la ségrégation s'est exercée chez les Canadiens français, un mode de sélection rigide par favoritisme a tenu en marge des clubs la classe ouvrière. Toutefois, on ne pourra prétendre que

---

[51] *Montreal Herald*, 12 janvier 1855, [s.p.]
[52] « Rough Hockey at the Arena », *Montreal Daily Star,* 12 janvier 1903, p. 6.

le monde du curling a fait preuve d'une discrimination très bruyante à l'égard d'un groupe ou l'autre. Nul besoin d'un écriteau, d'un coup de gueule ou d'une rixe pour signifier l'interdiction de présence, le mécanisme discret de la cooptation joue son rôle efficace d'exclusion dans ce milieu social qui abhorre la vulgarité et la brutalité.

Une compréhension élargie de ce débat nous éclaire encore sur la nature du rapport compétitif qui se retrouve en curling, le rapport à autrui, être avec l'adversaire tout en étant contre. Quand deux équipes se mesurent à cette époque, quelle philosophie anime les belligérants, quelle valeur revêt la victoire ? « Victory in any game [...] could not be overemphasized ; in fact, victory ultimately was not important[53]. » Ce qui compte vraisemblablement, c'est le fait d'avoir bien lutté ; vision coubertaine, esprit de *fair-play* où le sport doit rester de l'ordre des moyens tout en étant un lieu privilégié afin de forger un meilleur humain. Les adversaires de curling reflètent plutôt bien cette philosophie. D'une part, l'honneur est d'abord collectif. On se mesure le plus souvent sur la base d'une compétition qui implique un club à un autre. D'autre part, sur une période d'un demi-siècle, à un moment où les rencontres et les possibilités de litiges se multiplient, les différends et les manquements à l'éthique ne surviennent qu'en de rarissimes occasions. Au printemps 1877, le *Minute Book* du club Caledonia fait état d'une querelle qui tourne presque à l'empoigne avec des membres du club Thistle. Le tout rentre dans l'ordre après plusieurs pages de correspondance entre les deux établissements, chacun admettant du bout des lèvres sa responsabilité. Comme dans tous les sports, le curling ne peut dissimuler entièrement le caractère grisant du triomphe, et bien que la philosophie bourgeoise du *fair-play* n'accorde à la victoire qu'un caractère secondaire, presque dérisoire, la réalité est tout autre. D'ailleurs, la dispute entre les clubs Thistle et Caledonia trouve son origine dans un triomphe qu'on disait injustement accordé à ce dernier. *Fair-play* et victoire logent donc à l'enseigne d'un paradoxe avec lequel les sportifs doivent constamment se réconcilier. Lorsque les joueuses du Quebec Curling Club remportent le bonspiel de Montréal en 1905, on rapporte qu'elles ont été accueillies à

---

[53] Alan Metcalfe, *op. cit.*, p. 125.

leur descente de train par un groupe enthousiaste de supporters. Brandissant bien haut le trophée de la victoire, elles ont eu droit à la clameur des hourras[54] (figure 34).

Figure 34
Une équipe championne ! (1905)

Source : *Scrap Book* du Quebec Ladies Curling Club, Laboratoire de recherche sur la culture corporelle des Québécois, Université Laval, Québec.

Le curling et l'expression d'un nationalisme

Au cœur de l'histoire du XIXe siècle, les mouvements nationaux conduisent à la création des États politiques tout en évoluant à des rythmes divers selon l'aire géographique et les groupes en présence. « La nation serait une nouvelle venue dans l'histoire humaine[55]. » L'Amérique du Nord présente la configuration de trois États distincts avec des limites

---

[54] *Scrap Book* du Quebec Ladies Curling Club, 1905, coupure de presse.
[55] Eric Hobsbawm, *Nations et nationalisme depuis 1780*, Paris, Gallimard, 1992, p. 14. (247 p.)

frontalières quasi entièrement dessinées. À l'intérieur de ces frontières, se développe ainsi une conscience d'exister en tant qu'État-nation. Tout en admettant que le Canada s'appuie sur la présence des deux nations fondatrices, les Canadiens ressentent une appartenance distincte au Dominion et à ses institutions naissantes, affirmation à la fois des éléments de différence et de convergence avec les autres peuples. Dans ces circonstances, le sport devient un bon véhicule afin de promouvoir l'identité nationale particulièrement auprès des masses populaires. Le Mouvement olympique a tôt fait de récupérer l'affrontement sportif entre des joueurs ou des équipes, euphémisme de la supériorité d'une nation sur une autre.

Bien qu'il n'ait jamais les mêmes prétentions avant la fin du XIXe siècle, le curling est déjà considéré comme le sport national des Écossais. Chez nous, après 1867, les premières tentatives visant à doter le curling d'une structure pancanadienne trahissent tout de même une certaine volonté d'exister sur le plan national. Toutefois, le curling ne peut revendiquer à un moment donné le statut de sport national. Avant la fin du XIXe siècle, rappelons que c'est le hockey qui supplante tous les autres sports comme « the premier winter game in Canada[56] ».

À travers ses premières rencontres internationales, le curling reflète maintenant l'état des rapports identitaires fondés sur l'origine ethnique, une fraternité qui s'établit non seulement entre les individus mais aussi entre les « races ». Dans les premières décennies du XXe siècle, il faut voir l'atmosphère qui prévaut lors de l'activité de clôture du Quebec Curling Club : « Then came a toast to four nationalities, represented Scotch, Irish, English and French-Canadian[57]. » Et Roméo Langlais, membre de la Société Saint-Jean-Baptiste et représentant des Canadiens français, ajouta dans la même foulée que cette harmonie réalisée sur la glace entre les différents groupes est le reflet des rapports fructueux qui

---

[56] Observatrice attentive de la scène canadienne, Lady Aberdeen, épouse du gouverneur général, constate cette popularité dans un article de quotidien. « Our First Winter in Canada », *Montreal Daily Star*, 26 janvier 1895, [s.p.]
[57] « Curlers Had a Jolly Gathering », *Quebec Chronicle*, 17 mars 1911, p. 6.

existent dans la vie civile et qui permettent la construction de ce pays avec toute la bienveillance de l'Empire britannique.

Une prise de conscience de la spécificité nordique
Parmi les premiers facteurs qui fondent l'identité du Canada naissant et deviennent rapidement un motif de fierté, on relèvera un référent direct au climat septentrional : le froid, la neige, la glace en constituent les matières. Au moment où la vitalité, la ténacité et l'ingéniosité canadiennes arrivent à les dompter, ces éléments vont revêtir un caractère de plus en plus symbolique. C'est en fait la conquête du milieu qui transforme et élève un moyen de survivance comme la raquette en un objet de loisir et de fierté. Toutefois, lorsque le carnaval de Montréal se met en branle, les élites francophones et anglophones sont divisées sur le bien-fondé de faire la promotion de cette « nordicité », les premiers alléguant que c'est là le plus sûr moyen d'éloigner les immigrants européens à venir s'établir au Canada. Cette vision plutôt défaitiste allait être battue en brèche par le succès retentissant que connaît le carnaval auprès des étrangers[58].

Les adeptes du curling savent tirer partie de ce contexte nordique et lors du passage des Écossais, ils démontrent toute leur fierté en présentant non seulement leurs installations de curling, mais en offrant des programmes d'activités qui témoignent de la vie hivernale. Même si on ne peut plus admirer un palais de glace comme au temps jadis du carnaval de Montréal, l'arche de glace devant le club Caledonia recrée à petite échelle les monuments d'antan (figure 35).

---

[58] Sylvie Dufresne, *op. cit.*, p. 142.

Figure 35
Façade du club Caledonia lors de la visite des Écossais (1903)

Source : *Scrap Book* du Montreal Curling Club année 1903.

En matière de curling, comme nous l'avons constaté plus tôt, les Écossais ne tarissent pas d'éloges à l'égard des conditions de jeux des Canadiens ; en plus d'une qualité de glace qui se maintient durant une très longue période de temps, les espaces de convivialité chauds et confortables font l'envie de ces derniers. Afin de créer un tel enthousiasme auprès des étrangers, il fallait certainement que les curleurs québécois aient su traduire cette valeur de « nordicité ».

Un curling qui s'incruste dans la vie sportive

Contrairement à la raquette, le curling n'a jamais connu une explosion du nombre de ses clubs et pourtant, au début du XXe siècle, de l'ensemble des sports en vigueur, il s'est le mieux enraciné avec quatre clubs déjà cinquantenaires. Comme à l'époque précédente, les clubs vont maintenir une remarquable stabilité dans le temps. Précédemment, dans ce chapitre, le relevé des établissements nous en a donné un aperçu ; si l'on voit s'éteindre un club de temps à autre, le curling ne perd que très peu de rejetons entre 1880 et 1920. Cette permanence tient toujours à un degré élevé de formalisme sur le plan de la vie associative. Par exemple, les délibérations du club Caledonia nous révèlent que dès 1870, les réunions du bureau de direction se maintiennent à un rythme hebdomadaire et s'étalent de décembre à avril. Les registres sont bien tenus et les prescriptions du RCCC sont respectées à la lettre. C'est la même situation qui prévaut dans les autres clubs.

Encore une fois, nous avons estimé l'ancienneté des membres à cette époque en scrutant les entrées et les départs au sein du club Thistle, un établissement somme toute représentatif de l'ensemble. En comparant les listes de membres deux années consécutives pendant une période d'une trentaine d'années, soit de 1882 à 1913, nous avons calculé un taux de permanence[59]. Il est toujours supérieur à 80 %. C'est impressionnant ! De plus, nous avons poussé un peu plus loin l'analyse en établissant l'ancienneté des membres du club Thistle vers la fin de la période d'étude, soit l'année 1914. À partir d'une liste de 148 personnes, c'est près de 44 % de l'effectif du club qui compte plus de 5 ans de participation : 43 membres avaient plus de 10 années d'expérience, et 17 en avaient plus de 20. Cette statistique est nettement supérieure au taux de 34 % enregistré au cours de la période précédente au Montreal Curling Club. Il faut conclure que le curling maintient et même améliore la très grande stabilité de son effectif au cours de cet intervalle de 1870-1920. Il compte suffisamment d'individus capables de transmettre la culture et de maintenir l'identité unie du groupe. Aussi, il peut s'appuyer sur de généreux bénévoles comme en fait foi l'encadré de la page suivante.

Enfin, deux facteurs nouveaux vont contribuer à la pérennité du sport : le curling organisé ne peut plus s'envisager strictement en plein air. Les clubs vont se constituer des patrimoines collectifs, des installations physiques qui représentent un véritable réservoir de valeurs.

---

[59] Pierre Richard, « Une histoire sociale du curling au Québec, de 1807 à 1980 », thèse de doctorat, Université du Québec à Trois-Rivières, 2006, p. 279. (569 p.)

Originaire de Kilmarnock dans le Ayshire, Alexander A. Stevenson émigre assez tôt au Canada où il embrasse la carrière militaire. Il devient président du club Caledonia en 1867. Il le demeurera jusqu'en 1872. C'est au cours de ce mandat de six ans que le club inaugure en grande pompe de nouvelles installations. Le lieutenant-colonel Stevenson continue de travailler par la suite au sein du bureau de direction du club. Au cours des années 1880, il participe à l'organisation du carnaval de Montréal. Président de la Canadian Branch de 1902 à 1905, il est responsable de l'accueil des Écossais en 1903. D'ailleurs, les membres de l'équipe écossaise sont élogieux à son égard, reconnaissant sa générosité et sa très grande amabilité. La figure 36 est tirée de l'ouvrage de Kerr[60].

**Figure 36
Alexander A. Stevenson**

À chaque occasion, les constructions ou les réaménagements signifient une vitalité nouvelle au sein des clubs, un enthousiasme, une fierté partagée. Le patrimoine une fois constitué implique ensuite son effort de préservation. Toute nouvelle fondation de club s'accompagne donc d'un investissement relatif à la pratique intérieure du jeu. À cet égard, plus que tout autre sport d'hiver, le curling a les moyens de ses ambitions. Dans les villes de petite taille, il se peut toutefois qu'on recherche des solutions économiques. À Shawinigan, lors des débuts en 1906, on joue en plein air une première saison avant de s'installer pendant quelques années dans un bâtiment désaffecté de la Northern Aluminum Company (figure 37, page suivante).

---

[60] John Kerr, *op. cit.*, p. 585.

Figure 37
Fervents du curling à Shawinigan (1910)

Cette photo a été prise dans l'ancienne salle de cuves numéro 4 de la Northern Aluminum Company de Shawinigan. Vivian Burrill, premier maire de Shawinigan apparaît le troisième, (de droite à gauche). Source : collection Appartenance Mauricie, société d'histoire régionale, Shawinigan.

La mise sur pied graduelle de compétitions selon le mode d'une perpétuité est l'autre phénomène nouveau qui institutionnalise encore un peu plus le curling. Même si ces rencontres ne représentent pas encore une forme achevée comme un championnat national ou provincial, elles jouissent rapidement d'un certain prestige. Comme elles se renouvellent année après année, elles permettent alors d'accumuler les premières statistiques sportives, les records et les performances des clubs. Le trophée décerné est plus que le symbole de la victoire, il agit au même titre qu'un livre de référence puisqu'il identifie habituellement toutes les équipes gagnantes. Au début du XXe siècle, la presse sportive va faire état à l'occasion du bilan associé aux compétitions de Quebec Challenge Cup et de Governor General. Le livre des records est indispensable à l'institution sportive. En curling, ses premières lignes s'écrivent avant la toute fin du XIXe siècle.

Conclusion

Même si entre 1840 et 1890, on a senti la montée d'un curling plus sportif avec la mise en place des premières compétitions officielles, un fait demeure, le curling n'abandonne jamais cette prérogative de sociabilité. Le nombre d'établissements et d'adeptes s'est accru particulièrement dans la région métropolitaine de Montréal et après 1890, le curling retrouve lentement mais sûrement des traits de sociabilité qui s'étaient quelque peu dissimulés au cours des décennies précédentes. Le début du XXe siècle donne un avant-goût de l'atmosphère qui prévaudra au cours des années à venir.

La bourgeoisie anglophone de Montréal majoritairement masculine assume le leadership en curling. Pendant que d'autres sports entament un glissement vers les strates sociales inférieures, le curling demeure résolument élitiste et conserve intacte cette propriété sociale. Au début du XXe siècle, tout en maintenant un fort contingent du milieu des affaires, il renforce son caractère de distinction en attirant de plus en plus les professions libérales. Avec une offre limitée de places et un mode de sélection par favoritisme, il n'y a guère d'espace pour la classe moyenne inférieure. Les quelques travailleurs sélectionnés appartiennent aux professions d'employés de bureau, de petits commerces et de la construction. Les ouvriers du milieu industriel sont absents. La faiblesse du revenu familial et un temps de loisir restreint sont encore les motifs qui les tiennent à l'écart.

Avec une participation qui ne dépasse jamais 6 % du total des membres, les Canadiens français sont bien minoritaires dans ce sport. Pourtant, en d'autres activités comme la raquette, la bourgeoisie francophone de Montréal et de Québec a démontré une réceptivité rapide aux valeurs sportives[61]. Leur faible niveau de participation en curling

---

[61] Par rapport à d'autres nations qui reçoivent elles aussi cette culture nouvelle du sport au XIXe siècle, les Canadiens français ne semblent pas en situation de retard.

serait attribuable à deux facteurs. D'une part, il y a un contexte social et politique qui ne favorise pas les rapprochements. Une attitude de séparation et le cloisonnement institutionnel qui en découle semblent une réalité à laquelle toutes les parties se résignent. D'autre part, un mécanisme rigide de sélection des adeptes a tenu en marge des clubs tous ceux qui ne participaient pas à ce réseau de la bourgeoisie anglo-britannique de Montréal. Toutefois, il aurait toujours été possible que les francophones montréalais se donnent un lieu d'appartenance bien à eux. Les taux de participation auraient été bien supérieurs. La faiblesse de l'effectif des curleurs canadiens-français dans cette ville n'autorise pas alors l'établissement d'un club à majorité francophone. De plus, le réseau existant des établissements anglophones permet de les intégrer. Au tournant des années 1920, même si la présence canadienne-française reste timide, elle est remarquée et appréciée de la part de la contrepartie anglophone. De la même façon qu'il s'est exercé envers le milieu ouvrier, le mode de sélection par cooptation a conduit à une forme de discrimination à l'égard des Canadiens français.

Dans le dernier tiers du XIXe siècle, les femmes de la bourgeoisie anglo-protestante ont fait sentir leur présence dans le milieu sportif non seulement en tant que spectatrices, mais aussi à titre de participantes. Bien qu'elles ne soient pas légion, les manifestations périodiques de mixité nous amènent à conclure que le curling n'est pas, à cette époque, un lieu d'isolement où les hommes vivent une camaraderie exclusivement masculine. Au moment où les féministes commencent à mettre en question l'absence de participation des femmes dans des sports virils, intenses à prédominance masculine, le curling, sport d'adresse, demeure à l'abri de leur revendication. Sans être complètement absente de ce tableau sportif, la femme canadienne-française n'assume pas une présence significative à cette époque. Le discours dominant alimenté par le milieu ecclésial veut qu'elle remplisse son rôle social au sein du foyer d'abord. À cet égard, l'Église aura fait peser des contraintes plus particulières sur sa sociabilité. L'absence est complète en curling.

TROISIÈME PARTIE

L'ÂGE D'OR D'UNE SOCIABILITÉ (1920-1960)

CHAPITRE V

SUR LA VOIE DE L'EXPANSION

Au sortir d'un premier conflit mondial, la société québécoise n'est pas en trop mauvaise posture. La prospérité économique des décennies précédentes affermit encore un peu plus le rôle de Montréal à titre de métropole du Canada. Une seconde vague d'industrialisation axée principalement sur l'exploitation des richesses naturelles a fait reculer les frontières du développement et du peuplement. Le mouvement migratoire est réel ; sur la carte du Québec émergent de nouveaux points. La population urbaine de la province passe de 39,7 à 63 % entre 1901 et 1929[1]. Cette concentration nouvelle dans un territoire donné ne signifie pas nécessairement la transformation d'une mentalité de rurale à urbaine, mais en sport elle crée du moins une masse critique d'adeptes nécessaire à l'animation et au support des infrastructures. Ce contexte stimule l'essor du curling.

Toutefois, la vie québécoise ne se détache jamais d'un contexte de mondialisation où à peine sortie d'un premier conflit, les nations vivent ensuite une crise économique sans précédent qui n'atténue en rien des phénomènes comme le fascisme, l'antisémitisme, l'exacerbation des nationalismes avant de s'enliser dans l'ornière la plus sombre de la Seconde Guerre mondiale. Sans qu'il ne signifie l'arrêt de toutes les activités, ce contexte a pesé lourd sur la vie culturelle, les loisirs et le sport de la période. Nos descriptions vont le refléter.

Bien qu'il n'ait pas à cette époque les traits d'un sport de masse, le curling s'appuie maintenant sur un programme encore mieux structuré : les épreuves sont réglementées, réparties selon un calendrier précis. Seule la température peut enrayer la mécanique. Mais en 1920, le curling

---

[1] Jean Hamelin et Jean-Paul Montminy, « *Québec 1896-1929: une deuxième phase d'industrialisation* », Fernand Dumont, Jean Hamelin, Fernand Harvey, Jean-Paul Montminy, dir., *Idéologies au Canada français 1920-1929*, Québec, Presses de l'Université Laval, 1974, p. 25. (377 p.)

possède-t-il tous ces attributs sportifs ? Pas tout à fait. Deux éléments font toujours défaut à ce chaînon sportif. S'il progresse vers la maturité sportive, il ne peut compter encore sur un championnat national canadien. Quand ce sera fait, il faudra attendre quelques années de plus avant d'en arriver à une sélection des équipes sur la base d'éliminatoires régionales. Nous resterons donc attentifs à cette question tout en continuant d'accumuler les faits marquants de l'histoire sportive, les compétitions à naître, les joueurs et les clubs les plus performants. Ce tour d'horizon se termine en examinant les dimensions relatives à l'univers matériel du sport. Là encore, le processus d'innovation a de quoi étonner. La technique de lancer évolue à un point tel que la réglementation du jeu devra être ajustée.

Un programme de compétitions substantiel

Nécessité nouvelle : révéler un champion entre tous !

En 1927, la mise en place d'un premier championnat canadien appelé Brier[2] affirme cette volonté de nommer le champion entre tous. Néanmoins, il ne signifie pas un engouement massif, immédiat des joueurs et de la presse. Le Brier devra patiemment construire sa réputation même s'il est d'ores et déjà reconnu comme l'unique championnat canadien. De plus, les équipes québécoises qui y participent ne proviennent pas d'un processus d'élimination systématique aux niveaux local, régional et provincial. Autre exemple, en 1932, aux Jeux Olympiques de Lake Placid, le curling est inclus dans le programme d'activités. La Canadian Branch délègue elle-même une équipe sélectionnée sans aucune forme de compétition. On pourrait pécher par anachronisme en attribuant à ces événements un prestige, une signification plus grande qu'ils ne méritent. Ces championnats ne sont pas alors objet d'une grande convoitise et donc, ils n'ont jamais l'envergure

---

[2] L'étincelle du Brier remonte à quelques années plus tôt en 1925 lorsque les curleurs de Winnipeg s'amènent au bonspiel de Québec. Vera Peser, *The Stone Age. A Social History of Curling on the Prairies,* Calgary, Fifth House, 2003, p. 128. (326 p.) ; Bob Weeks, *The Brier. The History of the Most Celebrated Curling Championship*, Toronto, Macmillan, 1995, p. 15. (240 p.)

d'une compétition comme le Royal Victoria Jubilee qui est considéré à ce moment-là comme l'événement le plus rehaussé du curling masculin[3] dans l'Est du Canada.

En 1920, le curling adulte masculin tient le haut du pavé de ce programme compétitif. Le curling féminin existe mais bien modestement et le curling scolaire prendra forme un peu plus tard. Cette programmation va se transformer singulièrement au cours de la période, une tendance à la multiplication des compétitions. Quatre facteurs y contribueront : la mise en place des championnats à l'échelle canadienne, la naissance de cinq autres associations au niveau provincial, le chevauchement de compétitions se déroulant avec des fers et des pierres et le développement de nouvelles catégories de joueurs chez les hommes selon les tranches d'âge.

Toutefois, depuis les débuts du curling, une contrainte a pesé et va continuer de s'exercer à cette période sur l'organisation de tous les programmes compétitifs. Il s'agit de l'observance religieuse du dimanche. En 1927, le club Thistle se prononce sur la pertinence d'ouvrir ses portes ce jour-là[4]. La proposition ne trouvera pas l'assentiment de la majorité et au cours des décennies vingt, trente et quarante, il n'y a pas d'activités dans les clubs le dimanche. Par la suite, timidement au cours des années 1950, des activités de curling vont se dérouler dans les clubs, mais traditionnellement la journée du dimanche est un espace de temps réservé aux déplacements des curleurs, nécessaire à la pratique religieuse. Certes, les clubs francophones n'ont pas tout à fait la même approche, la même rigidité, mais sous ce rapport l'initiative ne leur appartient pas. Si la religion protestante[5] réussit donc ce tour de force de priver ses curleurs d'une journée de compétition par semaine, c'est habituellement parce que le révérend du club, un membre de l'Église presbytérienne[6], est au cœur

---

[3] « Outremont Wins Blue Ribbon of Curling World », *Montreal Daily Star*, 13 février 1922, p. 18.
[4] *Minute Book* du club Thistle, année 1927.
[5] Cela fait déjà un bon moment que curling et protestantisme font bon ménage comme en témoigne cette monographie entièrement consacrée à des prédications associées au curling. S. B. Rossiter, *Curler's Sermons*, New York, Bonnell Silver, 1898, 108 p.
[6] Cette division du protestantisme n'entend pas à rire avec la sanctification du dimanche.

de l'organisation. Un compte rendu journalistique de 1929 décrit bien son implication : « Dean Carlisle remarqued that the presence of a clergyman at most of the Thistle affairs went further to prove that the church was taking a more active interest in sports to promote unity and better understanding[7]. »

De nouveaux enjeux pour une clientèle diversifiée

On serait porté à croire que la présentation du premier championnat canadien crée immédiatement sa contrepartie sur le plan provincial et donne naissance à une nouvelle compétition qui rassemble les meilleurs curleurs du Québec et permet d'établir un champion unique. En fait, les choses ne se déroulent pas exactement selon le scénario anticipé. Lors du premier championnat canadien, on assiste à une double représentation du Québec avec une équipe de Montréal désignée par la Canadian Branch et une équipe de Québec sélectionnée lors du bonspiel de l'endroit. Cette situation durera quelques années, jusqu'en 1931. L'année suivante, la province ne se voit octroyer enfin qu'une seule équipe au Brier. La sélection sera faite pendant le bonspiel de Québec. Le championnat provincial existerait donc depuis 1932, mais il s'apparente à un championnat régional puisque les bons éléments du curling montréalais le boudent[8].

Dès lors, pour un temps, Québec et Montréal vont se disputer le droit de sélectionner l'unique champion provincial. Bien que la Granite Curling Association[9] revendique ce droit, l'organisation du bonspiel de Québec conservera sa prérogative dans l'organisation du championnat provincial. À compter de 1937, Québec est confirmée une fois pour toutes dans son rôle d'organisateur du championnat provincial en scellant une alliance avec la Macdonald Tobacco, commanditaire de l'événement. Le récipiendaire du trophée British Consols représente le Québec au championnat canadien. En cette première année, on ne peut guère parler

---

[7] « Curlers Meet for Final Luncheons », *The Gazette*, 23 mars 1929, p. 18.
[8] *Minute Book* de la Granite Curling Association, 1931-1932.
[9] Fondée en 1925, cette association québécoise s'est donné comme mission la promotion du curling pratiqué avec les pierres.

d'une représentation équitable sur une base régionale. Québec inscrit à elle seule les deux tiers des équipes sur un total de 30. Toutefois, c'est W. O. Roy du club Caledonia de Montréal qui ravit les honneurs[10]. Il faudra attendre en 1948 avant que ce championnat se déroule à partir d'un découpage de la province en dix districts[11]. C'est là le signe d'une maturité en ce qui a trait à la progressivité de ce championnat et c'est aussi un stimulant de plus à la pratique du curling en région. La confrontation se déroule sous le mode éliminatoire jusqu'en 1949 et par la suite, elle prend la forme d'un tournoi à la ronde. Il faut ajouter que le championnat provincial British Consols[12] commence à revêtir une importance certaine et sa couverture journalistique est consistante.

La décennie quarante signifie ainsi une accélération du programme des activités, un changement associé en particulier au dynamisme de deux nouvelles associations : la Province of Quebec Curlers Association (PQCA) dont le rayonnement immédiat s'étend à l'Est de la province, Saguenay-Lac Saint-Jean inclus, et la Northwestern Quebec Curling Association dont le théâtre d'opération se situe dans la vaste région de l'Abitibi. Ces organisations se dotent de championnats respectifs et viennent augmenter l'offre de compétitions. D'ailleurs, à mesure que les clubs se forment en région et que le réseau compétitif se développe, les événements se multiplient avec des trophées associés à des personnalités locales. Les années 1940 et 1950 sont déterminantes à ce propos. En dehors de Québec et de Montréal, les bonspiels régionaux attirent toujours quelques curleurs des grands centres. Avec une telle offre de rencontres, les adeptes de tous les milieux ont l'embarras du choix. Cependant, les tournois majeurs ne quittent pas encore Montréal ou Québec. Il faudra attendre à la toute fin de la décennie cinquante avant

---

[10] *Annual of the Royal Caledonian Curling Club for 1937-1938*, Édimbourg, T. & A. Constable, 1938, p. ciii. (471 p.)
[11] « All Districts in British Consols Champions Set for 1948 Bonspiel », *Quebec Chronicle-Telegraph*, 14 janvier 1948, p. 7.
[12] À compter de 1951, la compétition ne se déroule plus durant le bonspiel de Québec mais plutôt en avant-première. Après 1955, la compétition se déroule à la suite du bonspiel. Ces informations ont été obtenues en procédant au dépouillement systématique des pages sportives du journal *Le Soleil* de janvier à mars entre 1950 et 1955.

qu'une certaine décentralisation se produise. Enfin, un dernier ajout à l'offre de curling masculin ; en 1955, les curleurs de plus de 55 ans vont désormais être regroupés sous une catégorie et la Canadian Branch met de l'avant une compétition distincte[13].

En ce qui concerne le curling scolaire, c'est en 1948 qu'un premier championnat canadien est mis sur pied. La province de Québec n'est pas en reste et y participe, mais l'initiative du curling scolaire n'est pas venue de la Canadian Branch. À Québec, par l'intermédiaire de Jim Weyman (figure 38), cette catégorie prend son envol une année plus tôt avec la tenue d'un championnat local opposant huit équipes. Comme critère d'admissibilité, il faut avoir moins de 19 ans au premier octobre. Le championnat canadien de 1950 se déroule d'ailleurs dans la Vieille Capitale[14]. Bien qu'elle ait tergiversé un bon moment avant d'agir, la Canadian Branch met de l'avant en 1956 une rencontre : le Schoolboy's Christmas Bonspiel. Il passe de 36 inscriptions la première année à 90 en 1960[15].

Aussi, en 1957, sans que la compétition touche directement le curling scolaire, la Canadian Branch lance le tournoi Colt réservé à des curleurs dont l'expérience est limitée[16]. Le trophée du 150ᵉ anniversaire du Royal Montreal Curling Club deviendra par la suite le trophée emblématique de cette rencontre annuelle. Même si le curling des jeunes ne possède pas une gamme étendue de championnats à la fin de la période, il faut reconnaître toute son importance dans le processus de « sportivation » de l'activité. On ne peut espérer la conquête des grands championnats sans que la catégorie des jeunes joueurs soit vigoureuse. Nous en reparlerons un peu plus loin en analysant l'évolution des techniques et les performances réalisées par ces derniers en regard de leurs aînés.

---

[13] *Annual of the Royal Caledonian Curling Club for 1955-1956*, Édimbourg, T. & A. Constable, 1956, p. 107. (320 p.)
[14] « Le championnat interscolaire canadien », *Le Soleil, Supplément*, 19 février 1950, p. 23.
[15] *Minute Book* de la Canadian Branch, 1962.
[16] À l'origine, il a été question de réserver la participation à des curleurs de moins de sept ans d'expérience. *Minute Book* de la Canadian Branch, 1957.

Figure 38
Hugh Edward Weyman (*circa* 1925)

Hugh Edward Weyman, celui qu'on prénomme familièrement Jim, sera le penseur, le visionnaire et l'organisateur par excellence. Membre fondateur de la PQCA, secrétaire du bonspiel de Québec de 1939 à 1959[17], il déploie aussi ses énergies à la cause du curling scolaire. Au milieu des années 1950, il exercera une influence analogue auprès de Rita C. Proulx et du curling féminin. De plus, Weyman crée un système d'organisation des compétitions, l'Automatic Draw System pour lequel il obtient un brevet d'invention. Sa réflexion sur le curling l'amène à publier un ouvrage de qualité qui connaîtra de nombreuses rééditions[18]. Comme les livres sur le curling sont très rares à cette époque, il s'est construit une réputation. Il est « the man who wrote the book[19] ». Il sera associé de très près au lancement d'une revue annuelle de curling à la fin des années 1950, *The International Curling Magazine*[20], et il y rédigera plusieurs articles. En plus d'avoir dessiné de nombreuses épinglettes du bonspiel de Québec, Hugh Edward Weyman devient au fil du temps la personnalité phare de cet événement. Au début des années 1960, sa réputation s'étend à l'échelle du Canada et du Nord des États-Unis.

Source : brochure souvenir du Ladies Granite Bonspiel, 1951.

En se dotant d'un second championnat national au tournant des années 1940, le curling canadien affirme donc de façon plus convaincante la considération qu'il témoigne à l'égard de la jeunesse.

---

[17] « Quebec, Jim Weyman Prepare for Annual Influx of Curlers », *The Gazette*, 31 janvier 1953, p. 12.
[18] H. E. Weyman, *Analysis of the Art of Curling,* Lévis, Édition révisée, 1960, 108 p.
[19] Elmer W. Freitag, « Reminiscenses », *The International Curling Magazine*, janvier 1962, p. 16.
[20] Cette publication est en quelque sorte un dérivé du programme annuel du bonspiel de Québec. La PQCA en assume la réalisation.

Bien que le curling féminin ne compte que quelques années d'existence au début du siècle, rappelons qu'il possède déjà une compétition permanente. La Royal Caledonian Curling Club Challenge Cup est née en 1905 et sans avoir la prétention d'être un championnat provincial, c'est tout de même la première compétition d'importance. Elle se jouera jusqu'à la fin des années 1930. Cette décennie est toutefois à l'image de la morosité persistante de la société civile. Il faut attendre le rapport annuel de la Canadian Branch[21] de la saison 1937-1938 avant de constater une présence plus affirmée de sa filiale féminine. Elle a restructuré ses championnats avec les trophées Coronation et Lady Tweedsmuir, tous les deux à l'enjeu en 1938 et faisant l'utilisation des fers[22]. La vie sportive féminine ne s'arrête pas complètement au cours de la Seconde Guerre mondiale mais il y a ralentissement des activités. Toutefois, la prospérité économique retrouvée pave déjà la voie de la recrudescence d'après-guerre. Le curling féminin des années 1950 s'anime considérablement et le programme des compétitions l'indique. Signe des temps, le bonspiel international de Québec fait une place aux femmes en 1950[23]. Et encore une fois, Québec va prendre le leadership. En effet, initié par le Quebec Winter Club, le Ladies' Granite Bonspiel voit le jour en 1951. À partir de cette expérience stimulante et de l'insistance de Jim Weyman, Rita C. Proulx, leader énergique du curling féminin, se laisse convaincre de la nécessité de tenir un championnat provincial et pourquoi pas un championnat national comme cela existe chez lez hommes depuis près de trois décennies. Avec la formation d'une nouvelle association de curling féminin, la Province of Quebec Ladies Curling Association[24] (PQLCA) en 1956, un premier championnat provincial se tient l'année suivante, et ce, avant même qu'une rencontre canadienne ne soit mise sur pied. Bien que les premières traces d'une pratique mixte du curling remontent à la fin du XIXe siècle, il faudra

---

[21] *Annual of the Royal Caledonian Curling Club*, Édimbourg, T. & A. Constable, 1938-1939, p. cxlvii. (410 p.)
[22] On utilisera les pierres à compter de 1953 pour la compétition du Coronation et 1954 pour la compétition du Lady Tweedsmuir.
[23] « Ouverture du 37ième bonspiel international », *Le Soleil*, 16 janvier 1950, p. 18.
[24] Rita C. Proulx a été l'instigatrice de cette nouvelle association.

attendre en 1957 avant qu'une compétition de niveau provincial se concrétise. Cette année-là, la Canadian Branch innove à l'intérieur de ses cadres avec la naissance de la rencontre mixte Lady Guilmour assortie du trophée du même nom[25].

On constate donc que de 1920 à 1960, le programme temporel des compétitions demeure relativement bien circonscrit même si de nouvelles catégories et de nouvelles compétitions à l'intérieur des championnats existants se sont ajoutées. Le tableau 12 constitué à partir des données recueillies des quotidiens et des *Annuals* du RCCC fait état de la situation à l'aube de la décennie 1960. Toutefois, avec la présence de nouvelles associations, les heurts deviennent inévitables dans un calendrier de compétitions de plus en plus dense. Sur un plan régional, le réseau compétitif s'est articulé à mesure que naissaient les clubs locaux.

Tableau 12
Les compétitions officielles en 1960

Nom du championnat	*Catégorie*	*Organisme responsable*	*Naissance*
Championnat scolaire provincial	garçon	Comité de la Dominion Curling Association	1948
Schoolboy Christmas Bonspiel	garçon	Canadian Branch	1956
Championnat provincial British Consols[26]	homme	Province of Quebec Curlers Association	1937
Bonspiel de Québec Lieutenant-Gouverneur[27]	homme	Province of Quebec Curlers Association	1944

---

[25] *Minute Book* de la Canadian Branch, 1957.
[26] Le championnat existe avant 1937 mais il prend le nom de British Consols à compter de cette année-là.
[27] À l'enjeu dès 1942, le trophée Lieutenant-Gouverneur détermine officiellement le grand gagnant du bonspiel à compter de 1944.

Pat Lid[28]	homme	Canadian Branch	1925
Royal Victoria Jubilee	homme (simple)	Canadian Branch	1898
Governor General	homme (double)	Canadian Branch	1874
Edinburgh	homme 3 équipes (même club)	Granite Curling Association Canadian Branch	1925
Lord Elgin	homme (simple)	Canadian Branch	1930
Quebec Challenge Cup	homme	Canadian Branch	1874
Colt[29]	homme	Canadian Branch	1957
Championnat provincial senior	homme	Canadian Branch	1955
Gordon Medal	homme	Canadian Branch	1884
Championnat provincial Dominion Diamond «D»	femme	Ladies Curling Association	1960
Bonspiel de Québec Trophée Paterson	femme	Province of Quebec Curlers Association	1955
Coronation	femme	Ladies Curling Association	1938
Lady Tweedsmuir	femme	Ladies Curling Association	1938
Championnat provincial Macdonald Lassie	femme	Province of Quebec Ladies Curling Association	1960
Lady Guilmour[30]	mixte	Canadian Branch	1957

À l'exception de l'Est de Montréal, toutes les régions du Québec ont pris un envol significatif[31]. À titre d'exemple, en 1960, pour la seule

---

[28] En 1925, le Pat Lid est une compétition de la Granite Curling Association. C'est une rencontre qui doit se dérouler localement. Par la suite, le Pat Lid devient l'enjeu des clubs extérieurs de Montréal dans la compétition Edinburgh avant de redevenir une compétition locale de la Canadian Branch.
[29] Cette compétition s'adresse aux hommes dont l'expérience en curling est limitée à cinq ans et moins.
[30] Le trophée Lady Guilmour existait avant 1957. On l'utilisait dans la compétition du Royal Victoria Jubilee à titre de distinction secondaire.

région de la Mauricie, ce n'est pas moins de quinze bonspiels de type interclubs qui se déroulent au cours de la saison sans oublier les rondes préliminaires des compétitions de niveau provincial et les bonspiels d'entreprise. La saison est tout autant animée ailleurs, que ce soit en Estrie, au Saguenay-Lac Saint-Jean, sur la Rive-Sud de Montréal.

Enfin, le curling a acquis de façon définitive son caractère de progressivité sélective, un stade de maturité dans le processus de « sportivation ». Une éliminatoire régionale réglementée conduit à l'étape de la sélection provinciale. Par ce mode, on révèle un peu plus le véritable champion. C'est l'avancée sportive la plus importante de la période. Enfin, les nouvelles catégories de compétitions selon l'âge et le sexe s'appuieront sur ce modèle afin de mettre de l'avant leurs championnats nationaux dans un avenir rapproché.

Performances révélatrices des changements qui s'opèrent

Mal aisé de reconnaître un champion québécois pour les raisons que nous venons d'évoquer, il n'y a pas avant les années 1930 une compétition unique, une rencontre ultime opposant les meilleurs éléments du curling. Cependant, depuis le début du siècle, on remarque une tendance nouvelle dans les journaux, celle de souligner les succès d'une équipe et d'accorder une mention au capitaine de l'équipe gagnante plutôt que de vanter les mérites d'un club. Afin d'établir un profil de la performance, on pourrait se fier en partie aux résultats d'une compétition comme le Royal Victoria Jubilee. C'est une épreuve significative où de nombreuses équipes, soit entre 150 et 200 provenant de tous les centres régionaux, se disputent les honneurs du trophée à l'enjeu. Au cours de la décennie 1920, les clubs de Montréal dominent avec des noms comme J. I. Rankin du club Montreal West, P. T. D. Lyall et H. R. Hutchison du club Caledonia, Willie Brown du Royal Montreal (voir l'encadré). On les retrouve victorieux ou finalistes d'une année à l'autre. Ils se distinguent aussi dans les autres compétitions.

---

[31] « Dans la Mauricie, quinze bonspiels vont se dérouler dans la région », *La Presse*, 6 janvier 1960, p. 22.

Willie Brown, un vrai champion !

Avec des performances remarquables autant avec les fers que les pierres, Willie Brown représente la première vraie légende du sport en raison de ses nombreux succès sur la glace, et ce, jusqu'à un âge avancé. Ce curleur émérite du Royal Montreal Curling Club va atteindre la finale du Royal Victoria Jubilee à neuf reprises et remporter quatre titres dont trois au cours des années trente, en 1932, 1936 et 1937. Cette année-là, Brown est déjà sexagénaire. En 1940, il remporte la rencontre par équipe du Governor General avec fers, et en 1947 il fait partie des gagnants du trophée Edinburgh dans une compétition avec pierres. Cinq ans plus tard en 1952, à l'âge vénérable de 75 ans, il réussit un bout parfait dans la compétition du trophée Edinburgh. C'est le quatrième de sa carrière[32]. On l'a vu aux Jeux Olympiques de 1924 (figure 39) et de 1932. Si Brown est d'abord un excellent joueur, il est aussi un dévoué bénévole du curling en étant secrétaire de la Granite Curling Association pendant 21 ans jusqu'en 1945[33].

Figure 39
Willie Brown invité par l'équipe olympique de Grande-Bretagne (1924)

Willie Brown, premier à gauche sur la photo. Source: *Official Report of the VIIIth Olympiad* [34].

---

[32] « Pete Knubley Captures Top Individual Award », *Montreal Star*, 25 février 1952, p. 44.
[33] *Minute Book* de la Granite Curling Association, période 1930-1950.
[34] F.G.L. Fairlie, *Official Report of the VIIIth Olympiad*, Londres, British Olympic Association, 1924, p. 273. (335 p.)

La ville de Québec peut aussi compter sur quelques curleurs de talent qui s'expriment davantage lors du bonspiel de Québec. En 1927, le major Robert B. Whyte du Quebec Curling Club représente sa région au championnat canadien[35]. Habituée au succès, la Rive-Sud de Montréal vient encore brouiller les cartes. Dans une année exceptionnelle de curling, Ray Reddick du club Aubrey remporte le Jubilee en 1925[36]. W. G. McGerrigle du club Ormstown fait de même en 1929. Un curleur représentant la Mauricie, Hughie Drysdale, laisse aussi sa marque. Finaliste du Jubilee en 1923, il remporte la palme du concours en 1926.

Au cours des années 1930, le Royal Victoria Jubilee demeure un bon indicateur de réussite en curling. Willie Brown en sera une des figures de proue. Finaliste à deux reprises, J. Mckee, un curleur du club Heather, remporte les honneurs en 1934. Les régions s'illustrent à quelques reprises. Les *skips* J. B. Travers du club de Granby (1931) et T. A. Bisson de Buckingham (1938) seront les seuls autres curleurs à s'inscrire au tableau d'honneur de cette compétition au cours de la décennie. Pendant ce temps, à Québec, les clubs locaux vont dominer le championnat provincial en raison du déséquilibre de représentation évoqué plus tôt[37].

La décennie quarante appartient vraisemblablement à deux curleurs : l'un de la région de Montréal, Jack Mckee et l'autre de Québec, Robert Cream. Dans les deux cas, on confirme un talent qui s'était déjà exprimé la décennie précédente. Un peu comme celle de Willie Brown, la performance de Mckee est remarquable en ce sens qu'il accumule les succès en jouant avec les fers et les pierres. Ainsi, en 1944 et 1946, il remporte le Royal Victoria Jubilee et en 1943, 1947 et 1948 la compétition équivalente avec les pierres, soit le trophée Royal Caledonian étalant ainsi toute sa polyvalence et démontrant que le curling des fers et des pierres sont proches parents. Robert Cream est nettement plus

---

[35] « Local Curlers Score Several Iron Victories », *Montreal Daily Star*, 25 février 1927, p. 27.
[36] *Annual of the Royal Caledonian Curling Club for 1925-1926*, Édimbourg, T. & A. Constable, 1926, p. lxx. (358 p.)
[37] Cette synthèse a été reconstituée à partir des *Annuals of the Royal Caledonian Curling Club*, période 1930-1940.

identifié au championnat provincial qu'il remporte à trois reprises, en 1943, 1947 et en 1950 même s'il n'agit plus en tant que *skip*[38]. Au cours de cette décennie, les curleurs des autres régions ont peu d'occasions de se réjouir. Lors du British Consols, c'est également le même phénomène, les clubs de Québec dominent, mais des équipes de Huntingdon et de Matane créent une brèche remportant l'épreuve en 1942 et 1949 respectivement. Il est possible de se demander si les restrictions aux déplacements durant la guerre ont pu exercer une influence défavorable à l'égard de ces derniers.

La décennie cinquante sonne le glas des compétitions avec fers. Les habiles curleurs de la région de Montréal ne sont plus partagés entre deux types de curling. Ils vont laisser leur marque en remportant quatre championnats provinciaux sur un total de dix. Ken Weldon s'en approprie trois à lui seul. Toutefois, la performance montréalaise ne ternit pas pour autant une montée du calibre de curling partout à l'extérieur des grands centres de Montréal et de Québec. Quatre titres vont appartenir à des clubs en région : Arvida, Thetford-Mines, Bourlamaque et Cap-de-la-Madeleine. Le curling scolaire vit aussi le même phénomène. Après les succès remportés par Québec, les récipiendaires reflètent une diversité géographique[39].

Quelques Canadiens français apparaissent au palmarès des meilleurs joueurs : H. C. Fortier représente le Québec au Brier de 1933 à titre de *skip*[40], et Roméo Langlais fait partie de l'équipe du club Victoria qui se rend au Brier l'année suivante. Examinés dans une perspective d'ensemble, les succès des francophones à cette époque sont modestes. Les performances vont progresser par la suite. En 1941, le vainqueur du British Consols, Charles Handley compte une équipe formée de trois francophones[41]. Vers la fin de la décennie, Gaston Amyot, un architecte de Québec, gagne le British Consols et Rodrigue Côté de Matane l'imite l'année suivante en 1949. Cette victoire de Côté est significative à plus

---

[38] *Annuals of the Royal Caledonian Curling Club*, période 1940-1950.
[39] *Annuals of the Royal Caledonian Curling Club*, période 1950-1960.
[40] « Le bonspiel se poursuit aujourd'hui », *Le Soleil*, 16 février 1933, p. 16.
[41] « Curling Battle Brings Together Leaders in Game », *Quebec Chronicle-Telegraph*, 1 mars 1941, p. 7.

d'un égard. Elle annonce un meilleur développement de l'excellence en région et indique une appropriation graduelle chez les francophones. Avec la performance de Robert Lahaie de Cap-de-la-Madeleine en 1958[42], les francophones obtiennent une quatrième participation au Brier en 32 tentatives. C'est encore mince mais la fréquence des victoires s'améliore. Les francophones surprennent aussi en curling scolaire à la fin de la décennie quarante. Au cours des cinq premières années de cette compétition à l'échelle canadienne, la région de Québec, par l'intermédiaire de l'Académie commerciale de Québec, remporte un succès véritable représentant la province à quatre reprises.

En curling féminin, après que le Three Rivers Ladies' Curling Club ait surpris en remportant les honneurs de la Ladies Royal Caledonian Curling Cup à trois reprises au cours de la décennie vingt, les équipes de la région métropolitaine de Montréal reprennent leur suprématie au cours des décennies suivantes. Le Royal Montreal Curling Club connaît beaucoup de succès en curling féminin au cours des années quarante et cinquante grâce à L. B. Unwin. Ses succès s'étendent jusqu'en 1952. Elle compte alors huit victoires dans la compétition du Lady Tweedsmuir et cinq victoires lors du Coronation[43]. Dans la région de Québec, Rita C. Proulx du Quebec Winter Club s'impose dans de nombreux bonspiels. Lors d'un premier championnat québécois en 1957, elle conduit son équipe à une participation au championnat de l'Ouest du Canada[44] (figure 40, page suivante).

---

[42] « Cap Rink Ousts St. Lambert to Win Provincial Curling », *Chronicle-Telegraph*, 17 février 1958, p. 13.
[43] *Annuals of the Royal Caledonian Curling Club*, période 1920-1960.
[44] « Winter Club Ladies Take Quebec 'Spiel », *The Gazette*, 24 février 1957, p. 28.

Figure 40
**Les récipiendaires d'un premier championnat provincial féminin
(1957)**

De gauche à droite, Millie MacWilliam, Geneviève Comtois, Gwen Gibson, Rita C. Proulx. Source : collection privée de Rita C. Proulx.

Toutefois, partagé entre les deux pôles de compétitions que sont Montréal et Québec, le curling féminin des années 1950 ne révèle pas facilement ses meilleurs éléments. En créant de nouvelles épreuves qui éparpillent un peu plus la masse des joueuses, on empêche une confrontation décisive entre les meilleures des deux villes. C'est un peu revivre ce que le curling masculin avait vécu vingt ans plus tôt.

S'il est apparu nécessaire de nommer autant d'individus, c'est que le curling de cette époque se centre désormais sur l'équipe et s'individualise en la personne du *skip*. C'est la preuve qu'un changement s'est opéré. La venue des championnats provinciaux et nationaux de diverses catégories est propice à l'émergence d'une telle mentalité. Ce n'était vraisemblablement pas le cas à la période précédente.

L'univers matériel, toujours place à de l'innovation

Entre 1920 et 1960, le curling vivra trois bouleversements associés à son univers physique : transformation structurelle de l'espace de jeu intimement liée à la préparation de la surface glacée, abandon définitif d'un outil de jeu typique au curling québécois, le fer, et enfin, mutation dans l'art de lancer la pierre.

La glace, facteur stratégique

Dans sa logique organisationnelle, le sport nécessite un contrôle efficace de la saison de compétition. Quand les curleurs d'ailleurs s'amènent à Montréal, on souhaite la réalisation de l'activité sans être à la merci des fortunes du temps. Certes, l'enceinte fermée a constitué un premier pas dans la bonne direction, mais une fois la technologie de fabrication de glace artificielle connue, ce n'était plus qu'une question de temps avant que le monde du curling se l'approprie, et ce moment arrive à Montréal à la fin des années 1920. Incidemment, les Américains sont les premiers à se doter de surfaces artificielles. Le Boston Curling Club va partager une surface artificielle avec la Boston Arena au cours de la décennie 1910 jusqu'à ce que le feu en décide autrement. En 1920, le Country Club de Boston ouvre le premier club entièrement consacré au curling et doté de glace artificielle[45]. À Montréal, il faudra attendre en 1928 ; cette même année, trois clubs importants s'équipent du même système, le Royal Montreal, le Thistle et le club Heather de Wesmount. En raison d'un bon esprit de collaboration, les autres clubs vont eux aussi bénéficier de cette innovation. Toutes les compétitions d'importance prévues sur glace naturelle sont alors transférées d'un club à l'autre[46].

---

[45] Grand National Curling Club of America, *100th Anniversary Annual for 1867-1967*, vol. XXXVIII, 1967, p. 20. (144 p.)
[46] « Changes Effected in Jubilee Draw », *The Gazette*, 18 janvier 1933, p. 13.

Lors de la saison 1930-1931, Montréal compte 19 pistes de jeu avec glace artificielle réparties entre 6 clubs[47]. Sans doute, cette nouveauté représente un attrait particulier pour les curleurs et confère un avantage comparatif à certains établissements, entraînant de sorte une migration des curleurs. Ce facteur n'est peut-être pas étranger à la mise au rancart du club St. Andrews. Par la suite, les années de crise et le déclenchement de la Seconde Guerre mondiale vont signifier très peu de ressources engagées dans cette forme d'immobilisation. Le club Jacques-Cartier fait exception et la région de Québec obtient ses trois premières pistes de jeu sur glace artificielle en 1944. Il faut dire que le besoin se faisait moins sentir à Québec puisque l'hiver y est plus rigoureux et qu'il était possible de se dépanner avec l'aréna de Québec, comme en 1937 où les propriétaires Demers et Côté ont prêté généreusement l'enceinte pour la réalisation du bonspiel de Québec[48]. Durant l'événement de 1944, en attendant le retour du temps froid, on jouera toute la nuit au club Jacques Cartier afin de ne pas accuser trop de retard[49]. Quelques années plus tard, en 1947, le Quebec Curling Club fait l'acquisition du même équipement. Le club de Louiseville est sans contredit un des premiers clubs en dehors de Montréal à être pourvu de glace artificielle. En 1942, ce club tient le premier bonspiel de la saison au début de décembre et un article de journal[50] souligne que c'est grâce à la présence de ce procédé de fabrication des glaces qu'il en est ainsi. La deuxième vague de conversion à ce procédé débute à la fin des années 1940. Il est écrit dans le rapport annuel de la Canadian Branch de 1950 : « The number of Clubs with artificial ice is increasing rapidly and at the present time we have in the Canadian Branch 38 such Clubs with 111 sheets of ice[51]. » En 1955, il ne reste plus que 17 clubs sur un total de 83 sous juridiction de la Canadian

---

[47] *Minute Book* de la Granite Curling Association, 1934.
[48] « Le 24ième bonspiel de curling a été inauguré cet avant-midi à l'aréna de Québec », 22 février 1937, p. 12.
[49] « Weather Hits Quebec 'Spiel », *Montreal Daily Star*, 28 janvier 1944, p. 18.
[50] « Curling Club Ice Ready Next Week », *Shawinigan Standard*, 9 décembre 1942, p. 12.
[51] *Annual of the Royal Caledonian Curling Club*, Édimbourg, T. & A. Constable, 1951-1952, p. 87. (298 p.)

Branch qui utilise de la glace naturelle. L'équipement de glace artificielle est devenu la norme, et tout nouveau club érigé au cours de ces années va s'en prévaloir. Les anciens clubs qui ne pourront se convertir au procédé disparaîtront avant le milieu des années 1960. Bien qu'au tout début les systèmes de réfrigération causent quelques maux de tête à leurs utilisateurs, particulièrement en ce qui concerne le contrôle de la température, jamais il ne sera question d'un retour en arrière. Si par temps froid la glace naturelle a plus de vertus que la glace artificielle, cet avantage est bien mince en comparaison du risque de voir la partie compromise. Au cours des premières années d'implantation des systèmes, les clubs échangeront l'information et pourront aplanir les difficultés inhérentes. Par la suite, les rapports des comités de glace ne font plus état de problèmes particuliers liés à cette technologie.

L'apparence de la glace changera aussi. Au début des années 1920, tout laisse croire que l'opération de peinture des glaces est relativement nouvelle puisque cette décision est rapportée au procès-verbal du club Thistle. En 1946, Harry Good, préposé aux glaces du club Caledonia depuis plus de 25 ans, souligne que son club a été l'un des premiers à adopter cette pratique au tournant des années 1920[52]. À cette époque cependant, la maison est relativement simple d'aspect n'étant qu'une série de cercles concentriques (figure 41, page suivante). Au cours des années 1940, on épaissira d'abord les lignes des cercles et au début des années 1950, on verra apparaître les véritables anneaux tels que nous les connaissons aujourd'hui. Autre particularité, les marques bien spécifiques qui permettaient de jouer un autre type de partie autrefois populaire, le *point game*, commencent à disparaître au cours des années 1950[53].

---

[52] « New Curling Season Features Old Controversy, Artificial Ice », *The Gazette*, 20 novembre 1946, p. 18.
[53] C'est à partir de l'observation attentive de photos publiées dans les journaux qu'il nous est possible de faire une telle affirmation.

Figure 41
La maison formée de cercles concentriques non peints (1920)

Source : Scrap Book du Montreal Curling Club, 1920.

Intégré à la glace, le bloc d'appui (le *hack*) se transforme aussi. Rappelons qu'en 1920, ce *hack* n'est qu'un trou dans la glace variant de 2 à 4 pouces (5 à 10 cm) de profondeur et de la largeur du pied, avec comme finition une pièce de bois à l'extrémité arrière. En 1938, lors de leur quatrième voyage, les Écossais le décrivent toujours de la même façon (figure 42). Cependant en 1946, les clubs Caledonia et Royal Montreal importent de l'Ouest canadien un *hack* en caoutchouc qui s'installe moins profondément dans la glace, presque à la surface. Il assure une plus grande stabilité étant fait d'une matière plus adhérente que le bois et il permet un meilleur dégagement du pied de propulsion. Son usage se généralise rapidement par la suite. On en arrive à la forme définitive de cette composante de l'équipement.

Figure 42
Le *hack* (*circa* 1940)

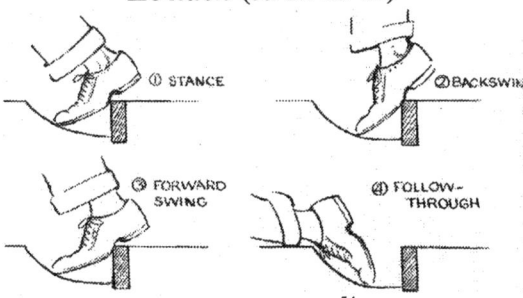

Source : *Ken Watson on Curling*[54].

Enfin, les clubs sont le plus souvent des bâtiments à vocation unique. C'est en région surtout que l'espace sportif connaît dans l'après-guerre un développement particulier. En effet, avec la collaboration de la grande industrie, on assiste à la construction de complexes intégrés. En 1947, c'est une première au Québec, la compagnie Lake St. John Power and Paper Company, par l'intermédiaire de son club sportif, inaugure dans la communauté de Dolbeau un complexe sportif doté d'un auditorium et d'une salle communautaire permettant la pratique du curling, des quilles, du ping-pong et du billard[55]. En 1957, Gaspé Copper Limited construit à Murdochville un centre sportif de 800 000 $ avec quatre glaces de curling, un aréna de hockey, un salon de quilles et une piscine[56]. Autrement que la rencontre fortuite du sport et du loisir, ces nouveaux centres confirment les rapports de complémentarité entre les deux formes sociales.

La mise au rancart des fers

En scrutant l'objet principal de jeu, c'est-à-dire la pierre, les curlings québécois et Est ontarien auront trouvé le moyen d'être uniques au monde pendant la première moitié du XXe siècle. De cette époque, il

---

[54] Ken Watson, *Ken Watson on Curling*, Toronto, Copp Clark, 1950, p. 10. (177 p.)
[55] « Curling Season Off to Big Start », *Shawinigan Standard*, 22 janvier 1947, p. 3.
[56] « New $800,000 Sports Centre Opened by Gaspe Copper Ltd », *The St. Maurice Valley Chronicle*, 19 décembre 1957, p. 13.

nous faut donc faire le récit de la lente disparition des fers. Majoritairement pratiqué à l'aide de ces derniers en 1920, le curling québécois abandonne officiellement cette pratique en 1955 avec un dernier championnat « fer » du Royal Victoria Jubilee. C'est une rupture définitive et les quelques réutilisations des fers appartiendront désormais au folklore.

Comment la situation évolue-t-elle sur une trentaine d'années ? Au début de la décennie 1920, les pierres sont déjà utilisées à Montréal tandis que leur usage est plutôt inexistant du côté de l'Outaouais[57]. Les fers dominent et le match qu'ils engendrent demeure plus stratégique, orienté vers les placements. Cependant, on ne leur trouve pas que des qualités. D'une part, les fers ne se jouent bien que par temps très froid. Décembre et mars ouvrent donc la porte à une utilisation accrue des pierres. D'autre part, les curleurs plus âgés peinent considérablement quand vient le moment de lancer ce fer lourd, surtout qu'à cette époque la technique de glissade est encore rudimentaire et l'élan arrière sollicite l'épaule de façon importante. Enfin, détail en apparence anodin, le fer s'oxyde facilement. Il faut donc penser à une forme d'entreposage particulière à la saison morte. Néanmoins, ce ne pourrait être entièrement pour des motifs d'ordre physique que le fer disparaît. D'autres facteurs sont à considérer. Le plus important est certes que les pierres se prêtent mieux à une extension de la compétition avec le reste du Canada, les États-Unis et l'Écosse au moment où les occasions de rencontres se multiplient. Autre élément, la constitution d'une association vouée entièrement à la promotion du jeu avec pierres canalise alors les énergies de ceux qui souhaitent un changement. En plus de compter sur les dons de Howard T. Stewart (voir l'encadré), la Granite Curling Association va manœuvrer habilement lors de la compétition Edinburgh[58] en offrant comme prix aux équipes extérieures de Montréal un ensemble de pierres.

---

[57] « Curling Is a Popular Sport », *Quebec Chronicle*, 5 janvier 1924, p. 6.
[58] La compétition Edinburgh constitue la principale épreuve disputée avec des pierres sous l'égide de la Granite Curling Association.

Howard T. Stewart deviendra un peu l'éminence grise du curling en engageant des moyens financiers considérables à la cause du curling avec les pierres. Héritier de Sir William Christopher Macdonald[59], Stewart s'investit particulièrement au cours des années 1920 et 1930 en faisant don de pierres aux différents clubs des régions de Montréal d'abord et de Québec ensuite. Le rapport de synthèse des dix premières années de Granite Curling Association établit qu'il a donné un surprenant total de 504 pierres de curling. C'est lui qui offre aussi le trophée Edinburgh décerné lors du championnat avec les pierres. En 1925, lors de cette première rencontre, il défraie seul la location du Forum de Montréal afin que l'événement puisse se dérouler malgré le temps doux. Enfin, ce membre du club Caledonia est un curleur habile. En 1937, il fait partie de l'équipe qui remporte la première finale du championnat provincial British Consols.

Figure 43
Howard T. Stewart

Source : collection de
David B. Smith, Troon, Écosse.

Enfin, le développement du curling mixte doit être considéré comme un autre facteur contribuant à une utilisation accrue des pierres car hommes et femmes ne jouent pas avec des fers de même poids et de même dimension. La pierre est donc un lieu commun en curling mixte. Enfin, quant à l'hypothèse d'un effort de guerre qui aurait pu précipiter la fin des fers par une récupération systématique de ferraille, on doit considérer l'idée comme fantaisiste bien que les délibérations de la Canadian Branch du 2 janvier 1942 fassent état d'une demande de fer de

---

[59] Canadien de souche écossaise, Macdonald entre dans l'industrie du tabac en 1858 et y accumule une fortune colossale. Comme il ne fonde pas de famille, à sa mort, il lègue une entreprise d'une valeur estimée à 20 millions de dollars aux deux fils de son adjoint David Stewart décédé quelques années auparavant. Walter Moncrief Stewart et Howard Stewart deviennent ainsi des multimillionnaires. Stanley B. Frost et Robert B. Michel, « Macdonald, Sir William Christopher », Ramsay Cook et Réal Bélanger, *Dictionnaire biographique du Canada en ligne*, Archives nationales du Canada.

la part du département des Munitions et Approvisionnements d'Ottawa, requête que la Canadian Branch transmit à ses membres puisque nombre de fers étaient de propriété privée. Rien n'indique par la suite qu'une initiative à grande échelle ait été prise à cet effet et personne ne s'est plaint d'avoir été dépouillé de son équipement de jeu.

Les autres outils du curleur

Le balai connaîtra une certaine évolution au cours des années 1950. En fait, ils ont le choix entre un balai bien costaud et une version plus légère. En effet, Ken Watson, la sommité canadienne du curling à ce moment-là, recommande de diminuer la longueur du manche de quelque 4 pouces (10 cm) et de procéder à une coupe légère du balai[60] tout en renforçant le tressage de la paille avec une corde. De cette façon, un curleur n'utilisera qu'un balai pour l'ensemble de la saison. À Montréal, un dénommé F. Marchessault, déjà engagé dans le commerce des balais et vadrouilles, se décide à commercialiser un balai de curling au milieu des années 1950[61]. Documents photographiques à l'appui, il est possible d'apprécier le changement de forme (figure 44). Le balai s'allonge devenant plus fusiforme. Toutefois, c'est au cours des années 1960 que cet outil va véritablement se transformer en variété et en diversité. Quant à la brosse des Écossais, toujours un objet de curiosité lors de leur passage en 1938, elle ne réussit pas à rallier les curleurs québécois et canadiens de l'époque.

---

[60] Ken Watson, *Ken Watson on Curling*, Toronto, Copp Clark, 1950, p. 79. (177 p.)
[61] « Curling Broom Sales 5,6 Million Annually », *The Gazette*, 29 mars 1968, p. 27.

Figure 44
Changement de forme du balai (1955 et 1958)

1955   1958

Source : club de Grand-Mère.

Nettement moins exigeante au plan de l'effort physique, la brosse aurait-elle pu contribuer à enrayer les décès de curleurs lors des rencontres ? On peut penser que oui. L'effort exigé du balayeur doit être considéré comme la principale raison de ces accidents graves puisque les autres phases techniques du jeu ne sollicitent pas la condition cardiovasculaire de l'individu. Et périodiquement, il est question d'événements tragiques comme par exemple lors de la Gordon Medal de 1919, W. R. J. Hughes, un curleur de Montréal, décède subitement[62]. Au bonspiel de Québec de 1958, un homme bien en vue dans le milieu des affaires, Nazaire Lemelin, est terrassé d'une attaque cardiaque aux premiers jours de l'événement[63]. Le brossage de la pierre sollicite moins que le balayage avec le balai domestique.

Sans se transformer radicalement au cours de la période, l'habillement du curleur fait l'objet de quelques adaptations. Il faut attendre les années 1950 avant que de véritables chaussures de curling

---

[62] *Scrap Book*, Montreal Curling Club, 1919.
[63] « What Gives on Sports », *Chronicle-Telegraph*, 6 février 1958, p. 12.

soient mises sur le marché. Une compagnie ontarienne entre autres, la Medcalf Shoe, fabrique alors une chaussure isolée coupée en demi-lune au talon qui porte le nom de Official Ken Watson Curling Boot. Cependant, la semelle n'a pas de propriétés antifriction. On fournit toutefois avec la bottine une semelle de cuir qui couvre environ les trois quarts du pied et que le joueur ou son cordonnier installe par la suite en permanence sous cette dernière. Auparavant, les chaussures de ville avec talon et semelle de cuir ont fait l'affaire puisque le curleur n'effectuait pas une très longue glissade. Puisées de son ouvrage[64] sur le curling, les photos de Ken Watson à la fin des années 1940 nous le montrent avec une chaussure qui s'apparente davantage à un escarpin. De plus, aucune section du manuel ne traite de ce sujet comme celui du vêtement en général. Les curleurs sont habillés assez chaudement et même avec une certaine distinction. Watson porte la cravate et un cardigan de laine. D'ailleurs, ce port du cardigan s'impose au cours des années 1940.

Précédemment, les curleurs revêtaient simplement un veston conventionnel, une tenue qui n'a rien de spécifiquement sportif. Il serait surprenant que les femmes se retrouvent avec mieux à ce moment-là ; sur les photos, on les voit vêtues d'une robe assez longue et d'un manteau redingote (figure 45). Au début des années 1940, certaines s'affichent avec la ceinture fléchée. Graduellement, elles vont troquer la robe pour le pantalon et porter le cardigan, une tenue qui gêne moins les mouvements et qui s'apparente maintenant à celle des hommes.

---

[64] Ken Watson, *Ken Watson on Curling*, Toronto, Copp Clark, 1950, 177 p.

Figure 45
Un groupe de joueuses du club Victoria (1929)

Source : club de curling Victoria, Québec.

Jeunesse, apprentissage et innovation iront désormais de pair

Au fur et à mesure que le championnat canadien gagne en popularité et en notoriété au tournant des années 1940, on commence à s'interroger au Québec sur les facteurs de succès des curleurs de l'Ouest canadien. Il n'est pas surprenant que l'Ouest du pays ait assumé le leadership de l'apprentissage du curling à cette époque. Certes, le nombre global d'adeptes est un facteur déterminant, mais en plus, on a su intégrer la jeunesse dans un programme novateur en mettant sur pied des compétitions scolaires dès les années 1930. Au Manitoba par exemple, 28 équipes participent à un premier bonspiel interscolaire en 1939, et 4 ans plus tard, plus de 200 équipes entrent dans la ronde[65]. Par ailleurs, le curling manitobain trouve en la personne du curleur Ken Watson un modèle pour la jeunesse. Il est un joueur émérite et un enseignant de

---

[65] « Curling ... By Ken Watson », *The Gazette*, 27 janvier 1956, p. 25.

carrière familier avec cette tranche d'âge. Watson explique d'ailleurs les succès de ses compatriotes manitobains en soulignant que les usages qui prévalent dans les clubs sont un peu moins guindés dans son coin de pays et en particulier en milieu rural où le jeune et l'adulte s'exercent en même temps.

Au Québec, les initiatives à l'égard de la jeunesse ne sont pas légion. Dans les années 1920, le leader qu'est la Canadian Branch ne démontre pas une volonté ferme d'inclure des jeunes de niveau scolaire dans un programme systématique de développement du curling. Quelques initiatives se prennent toutefois sur la Rive-Sud du côté du club Aubrey avec un programme pour les garçons âgés entre 10 et 15 ans. Dans la région de Québec, rappelons-le, le déclic s'effectue au cours des années 1940. C'est alors qu'on prend véritablement conscience de l'importance de l'élément jeunesse dans le développement d'équipes vraiment compétitives. Jim Weyman approche le milieu scolaire en 1943 et l'habile curleur Robert Cream s'associe à trois jeunes du Quebec High School[66] dans le bonspiel de Québec de 1948. La même année, les journaux mentionnent que l'équipe de Gaston Amyot qualifiée pour le Brier se fonde sur la jeunesse[67]. Une décennie plus tard, Bruce Ness du club Howick se commet dans un programme de développement à l'égard des jeunes. Ses initiatives donneront de bons résultats pendant les années 1960.

Ainsi donc, au cours de la décennie cinquante, les meilleurs curleurs de l'Ouest, ceux qui participent au Brier, sont habituellement de jeunes adultes de moins de 30 ans[68]. En 1958, l'équipe du Manitoba, la plus jeune équipe de toute l'histoire du Brier, possède une moyenne d'âge de 17,5 ans et elle connaît un bon succès lors du tournoi. Cette jeunesse plus athlétique va donner le ton à l'innovation sur le plan technique et conduire à un véritable changement dans l'art de lancer la pierre. Il faut

---

[66] « Amyot Divides British Consols Matches », *Quebec Chronicle-Telegraph,* 20 janvier 1948, p. 7.
[67] « Sports' Witness », *Quebec Chronicle-Telegraph*, 26 janvier 1948, p. 6.
[68] L'âge moyen de tous les joueurs présents au Brier de 1958 est de 31 ans. « Youth Replaces Venerable Curlers of Past at Brier », *Quebec Chronicle-Telegraph*, 3 mars 1958, p. 9.

voir à partir d'un fait plutôt anecdotique comment on en vient à cette situation.

En 1954, Matt Baldwin, le champion canadien, crée tout un émoi lorsqu'en une occasion il relâche sa pierre bien au-delà de la ligne de jeu et continue à glisser sur près de la moitié de la glace[69]. L'année suivante, à Montréal dans un match amical, un jeune *skip* de Saskatoon qualifié pour le championnat scolaire canadien glisse sur toute la surface de jeu et dépose la pierre au centre de la maison. Il provoque une onde de choc dans le milieu du curling et immédiatement l'affaire trouve son écho auprès des décideurs de la Dominion Curling Association (DCA) qui ne peuvent plus rester indifférents à une telle situation. En 1956, un nouveau règlement stipule qu'au moment du lancer, le joueur ne peut glisser au-delà de la ligne de jeu. Même si le règlement restreignait en partie la longueur de la glissade, il ne l'empêchait pas.

Pour en arriver là, il a fallu que la technique de lancer évolue énormément. Au début des années 1920, le lancer d'une pierre comme celui d'un fer se décompose en deux phases principales avec un élan arrière suivi d'un balancement avant complété par une très courte glissade. La première phase est critique afin de conférer à l'objet la puissance voulue puisque la glissade est presque inexistante. La pierre est soulevée considérablement par un mouvement de balancier de l'épaule vers l'arrière avant d'être ramenée en avant. Cependant, au cours des années 1940, l'élément de la continuité du mouvement commence à prendre de l'importance et l'on voit de plus en plus de curleurs qui glissent jusqu'à la ligne du T[70], soit une distance d'environ 12 pieds (4 m). L'autre bras tient un balai dans les airs de façon spectaculaire lors de l'élan arrière (figure 46, page suivante). Il ne s'estompe sur la glace qu'à la toute fin du mouvement. Bien que de qualité très moyenne, l'illustration #4 de Watson nous permet d'apprécier la phase finale de son lancer. Il y a là une configuration des segments qui se rapproche du portrait définitif d'un lanceur : la pierre est tenue en avant et tout le reste

---

[69] « Something Has To Be Done About Slide », *The Gazette*, 8 janvier 1955, p. 10.
[70] Rappelons que la ligne du T traverse la piste sur le sens de la largeur. Elle passe par le centre de la maison.

du corps est bien aligné, accroupi avec le pied glisseur légèrement entrouvert et le genou basculé sur le côté. Cependant, afin de conférer un certain équilibre, le balai pourrait reposer sur la glace.

Figure 46
La technique de lancer (1949)

1. Préparation au lancer   2. Élan arrière

3. Début de la propulsion   4. Abandon de la pierre

Source : *Ken Watson on Curling*[71]

---

[71] Ken Watson, *op. cit.*, p. 40.

Watson produira encore quelques livres de poche au cours des années 1950 qui ne feront que confirmer cette technique la faisant évoluer toujours un peu en raison de la glissade qui prend de plus en plus d'importance. Dans l'édition de 1962, il s'attarde davantage sur la glissade avant et fait alors de la direction du lancer un élément fondamental de la réussite. Il insiste sur la synchronisation, c'est-à-dire la pierre ouvrant la glissade avec le pied glisseur situé directement derrière et le reste du corps qui vient se fondre dans une ligne unique. D'une technique qui était davantage celle d'un bras lanceur au début de la période, on en arrive maintenant à celle d'un corps lanceur.

Conclusion

À l'orée de la décennie de 1960, le curling touche le stade de la maturité de son processus compétitif. Il a acquis cet élément de sélection progressive où toutes les parties constituées (régions) ont une égale chance de se qualifier dans un championnat national. De plus, une épreuve de niveau mondial est maintenant envisageable. Répondant à un principe d'équité, le curling a su modeler les catégories de la participation : jeunesse scolaire, adultes masculins/féminins et curleurs âgés. La venue des championnats provinciaux et nationaux de diverses catégories est propice à l'émergence d'une mentalité nouvelle qui affirme que l'attention sera portée principalement sur l'équipe et son *skip*. Les reportages sportifs vont aussi refléter cet état de fait. Les noms de joueurs apparaissent et les premières vraies vedettes de ce panthéon comme Willie Brown peuvent désormais entrer dans la légende. Les succès sportifs appartiennent d'abord à Montréal et à sa périphérie, mais dans l'Après-guerre, les régions commencent à se distinguer et quelques francophones sont de la liste. D'ailleurs, mérite sportif se compose dorénavant avec jeunesse. Les équipes de l'Ouest canadien vont donner le ton et imposer un développement majeur sur le plan des techniques de jeu : un nouveau style de lancer, une véritable glissade qui oblige maintenant les autorités du curling à réglementer la technique.

Derniers éléments de ce tableau sportif, on assiste à trois transformations majeures de la culture matérielle du curling. L'abandon des fers uniformise une fois pour toutes le curling québécois avec le reste du monde. C'est véritablement une page tournée sur près de 150 ans d'histoire. L'implantation graduelle mais irréversible d'un procédé de glace artificielle congédie pour de bon une dépendance au climat et stabilise un peu plus le programme temporel des compétitions. La saison débute plus tôt et se prolonge ainsi au-delà du mois de mars. Enfin, le balai domestique qui a accompagné le sport jusqu'au milieu des années 1950, trouve sa place définitive au musée du curling. Un outil de jeu mieux adapté le remplace.

CHAPITRE VI

LE CLUB ET LE BONHEUR D'EN FAIRE PARTIE !

Entre 1920 et 1960, le curling québécois repère de nouveaux lieux pour sa pratique. Toutefois, la logique de développement des clubs obéit à des impératifs différents selon que l'on se situe à Montréal, Québec ou en région. Créés pour le bénéfice des personnels cadres, les établissements de l'arrière-pays appartiennent généralement à des entreprises privées anglophones. L'enclave de Châteauguay semble être la seule à se démarquer de ce modèle ; on y retrouve des clubs de petite taille implantés en milieu agricole, l'affaire de quelques familles. Dans les villes de Montréal et Québec, le jeu de l'offre et de la demande a fait en sorte que des clubs se sont constitués à partir de corporations entièrement supportées par les membres.

Habitués jusqu'à présent à regarder une activité sociale plutôt hermétique réservée à une élite anglophone surtout masculine, peut-on penser que d'autres groupes maintenant s'approprient le sport ? Premièrement, les Canadiens français qui ont touché au curling l'ont fait jusqu'à présent à travers le réseau établi des clubs anglophones. À quel moment vont-ils se donner un premier lieu identitaire bien à eux ? Pourrait-on enfin parler d'une divulgation du curling à l'égard des francophones ? Deuxièmement, concentré surtout dans son bastion montréalais, le curling d'avant 1920 a laissé bien peu de place aux strates sociales inférieures et à la classe ouvrière. Avec l'implantation en région, est-il possible d'entrevoir un sport qui se disputerait sans distinction de classe ? Enfin, les femmes ont bien fait sentir leur présence dans les premières décennies du XXe siècle. Comment vont-elles concilier leurs rôles de sportive et de citoyenne au moment où la Seconde Guerre mondiale les appelle à s'engager davantage dans la vie civile ? Quel impact sur la suite des événements en curling féminin ?

Continuité sans faille d'une sociabilité qui s'exprimait déjà de belle façon à la période précédente, les années 1920-1960 abondent d'événements de curling qui se déroulent un peu partout sur le territoire et même dans les coins les plus reculés. Les journaux en particulier décrivent de façon bien franche l'atmosphère de convivialité qui prévaut alors. Tout en restant attentif à cette importante dimension, nous tâcherons de reconnaître les autres sensibilités qui animent le milieu du curling à ce moment-là.

Un déploiement exemplaire à l'échelle du territoire

On ne peut vraisemblablement engager ce chapitre sans examiner d'abord la répartition des clubs sur l'ensemble du territoire telle qu'elle se présente au début des années 1920 (tableau 13) et voir ensuite comment elle évoluera pendant une quarantaine d'années. Sur l'Île de Montréal, les clubs Montreal, Thistle et Heather (Westmount) comptent respectivement 255, 237 et 207 membres. Seul le club de Sherbrooke avec 123 membres s'approche de ce niveau de participation. Si on ajoute à ce total, les clubs de l'Ouest de l'Île et de la Couronne Sud, l'effectif montréalais du curling représente 70 % de tous les curleurs québécois. Le curling constitue donc un phénomène urbain[1] où Montréal demeure le centre d'intérêt, le leader incontesté.

Une quarantaine d'années plus tard, en 1960, l'ensemble des clubs du Montréal métropolitain ainsi que les Couronnes Nord et Sud de l'Île ne représentent plus que le tiers de tous les clubs de la province avec 38 établissements. De plus, dans l'après-guerre, la migration vers la banlieue commence à se faire sentir et les clubs du centre-ville voient leurs effectifs plafonner graduellement. Tout en demeurant le réseau compétitif le plus imposant pour ce qui est du nombre de clubs et de joueurs, la vaste région de Montréal a perdu de son rayonnement.

---

[1] Les établissements de la Rive-Sud de Montréal doivent toutefois être considérés comme des clubs en milieu rural avec la caractéristique de ne jamais compter plus de 35 membres.

Tableau 13
Répartition des clubs et des membres selon les régions (1922)[2]

Région	Nombre de clubs	Nombre de membres
Montréal	8	1282
Ouest de l'Île de Montréal	2	172
Couronne Sud de Montréal	7	279
Québec	2	221
Mauricie	3	218
Estrie	2	168
Outaouais	2	151

Si on se réfère à la liste des clubs présentée au tableau 14, la région de Québec voit doubler le nombre de ses établissements entre 1940 et 1960. De plus, elle a pour locomotive un événement annuel rassembleur qui mobilise les énergies d'un certain nombre des personnalités bien en vue de la ville, le bonspiel international de Québec[3]. Cette manifestation devient le catalyseur de toute la vie associative du curling à l'Est de Trois-Rivières. Comme les premiers championnats provinciaux de curling s'inscrivaient dans le programme de ce bonspiel, Québec hérite par la suite de l'organisation de cette rencontre et se forge ainsi une solide réputation d'organisateur.

La naissance des clubs de Shawinigan en 1906, de la Wayagamack (Trois-Rivières) en 1914 et de Kénogami en 1920, a donné un avant-goût de la logique de développement qui dictera dorénavant l'implantation des clubs. À l'exception des villes de Montréal et de Québec qui verront

---

[2] *Annual of the Royal Caledonian Curling Club*, Édimbourg, T. & A. Constable, 1922-1923, p. 270-309. (344 p.)
[3] Il y a 120 équipes qui participent au bonspiel. Les réservations sont prises une année à l'avance. « Curlers from Across Canada Will Play on 120 Rinks », *Quebec Chronicle-Telegraph*, 29 janvier 1951, p. 1.

naître encore quelques clubs selon une dynamique de marché, la plupart des clubs qui s'enracinent en région répondent aux valeurs des entreprises industrielles qui s'y installent, en particulier celles qui œuvrent dans l'exploitation des ressources naturelles. Ce modèle spatial persistera jusqu'aux années 1960.

De 1940 à 1960, le curling connaît donc une croissance ininterrompue et presque fulgurante du nombre de clubs en région. Le tableau 14 dresse la liste des régions les plus performantes selon l'accroissement du nombre d'établissements.

Tableau 14
Accroissement du nombre de clubs selon les régions

Région	*Nombre de clubs*		*Différentiel*
	1940	*1960*	
Côte-Nord	0	11	+11
Nord-Ouest	6	15	+9
Mauricie	8	16	+8
Estrie	5	12	+7
Outaouais	5	12	+7
Saguenay-Lac Saint-Jean	3	10	+7
Rive-Sud de Montréal	6	12	+6
Est du Québec	1	6	+5
Montréal Métropolitain	8	13	+5
Québec	4	9	+5
Couronne Sud de Montréal	0	4	+4
Couronne Nord de Montréal	0	3	+3
West Island	3	6	+3
Total	49	129	+80

Il a fallu puiser à l'ensemble des sources, journaux, *Minute Books*, *Annuals*, brochures des clubs afin de bâtir un tel portrait. La majorité des clubs de la Côte-Nord et du Nord-Ouest sont associés au développement minier. Leur nombre explose singulièrement après 1940. Quant à elle, l'industrie des pâtes et papiers disperse ses établissements sur presque l'ensemble du territoire : les clubs de Grand-Mère, Clermont, Dolbeau, Thurso, Windsor Mills et Rimouski nous en font la démonstration. Le secteur du textile permet de retracer encore quelques clubs avec la Textile à Louiseville, la Celanese à Drummondville ou la Wabasso à Trois-Rivières. L'exploitation hydroélectrique amène le curling dans des contrées encore plus reculées, tels les barrages de la Chute des Passes au Saguenay-Lac Saint-Jean ou Rapide-Blanc en Haute-Mauricie. Enfin, les Forces armées font sentir leur présence en installant un certain nombre de clubs : Bagotville, Saint-Jean, Saint-Hubert, Parent, Mont-Laurier, Mont Apica.

La formule est simple : l'entreprise érige le club en défrayant la plus vaste part des coûts initiaux d'infrastructure. Par la suite, elle se départit de l'ensemble en le cédant à un prix symbolique à une organisation dûment constituée. Sans toutefois se désengager entièrement, elle assume alors une partie des coûts de fonctionnement. Cette association du sport et de l'industrie donne naissance à un nouveau type de rencontre : le bonspiel d'entreprise comme celui de la Price Brothers amorcé en 1945[4] ou celui de la Consolidated Paper qui débute en 1948[5]. Toutefois, la croissance du nombre d'établissements ne peut être le seul indicateur du dynamisme d'une région. Le nombre total d'adeptes, les événements spéciaux et la couverture médiatique sont encore des indices valables de la vitalité du curling en cet endroit.

Phénomène remarquable sur la scène sportive québécoise, entre 1920 et 1960, le sport méconnu du curling se déploie sur l'ensemble du territoire. Il trouvera asile en des lieux insoupçonnés, parfois même très

---

[4] « Price Bros Bonspiel at Kenogami Finished in Three Cornered Tie », *Quebec Chronicle-Telegraph*, 21 février 1945, p. 7.
[5] Il se nomme bonspiel Belnap en l'honneur de Lamonte J. Belnap. Fonds privé d'archives Belnap.

humbles. Peu de sports nécessitant une infrastructure auront connu un pareil développement au Québec dans la première partie du XXe siècle. S'il suit de près la fondation d'une ville ou l'implantation d'une usine, il faut reconnaître au curling d'être plus qu'un simple moyen de divertissement. Pour une élite sociale, bourgeoise et anglophone engagée dans l'aventure pionnière de l'exploitation des ressources à la frontière géographique du développement, la mise sur pied rapide d'un club prend une dimension culturelle particulière. Elle représente à ses yeux un accès au progrès, un mode de vie de la modernité, bref, la vie organisée du Sud telle qu'il est possible de la vivre dans un coin isolé à des centaines de kilomètres des grandes cités de Montréal et de Québec.

Enfin, les francophones prennent pied !

À partir des *Annuals* du Royal Caledonian Curling Club (RCCC), il a été possible de constituer les statistiques de la participation des francophones entre 1919 et 1938[6]. La figure 47 fait état du nombre de membres réguliers à des intervalles approximatifs de cinq ans. Incontestable, le décollage véritable se produit au cours de la décennie 1920. Entre 1919 et 1928, la proportion des francophones passe de 6 à 16 % de l'ensemble des curleurs québécois. Cette tranche chronologique constitue donc un passage, le moment où le sport a été divulgué aux francophones. Cette divulgation s'opère de façon irrégulière : l'envol est bien réel à Québec et aussi en région comme à Matane, Trois-Rivières, Kénogami, Granby et même une présence remarquée dans l'Île de Montréal avec le club de Pointe-Claire.

---

[6] Au-delà de cette date, il nous a été impossible d'établir la proportion des francophones au sein des clubs puisque le RCCC cesse de publier les listes des membres de tous les clubs.

Figure 47
Participation au curling selon le groupe ethnique
(1919-1938)

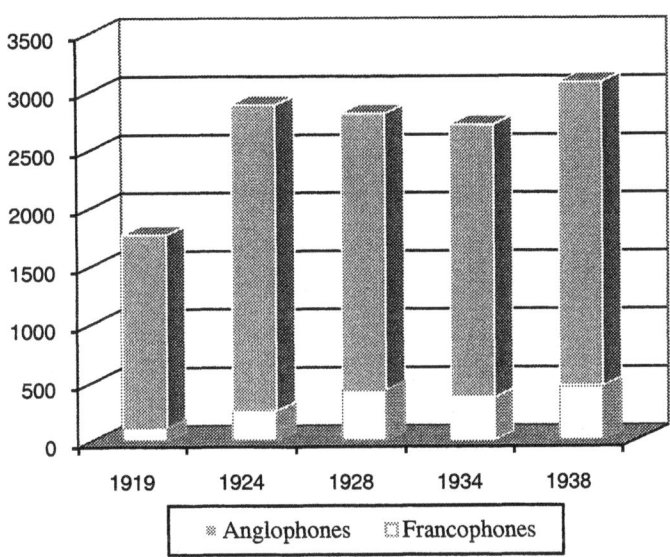

Le tableau 15 indique toutefois qu'à l'intérieur des clubs les plus fréquentés de Montréal, les francophones ne dépassent jamais le seuil de 5 % de participation. Seuls les clubs moins populeux de St. Lawrence, St. Andrews et Outremont franchissent ce cap. Incidemment, les deux premiers auront mis fin à leurs opérations avant 1950.

Tableau 15
Proportion des francophones au sein des clubs (1929)[7]

Nom du club	% des francophones	En nombre
Jacques-Cartier (Québec)	94 %	125
Matane	65 %	17
Thetford-Mines	53 %	39
Wayagamack (Trois-Rivières)	38 %	24
Laurentide (Grand-Mère)	36 %	21
Granby	31 %	27
Pointe-Claire	28 %	18
Shawinigan	26 %	25
Kénogami	24 %	13
Québec	23 %	23
Buckingham	21 %	12
St. Lawrence (Montréal)	16 %	15
Victoria (Québec)	13 %	15
St. Andrews (Montréal)	11 %	10
Lachute	11 %	6
Outremont	9 %	14
Ormstown	8 %	4
Sainte-Anne-de-Bellevue	7 %	3
Sherbrooke	5 %	6
Lachine	5 %	3
Wabasso (Trois-Rivières)	4 %	2
Huntingdon	4 %	1
Thistle (Montréal)	3 %	8
Montreal West	3 %	3
Royal Montreal	2 %	4

[7] *Annual of the Royal Caledonian Curling Club*, Édimbourg, T. & A. Constable, 1929-1930, p. 301-348. (447 p.)

Heather (Westmount)	2 %	4
Caledonia (Montréal)	1 %	3
Lennoxville	1 %	1
St. George (Montréal)	0 %	0
Aubrey (Rive-Sud de Montréal)	0 %	0
English River (Rive-Sud de Montréal)	0 %	0
Howick (Rive-Sud de Montréal)	0 %	0

Y a-t-il un facteur particulier qui place la région de Québec à l'avant-scène du développement de ce sport ? Sans contredit, c'est la création du Jacques-Cartier, premier club à majorité francophone. Les Canadiens français se donnent une présence véritable dans ce sport et les membres du club Jacques-Cartier prennent conscience que leur club est le premier club francophone au pays[8]. Le curling devient une activité à succès pour ces derniers à Québec ; ils l'organisent, y participent et s'y reconnaissent comme groupe. En bref, ils répondent à cette nécessité fondamentale d'exister en tant que forme sociale. Mais attardons-nous encore un moment au cas de ce club de Québec. Quelle a bien pu être l'étincelle qui a engendré le regroupement ? Cette question est plus complexe que la précédente. S'il était possible d'interroger A. C. Picard[9], le premier président du club, la réponse serait simplifiée. En substance, disons d'abord qu'il faut atteindre une taille critique, un nombre raisonnable d'adeptes afin de rendre viables les installations. D'autre part, l'utilité du lieu passe par le fait de sa proximité. Coexistence fortuite de l'espace et du temps, le moment était probablement bien choisi à Québec afin de lancer un nouveau club. En effet, le club Jacques-Cartier semblait répondre à une forte demande puisque l'examen des listes de membres des autres clubs de Québec révèle une très faible migration des joueurs francophones des autres clubs vers le Jacques-Cartier après la fondation

---

[8] « Le club Jacques-Cartier de la vieille capitale est le seul club de curling français au Canada; il a un brillant avenir dans ce beau sport d'hiver. », *Le Soleil*, 10 février 1932, p. 16.
[9] *Quebec Chronicle-Telegraph*, 9 janvier 1960, p. 10.

de ce dernier. Ainsi, on peut conclure qu'un nombre important de curleurs attendaient patiemment l'ouverture d'un nouveau club. Que le leadership ait été assumé par des Canadiens français, c'est sans doute que la bourgeoisie francophone de Québec attachait une valeur particulière à cette activité. En l'exprimant selon les mots de Pierre Bourdieu, il y avait là un « capital culturel » à s'approprier.

La région de la Mauricie arrive au second rang pour le nombre d'adeptes francophones du curling à la fin des années 1920. Il faut ajouter qu'à ce moment-là, la Mauricie vit un véritable boom économique amorcé plusieurs années auparavant grâce au secteur des pâtes et papiers et de l'hydroélectricité. En 1931, Trois-Rivières est la troisième ville d'importance au Québec. La croissance démographique y a été remarquable entre 1921 et 1931, près de 60 %[10]. Le curling de la Mauricie est associé à des noms industriels tels que Laurentide, Wayagamack, Wabasso et Textile et la proportion de francophones de ces clubs oscille autour de 64 % en 1938[11]. Le club de curling Wayagamack devient alors leur refuge principal puisqu'une forte majorité de francophones, 86 % y pratique le curling[12].

Par ailleurs, à Montréal, les francophones qui s'adonnent au curling ne font que s'intégrer au réseau établi de clubs. Ils ne se trouveront pas un lieu identitaire avant la fin des années 1950. Le club de curling de la Palestre nationale, « À la pierre polie », devient en 1958 un premier club de Montréal véritablement identifié aux Canadiens français. Toutefois, ces derniers avaient formé plus du quart des membres au club de Pointe-Claire pendant les années 1930. La présence dynamique du maire Mallette y était pour quelque chose. À cette époque, la Canadian Branch encourage la présence francophone au sein des clubs montréalais et elle souligne avec fierté les progrès en ce sens du club de Pointe-Claire.

---

[10] Paul-André Linteau, René Durocher, Jean-Claude Robert, *Histoire du Québec contemporain, tome I : de la Confédération à la Crise (1867-1929)*, Montréal, Boréal, 1989, p. 474. (758 p.)

[11] Cette statistique concorde avec les niveaux de popularité que nous venons d'établir à la section précédente.

[12] *Annual of the Royal Caledonian Curling Club*, Édimbourg, T. & A. Constable, 1938-1939, p. 341. (410 p.)

De 1929 à 1938, leur proportion ne variera pas beaucoup en valeur relative. Elle se maintiendra autour de 15 %, mais estimé en nombre absolu, le total de joueurs francophones se redresse après 1934 et rejoint presque en 1938 le sommet atteint en 1928. Indéniable, la Crise de 1929 a fait sentir ses effets autant chez un groupe linguistique que chez l'autre comme l'illustre la figure 47 (page 185). Entre 1940 et 1960, si on admet que la présence francophone dans les clubs est nécessairement plus forte en région, la croissance spectaculaire du nombre d'établissements sur l'ensemble du territoire accentue la tendance et permet de conclure à une augmentation de la proportion des francophones engagés dans ce sport. À titre d'exemple, en Mauricie, la naissance des clubs Laviolette de Trois-Rivières (figure 48) et Cap Curling Club de Cap-de-la-Madeleine au milieu des années 1950 est fortement identifiée à leur dynamisme.

Figure 48
Le club Laviolette lors de sa fondation (1957)

Source : archives personnelles de Réal Goyette, Trois-Rivières.

Divulgation du curling aux Canadiens français certes, mais il est encore trop tôt pour parler d'appropriation ; à l'orée des années 1960, l'organisation du curling québécois est toujours entre les mains de la minorité anglophone. Toutefois, on a vu surgir ici et là quelques leaders francophones (tableau 16) qui laissent entrevoir des changements encore plus considérables au cours des années 1960.

Tableau 16
**Personnalités francophones marquantes
(1920-1960)**

Nom	Titre	Année
Picard, A.C.	Premier président du club Jacques-Cartier	1925-1926
Mallette, J.L.V.	Premier président francophone de la Canadian Branch	1934-1935
Fortier, H.C. «René»	Premier président francophone club Thistle	1940-1941
St-Hilaire, L.P.	Président du bonspiel de Québec	1951
Auger, Henri	2e président francophone de la Canadian Branch	1950-1951
Samson, Olivier	Président, PQCA	1955-1956
Fortin, Jean-Paul[13]	Président du Brier	1959

---

[13] Jean-Paul Fortin de Québec demeure un bénévole exemplaire du curling au cours du XXe siècle puisque son dévouement chevauche les tranches chronologiques de 1940-1960 et 1960-1980.

En guise de conclusion à cette question, si le curling entre timidement dans la culture sportive des francophones au Québec, s'il reste méconnu et fait même l'objet d'un regard amusé de la part d'un large public, il faut en attribuer une certaine responsabilité à la région de Montréal. En raison de son poids démographique et de l'importance stratégique de ses médias, Montréal aurait dû être le leader et le diffuseur de cette culture sportive auprès des francophones. La métropole n'aura jamais assumé ce rôle. De plus, au moment où la jeunesse devient un facteur prépondérant de développement, aucune relève francophone ne se forme au cours des années 1950 exception faite des succès éphémères de l'Académie commerciale de Québec.

Lieu de rassemblement d'une belle société

L'observation au quotidien des clubs nous permet de reconnaître encore les manières d'être des curleurs, un certain style de vie reflet d'une appartenance de classe. Si ces usages régressent ou deviennent moins recherchés, moins guindés, il est alors possible d'établir le moment d'une divulgation envers la masse des citoyens. Examinons la question à travers différentes coutumes en vigueur à cette époque.

Des fréquentations révélatrices d'une position sociale
Éclairons d'abord l'état des relations avec le monde des affaires. La Canadian Branch n'est pas le Montreal Board of Trade, mais l'étude biographique de citoyens éminents de Montréal a démontré que plusieurs de ces individus participent à la vie associative de l'un et de l'autre. Par conséquent, il se maintient autour du curling un réseau qui facilite les rapports informels entre commerçants et industriels et confère au regroupement une certaine homogénéité de classe. Il faut rappeler ici la contribution exemplaire du très fortuné Howard T. Stewart à la cause de ce sport.

À Québec, le rapport entre le curling et le milieu des affaires se remarque principalement par l'obtention de commandites nécessaires à l'organisation du bonspiel de Québec. Nous avons vu que le premier trophée à l'enjeu en 1915 porte le nom de Château Cup et il est associé à l'établissement du Château Frontenac. Le trophée Senator Tobacco Cup présenté par la compagnie B. Houde en décembre 1914 et celui de Holt Renfrew offert par l'entreprise du même nom en 1921 démontrent encore cette complicité avec le monde des affaires, accointances qui ne se démentiront jamais par la suite. En 1960, sur 18 trophées à l'enjeu, 11 sont identifiés à des firmes du secteur privé : Birks, Omega, Carling, Ronson, Ciment Saint-Laurent, Seagram, etc. Lors du premier carnaval d'hiver de l'aire récente tenu en 1955, le bonspiel de Québec fait partie du programme des activités et Estelle Côté, la reine des curleurs (figure 49), est couronnée grande reine du carnaval[14]. Quel lien avec le monde des affaires ? Son père, Charles-Eugène Côté est vice-président du magasin Syndicat, une entreprise de commerce de détail.

Ailleurs en province, cet accompagnement du curling et des affaires engendre aussi des retombées. Par exemple, en 1940, Trois-Rivières met de l'avant le bonspiel de la Chambre de commerce, une activité qui attire les curleurs de l'étranger et qui sera, au tournant des années 1960, un incontournable dans la programmation de la Mauricie[15]. Les bonspiels d'entreprise sont florissants dans l'après-guerre, bien financés par les sociétés, reflétant les excellents rapports entre les directions d'entreprise et les corporations qui gèrent les clubs. Déjà fortement favorisé par un enracinement qui remonte à ses débuts au XIXe siècle, le curling conserve donc des liens intimes avec le milieu des affaires entre 1920 et 1960 et son tissu social reflète cet état de fait.

---

[14] *Le Soleil*, 2 février 1955, p. 1.
[15] « City Bonspiel on Feb. 17-19 », *St. Maurice Valley Chronicle*, 3 février 1949, p. 1.

Figure 49
Estelle Côté, première reine du carnaval de Québec (1955)

Source : club de curling Jacques-Cartier, Québec.

Il nous faut aborder aussi les relations avec la classe politique. Rappelons-le, la collaboration soutenue des gouverneurs généraux ne date tout de même pas d'hier. Nous connaissons les origines de la compétition Governor General intimement liée à la sollicitude et à la commandite de ces derniers. Tout au long de la période, ce patronage fructueux se renforce. En 1923, lors de son passage au Montreal Curling Club, Lord Byng de Vimy est sensibilisé à la grande tradition du club et on lui fait alors autographier le premier *Minute Book*[16]. L'accueil chaleureux réservé cette année-là n'est peut-être pas étranger à l'obtention de la mention de « royal » que le club se voit décerner dès l'année suivante. D'autre part, à la fin des années 1920, le bureau des directeurs de la Canadian Branch

---

[16] « Lord Byng Visited Two Curling Clubs », *The Gazette*, 12 janvier 1923, p. 17.

crée un titre honorifique réservé au personnage du gouverneur général. Le patronage est officiellement établi et le décès ou le remplacement de ce dernier signifie, selon le protocole, que la Canadian Branch soumette une nouvelle demande auprès du successeur. Ainsi, lorsque la décision d'abandonner les fers sera prise, on demandera l'approbation du représentant de la reine. Jusqu'en 1939, la finale de la compétition Governor General va se dérouler à Rideau Hall. Très souvent, un repas léger accompagnait l'activité sportive et le gouverneur général et son épouse assistaient à la finale et participaient ensuite à la remise des récompenses. Après 1939, la compétition perd un peu de ce prestige puisqu'elle se déroule dans un club de la Capitale mais le patronage de l'illustre personnage y reste associé[17]. Peu de sports n'ont eu accès à de tels privilèges au cours d'une aussi longue période.

Le curling de la région de Québec s'accommode davantage de sa proximité avec les politiciens provinciaux particulièrement lors de la tenue de son bonspiel annuel. En 1932, l'événement se déroule sous le patronage du lieutenant-gouverneur et le premier ministre Taschereau est le vice-patron. Au cours des années 1940, John Bracken, chef du parti Progressiste-Conservateur du Canada, participe régulièrement au Bonspiel de Québec[18]. Après la tenue du championnat canadien à Québec en 1942, Jim Weyman reçoit une lettre de félicitations de la main du premier ministre Godbout (figure 50). Adjutor Dussault, ministre des Ressources hydrauliques dans le cabinet Duplessis, forme une équipe lors de l'événement de 1954[19]. Le ministre Jacques Miquelon joue pour East Malartic en 1957[20]. D'ailleurs, dès son retour au pouvoir en 1944, l'Union Nationale va se faire un devoir d'être bien représentée durant le banquet des curleurs au Château Frontenac. En 1945, Johnny Bourque, organisateur d'élections devenu ministre des Terres et Forêts, remplace

---

[17] *Minute Book* de la Canadian Branch, période 1930-1950.
[18] « Les curlers de l'extérieur décrochent la plupart des trophées », *Le Soleil*, 31 janvier 1944, p. 6.
[19] « Muth Pulls Upset as Quebec Bonspiel Starts », *The Gazette*, 26 janvier 1954, p. 16.
[20] *Le Soleil*, 7 février 1957, p. 27.

Maurice Duplessis pressenti comme conférencier ce soir-là[21]. Il faudra tout de même patienter jusqu'en 1950 avant que le premier ministre ne s'y présente.

Figure 50
Félicitations du premier ministre Godbout (1942)

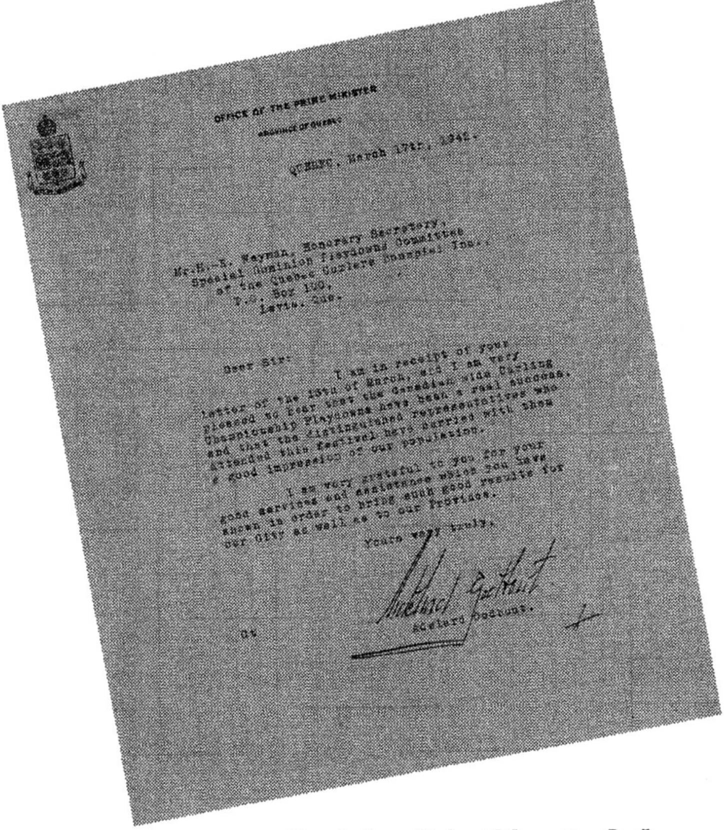

Source : archives personnelles de Jean-Robert Marcotte, Québec.

Dans une envolée oratoire digne de ses meilleurs jours politiques, Duplessis profite de la tribune offerte par les curleurs pour leur rappeler

---

[21] « Bourque, Gagnon Welcome Curlers See Unity Bred by Bonspiel », *Quebec Chronicle-Telegraph*, 25 janvier 1945, p. 3.

qu'il est membre du club de Trois-Rivières depuis 25 ans avant de se lancer dans une diatribe dénonçant les maux du socialisme[22]. Depuis les années 1930 et jusqu'à la fin des années 1950, le bonspiel de Québec va rester sous le patronage conjoint du lieutenant-gouverneur et du premier ministre. Ainsi, à la table d'honneur du banquet, on aura vu se succéder un nombre imposant de politiciens du monde municipal, provincial et même fédéral. Même si la raquette et les courses de chiens de traîneau profitent occasionnellement du concours des hommes publics, ils n'auront jamais eu droit à la même estime.

Une conscience de son rôle social
À cet examen des manières d'être typiques d'une élite, il y a plus encore que les fréquentations. Un deuxième élément a trait à la conscience d'un certain rôle social au sein du monde du curling, la capacité d'orienter, d'influencer la société à partir de la tribune que le sport lui offre, une évidence qui saute aux yeux et qui rejoint un commentaire de Fernand Dumont sur l'époque : « Les élites du temps pensent ou croient penser à partir des principes; cela, elles l'affirment constamment. Mais, nous l'avons noté déjà, elles formulent aussi des diagnostics, elles circonscrivent des problèmes, elles proposent des solutions circonstanciées[23]. »

Loin d'affirmer tout de même que le milieu du curling puisse s'ériger comme un groupe de pouvoir de la nature de la Chambre de commerce, le tissu social qui le compose manifeste à l'occasion sa vision de la société, ses valeurs qui vont au-delà de la simple morale sportive. Par exemple, on peut songer à la participation qu'il prend à des activités caritatives. On est pauvre lorsqu'on est secouru et ajoutera-t-on en inversant la formule, il faut une certaine richesse si l'on veut secourir. Au début du XXe siècle, la solidarité, le partage ne s'exerce pas à travers un filet de sécurité sociale étatique comme nous le connaissons aujourd'hui.

---

[22] « Duplessis met en garde contre le socialisme », *Le Soleil*, 26 janvier 1950, p. 3.
[23] Fernand Dumont, « Les années 30: la première Révolution tranquille », Fernand Dumont, Jean Hamelin, Jean-Paul Montminy, dir., *Idéologies au Canada français 1930-1939*, Québec, Presses de l'Université Laval, 1978, p. 5. (361 p.)

L'entraide s'assume par le mécanisme d'organisations privées de charité auxquelles l'individu mieux nanti peut contribuer. Paul-André Linteau souligne que c'est « une conscience écorchée à vif » combinée à « la crainte de désordres sociaux » qui poussent les classes favorisées à faire la charité[24]. Il est vrai qu'à Montréal les quartiers huppés côtoient à proximité une misère presque innommable. Les clubs de curling ne peuvent faire abstraction de cette réalité. Le bonspiel de la charité est une activité officielle dans le calendrier des tournois et c'est l'occasion de manifester de la solidarité.

Puisque la charité se vit à travers le groupe ethnique, certains organismes sont plus favorisés que d'autres : les anglophones font leurs dons à la Children's Memorial Hospital, la School for Crippled Children et la Blind School. La pratique veut qu'on amène ces enfants défavorisés au club en automobile et qu'on les retourne à la fin de la journée dans leur milieu, les *poor districts of Montreal*. Au cours de l'année 1923, ce bonspiel rapporte plus de 10 000 $ à ses organisateurs[25]. En 1930, le club Thistle fait plus que participer à la collecte des fonds, il adresse directement une lettre au premier ministre Mackenzie King lui demandant une législation afin qu'une pension soit versée aux personnes aveugles. À Québec, le bonspiel de la Croix-Rouge entre dans la tradition et se déroule sans interruption de 1920 à 1960. Même si l'État s'engage graduellement auprès des moins favorisés, le monde du curling continue de témoigner sa solidarité. À la fin des années 1930, le Charity Bonspiel ne fait plus partie des compétitions de la Canadian Branch. Cependant cette dernière démontre une générosité exemplaire en temps de guerre en mettant sur pied un fonds destiné à l'achat de couvertures de laine à la faveur du Royal Caledonian Curling Club (RCCC). À la fin du conflit, c'est plus de 27 000 $ qui ont été amassés par ce fonds et les expéditions de couvertures dépassent largement les 5 000 unités[26]. Ailleurs en province, des clubs locaux participent à des œuvres charitables. En

---

[24] Paul-André Linteau, *op. cit.*, p. 580.
[25] « Curlers Expect to Establish New Bonspiel Record », *The Gazette*, 23 janvier 1923, p. 18.
[26] *Annuals of the Royal Caledonian Curling Club*, période 1939-1945.

Mauricie, au milieu des années 1950, l'organisme Imperial Order Daughters of the Empire (IODE) organise un bonspiel féminin afin d'accumuler des fonds utilisés au bien-être et à l'éducation de la population[27]. En 1945, le bonspiel de la Price Brothers tenu à Kénogami verse ses profits à la Croix-Rouge[28]. Bien que l'entraide ne soit pas l'apanage exclusif de cette classe sociale, l'ouverture manifestée par les adeptes du curling à l'égard des laissés-pour-compte s'apparente à un habitus qui colle davantage aux classes supérieures.

Sous un angle plus sociopolitique, le groupe du curling ne manque pas l'occasion de s'affirmer en dépassant le cadre strictement sportif. En 1935, après les difficiles années de la Crise, l'organisation du bonspiel de Québec sent l'intérêt de nommer l'événement, bonspiel de prospérité. En 1942, il s'intitule bonspiel de la victoire, et en 1944, conférence de la victoire. Durant cette semaine d'activités, même la publicité de la British Consols dans le quotidien *Le Soleil* est orientée. On y voit la belle Écossaise qui fait le salut militaire, allégeance à la Couronne britannique qu'on ne peut certes détacher d'un contexte de conscription[29]. Cette même image est encore reproduite dans le programme du bonspiel de 1946 (figure 51). En apparence anodins, ces éléments de symbolique dénotent l'affirmation d'une classe dominante qui cherche, à chaque fois qu'une occasion lui est offerte, à influencer le cours des choses.

Une manière particulière de faire la fête

Le caractère festif est encore un élément permettant d'identifier le groupe social en présence. Les banquets, les repas hebdomadaires, les fêtes du Nouvel An et les ouvertures de saison dénotent des usages bien typiques. Ainsi, en 1923, le club Outremont ouvre sa saison avec un programme relevé : chants lyriques avec orchestre et violons[30]. Autre exemple, les repas de club sont obligatoirement planifiés et très organisés.

---

[27] « IODE Bonspiel for Lady Curlers at TRC Draws 22 Rinks from City Clubs », *St. Maurice Valley Chronicle*, 7 janvier 1954, p. 1.
[28] « Price Bros Bonspiel at Kenogami Finished in Three Cornered Tie », *Quebec Chronicle-Telegraph*, 21 février 1945, p. 7.
[29] *Le Soleil*, 26 janvier 1944, p.10.
[30] « Curlers entertained », *The Gazette*, 9 décembre 1922, p. 18.

Figure 51
Publicité du tabac nettement orientée (1946)

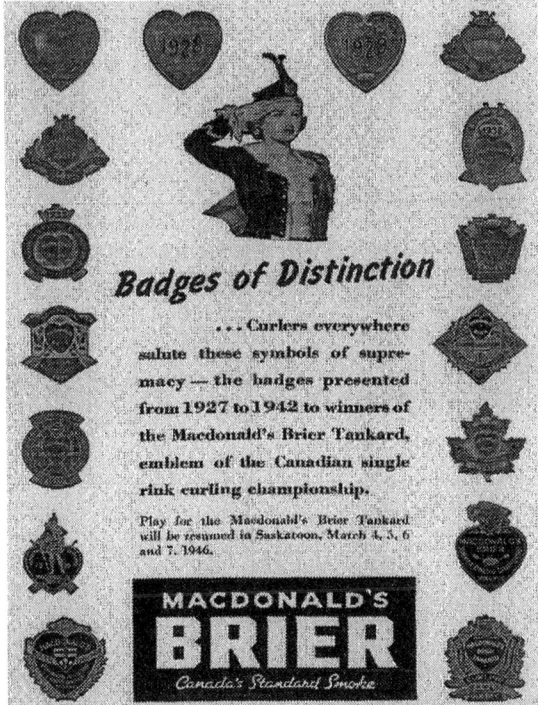

Source : programme du 33ᵉ bonspiel international de Québec.

Un membre influent du club préside le cérémonial et a la responsabilité de présenter le conférencier qui peut être à l'occasion un ministre politique ou un chancelier d'université[31]. Lors des banquets qui se déroulent dans des établissements prestigieux comme l'Hôtel Windsor ou le Château Frontenac, le protocole est imposant : table d'honneur, défilé au son de la cornemuse, adresses aux curleurs et nombreuses santés dont la principale est réservée au patronage d'ordre royal. L'envoi d'un carton d'invitation est non seulement de rigueur lors des banquets mais aussi lors

---

[31] Arthur Currie, ancien général, devenu chancelier de l'Université McGill, est l'invité d'honneur du Montreal Curling Club le 17 décembre 1921. « Sir Arthur Currie Will Try His Hand at the Roarins' Game », *The Gazette*, 19 décembre 1921, p. 18.

des réceptions du Nouvel An et des ouvertures de saison (figure 52). Toutes ces façons de faire font du curling un sport en marge de beaucoup d'autres sports d'hiver comme le hockey ou la raquette, plus près des masses populaires. Certes, il n'est pas le seul à porter ce caractère de distinction. Les activités estivales des courses de chevaux, du golf, du tennis et du yachting permettent aussi à leurs adeptes d'exhiber cette différence.

Figure 52
Carton d'invitation du Nouvel An (1924)

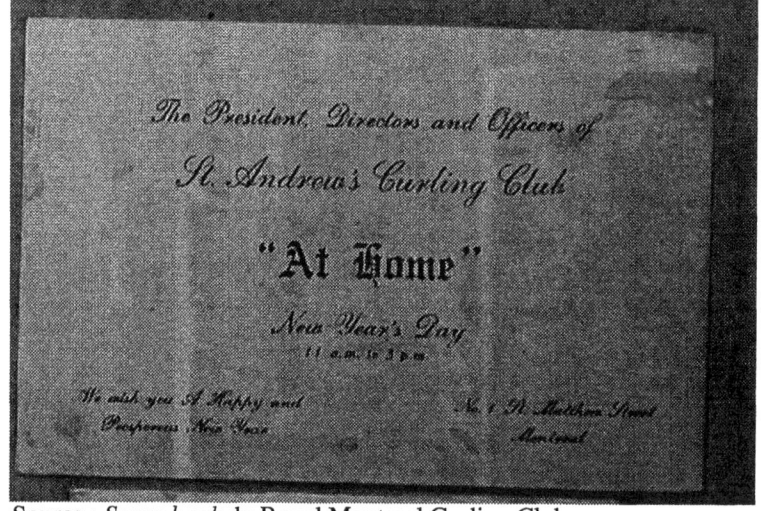

Source : *Scrap book* du Royal Montreal Curling Club.

Enfin, même s'ils disposent de toutes les installations nécessaires à la ville, les curleurs vont découvrir leur sport dans un cadre de villégiature au cours des années 1940 et 1950 avec des établissements élégants comme le club Seigniory de Montebello ou le Chantecler de Sainte-Adèle. Peu de sports sont en mesure de se doter d'installations comparables en dehors de leur cadre traditionnel. Le curling compte suffisamment d'adeptes bien nantis capables de défrayer les coûts de cette forme relativement nouvelle de tourisme[32].

Le devoir de mémoire

L'habitude de commémorer est aussi typique de cette catégorie sociale. En toile de fond, il y a l'idée d'une souvenance, un devoir de mémoire, la nécessité de conserver et de préserver pour la postérité des documents qui, en apparence, semblent dérisoires un jour mais seront précieux dans l'avenir. Au-delà d'un simple conservatisme, des personnes agissent ainsi avec une perception réellement positive de ce qu'elles sont et de ce qu'elles entendent laisser en héritage dans l'histoire. Très tôt, un club comme le Royal Montreal a un historien attitré, en quelque sorte un gardien des précieuses archives. En 1941, H. C. Fortier, alors président du club Thistle, soulève les questions relatives à la conservation des archives lors de la période d'été. Puisque le rangement du club n'est pas à l'abri du feu, il suggère alors que les documents soient déposés à son propre bureau. Des précautions de la sorte ont fait que les archives de cet établissement comme beaucoup d'autres ont été conservées intactes. L'effort de conservation facilite ainsi toute commémoration subséquente.

Un débat qui n'affecte pas le curling québécois !

Au moment où le sport est toujours en proie à des querelles entre amateurs et professionnels, le curling québécois semble à l'abri de luttes de cette nature. Pourtant, au cours des années 1920, les pratiques dans l'Ouest canadien sont déjà différenciées. En 1923, le bonspiel de Winnipeg offre des bourses pour une valeur de 8 000 $[33]. En 1936, la Canadian Branch sent le besoin de préciser sous le règlement 16 que les compétitions de sa juridiction ne s'adressent qu'aux amateurs. Dix ans plus tard, on simplifie cette règle en soulignant que le statut d'amateur n'a jamais causé de difficultés particulières, un signe évident que les curleurs

---

[32] Nous parlons d'une forme relativement nouvelle de tourisme. Dans les premières décennies du XXe siècle, Linteau souligne que la classe bourgeoise se dote de ses premiers lieux de villégiature. Paul-André Linteau, *op. cit.*, p. 578.
[33] « Curling at Winnipeg », *The Gazette*, 5 février 1923, p. 16.

québécois sont capables d'engager les sommes nécessaires à leur participation et qu'ils ne recherchent pas un gain pécuniaire. Sans subir une forme de contamination des sportifs professionnels, le curling est réservé à une classe de gens qui recherche la « pureté » du sport. De nombreux discours insistent sur cette dimension de l'activité : *a clean sport*. On retrouve là encore un indice de la composition sociale des clubs.

L'après-guerre donne naissance à de plus en plus de compétitions avec prix. En 1947, à Nipawin en Saskatchewan, un spectaculaire *autospiel* est mis de l'avant[34]. Ces pratiques sont maintenant connues dans l'Est du pays et à la fin des années 1950, on voit poindre ici et là des compétitions où des bourses sont offertes. La pratique est loin d'être généralisée ; elle est même critiquée assez sévèrement comme en témoigne une association régionale de curling : « The move to curl for cold cash instead of the usual valuable prizes, is a radical departure from the traditional practice prevailing in the district[35]. » Un solide parti pris à l'égard de l'amateurisme et le très faible taux de litige ou de contestation de cette idéologie reflètent donc une certaine homogénéité de classe en curling.

En quelques paragraphes, que conclure de la composition sociale des clubs ? D'un caractère particulièrement huppé au début des années 1920, le curling va demeurer tout au long de la période un sport de classe rassembleur d'une élite sociale et économique peu accessible dans ses lieux de pratique aux masses populaires (figure 53). Voyons encore la description de ce tissu social que livre un journaliste de *The Gazette* en 1957 :

> 100 rinks in invitation competition boast of personnal ranging from a titled Scotsman, doctors, lawyers, judges, dentists, car salesman, industrialists, cattle ranchers, wheat farmers, former olympics athletes, former professionnal hockey players, bankers, insurance salesmen and executives[36].

---

[34] « Fours Reached in Autospiel », *Quebec Chronicle-Telegraph*, 9 janvier 1951, p. 10.
[35] « Cap Club Schedule $1,000 Open Spiel Early in April », *St. Maurice Valley Chronicle*, 7 mars 1957, p. 6.
[36] « Good Morning Vern de Geer », *The Gazette*, 24 janvier 1957, p. 27.

Figure 53
Curling au Château Frontenac (première moitié du XXe siècle)

Source : Archives CFCP (images no. ns-24130, ho8-56, ho8-11)

À Montréal, un noyau de clubs anciens, prestigieux et fortement fréquentés explique en partie le maintien de cette situation. À Québec, une activité de nature élitiste comme le bonspiel de Québec agit de la même façon en retardant la divulgation du sport à la masse. Avec les cérémonies d'ouverture et de clôture, les banquets, les quartiers généraux établis au Château Frontenac, l'événement confirme une image de marque. Participer au bonspiel de Québec à la fin des années 1950, c'est faire plus que vivre la joute de curling pendant une semaine, c'est encore exercer un privilège tout en exhibant ses liens et sa distinction.

Toutefois, après 1940, l'expansion considérable du curling dans toutes les régions du Québec favorisera l'entrée graduelle de nouvelles catégories d'emploi. Si l'implantation en milieu industriel ne signifie pas la venue massive et immédiate des travailleurs au sein des clubs (figure 54), elle a tout de même un effet facilitant à l'égard d'une catégorie intermédiaire comme les contremaîtres. À partir de son étude sur Cantonville (Drummondville), et bien qu'il traite du golf[37], Everett Hugues émet un commentaire qui s'apparente relativement bien à la situation du curling : « Le résultat est un groupe mixte d'individus qui part des classes supérieures de la société locale et va graduellement s'estomper parmi les collets blancs subalternes. Le club de golf constitue un point de rencontre pour l'élite des deux groupes ethniques[38]. » Afin de maintenir une masse critique de participants, le curling en milieu industriel amorce progressivement un déplacement vers les strates inférieures.

---

[37] Golf et curling font à cette époque très bon ménage et recrutent sensiblement la même clientèle. Dès les années 1930 à Montréal, il est question d'un bonspiel des golfeurs à la fin du mois de mars. La naissance de clubs combinant golf et curling illustre encore cette proximité. Au milieu des années 1960, près d'une dizaine de clubs combinent dans leur appellation golf et curling.
[38] Everett C. Hughes, *Rencontre de deux mondes*, Montréal, Boréal Express, 1972, p. 234. (390 p.)

Figure 54
Une élite sociale en milieu industriel (1931)

Des curleurs de Grand-Mère posant avec la coupe Blinco en 1931.
Source : archives du club de Grand-Mère.

La croissance de l'effectif féminin en deux temps

En 1919, les neuf clubs féminins répertoriés sur le territoire québécois ne comptent que 342 membres. C'est six fois moins que le curling masculin, et si on retranche le Montreal Curling Club qui à lui seul va chercher plus de 100 personnes, l'effectif moyen d'un club féminin oscille autour de 30. Cependant de 1919 à 1929, le nombre de clubs fait un bond important et permet ainsi de répertorier 657 membres. Par la suite, les années de la Crise et l'entrée en guerre vont signifier une stagnation du nombre de clubs féminins et on ne verra apparaître un changement véritable qu'au début de la décennie cinquante. La figure 55 le démontre bien. De 1949 à 1959, c'est l'explosion du nombre d'établissements qui fait plus que doubler. À cette époque, la naissance d'un club masculin entraîne rapidement la mise sur pied de sa contrepartie féminine.

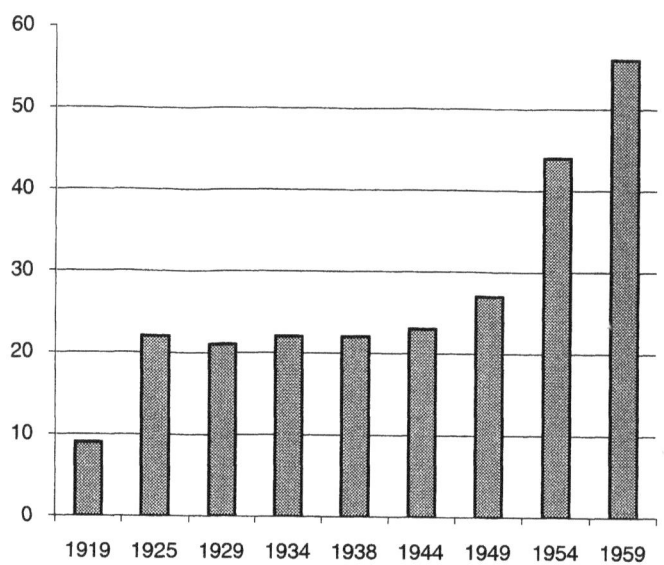

**Figure 55
Croissance du nombre de clubs féminins
(1919-1959)**

Cette croissance se remarque encore par le nombre d'individus membres. De 593 participantes en 1938, on se retrouve quelque vingt ans plus tard en 1959 avec un effectif impressionnant de 2 819 curleuses[39]. De 1919 à 1938, l'élément francophone féminin a été répertorié. Pratiquement nulle en 1919, il appert que cette présence augmente de quelques points de pourcentage et se situe autour de 6 % en 1938. Il y a donc des Canadiennes françaises qui touchent à l'activité, mais on peut tout juste parler d'un stade d'émergence.

Quelques observations seront pertinentes à partir de ces statistiques. La Première Guerre mondiale signifie chez la femme une prise de conscience de son rôle dans la société. Il ne saurait être question d'un retour en arrière et les années 1920 l'illustrent bien tant sur le plan politique que social où des luttes se poursuivent pour la reconnaissance de droits fondamentaux, comme le suffrage universel, l'égalité des

---

[39] *Annuals of the Royal Caledonian Curling Club*, période 1920-1960.

conditions de travail et l'accessibilité à l'éducation supérieure. En tant que réalité sociale, le sport n'échappe pas à ce mouvement. Certes, les femmes n'y livrent pas un combat, mais elles prennent leur place dans une sorte de « féminisme tranquille[40] », comme en témoigne l'augmentation du nombre de joueuses. Et cet engouement ne se limite pas au seul sport du curling. L'année 1926 est marquée d'ailleurs par la première réunion à Montréal d'un groupe pancanadien devant régir le sport féminin, la Women's Amateur Athletic Federation of Canada[41]. Bien que les hommes et les femmes continuent d'appartenir à des regroupements respectifs au sein de la Canadian Branch, la vie quotidienne des clubs révèle qu'il n'y a pas une séparation nette entre les deux groupes. La décennie vingt s'inscrit donc dans le prolongement des précédentes et le phénomène de la mixité continue de prendre de l'ampleur comme en témoigne le journal *The Gazette* : « Curling with mixed rinks is growing in popularity by leaps and bounds and is rapidly becoming a fixed feature at the various curling clubs[42]. » Autre exemple, au cours des années 1920, le bonspiel de la charité est un moment privilégié de solidarité unissant les deux sexes autour d'une noble cause[43]. De nombreux établissements profitent alors de l'occasion pour tenir une compétition mixte. Le phénomène s'étend de plus aux autres régions du Québec et même si ces manifestations de curling mixte ne sont pas encore très fréquentes au cours d'une saison, elles sont plus qu'un fait passager.

Par la suite entre 1929 et 1949, si le curling féminin marque une pause assez longue, le nombre de clubs demeure relativement stable. Toutefois, la statistique est quelque peu trompeuse puisque les clubs féminins suspendent alors leurs activités durant la guerre tout en restant

---

[40] Paul-André Linteau, *op. cit.*, p. 592.
[41] « Athletic Women Were Busy at Mt. Royal Hotel Today », *Montreal Daily Star*, 7 décembre 1926, p. 22.
[42] « Montreal Ladies in Mixed Curling », *The Gazette*, 8 mars 1923, p. 17.
[43] Dans le *Scrap Book* du Royal Montreal Curling Club de 1924, on relate dans une coupure de presse que le club Outremont a connu un succès de popularité durant le Charity Bonspiel en organisant des joutes mixtes suivies d'une soirée dansante.

affiliés à la Canadian Branch[44]. Sans que les motifs de ce désengagement soient explicités dans les comptes rendus, on peut soupçonner que les efforts exigés en cette période laissent maintenant moins de temps à la femme pour concilier les rôles traditionnels familiaux et les loisirs. Cependant, la période ne recèle pas que des côtés négatifs ; elle va agir encore comme le mécanisme d'un catalyseur et confirmer une présence accrue de la femme au sein de la société. Cette fois, les élites traditionnelles et le clergé ne pourront enrayer les mouvements d'émancipation. Désormais, que ce soit par l'obtention du droit de vote au Québec ou encore une accessibilité accrue à la scolarisation et au marché du travail, les femmes de l'après-guerre entendent prendre en main leur destinée. Les sportives du curling vont elles aussi s'émanciper, fonder rapidement les sections féminines des nouveaux clubs, participer à travers les activités mixtes et se doter à la toute fin de la période de structures bien sportives pouvant conduire aux championnats nationaux. Sur le plan organisationnel, toujours subordonnées au curling des hommes, elles auront encore à réaliser quelques progrès au cours des décennies suivantes. Toutefois, le fossé va en se rétrécissant et la première compétition officielle mixte de la Canadian Branch est un indice que les rapports hommes/femmes ont pris un tournant définitif.

Et dans tout cela, une problématique : comment expliquer la très faible participation des femmes canadiennes-françaises ? Il faut aborder la question en se remémorant les mandements sans équivoque de l'Église catholique qui, avec la complicité d'autres élites, a confiné la femme dans son rôle traditionnel de mère et d'épouse au tournant du XXe siècle. Sans affirmer que la hiérarchie catholique est la seule responsable du retard sportif des Canadiennes françaises, son influence demeure prépondérante au cours de la période 1920-1940. Si le taux de participation en curling est très faible, la situation ne semble guère meilleure dans d'autres sports. En effet, les pages sportives des quotidiens francophones révèlent un très faible niveau d'activités chez elles et la comparaison avec le journal anglophone impose un constat analogue. Le *Montreal Daily Star* rapporte

---

[44] *Annual of The Royal Caledonian Curling Club*, Édimbourg, T. & A. Constable, 1944-1945, p. lxix. (135 p.)

l'activité des sportives dans de nombreuses disciplines, et en 1929, Myrthe A. Cook, championne olympique, signe une chronique qui ne s'intéresse qu'au sport de la femme : The Women's Sport Light. Il ne sera jamais question d'un espace de même nature dans un journal francophone. Toutefois, un redressement de la participation s'amorce dans l'après-guerre et, en curling comme dans beaucoup d'autres sports, on commencera à en percevoir les effets au cours de la Révolution tranquille.

Un curling évocateur de significations

La sociabilité au titre de valeur exemplaire

Au cours de cette période, la valeur de la sociabilité est inégalable. Elle touche un sommet. D'une part, elle s'exprime avant tout par une vie associative vigoureuse, un réseau d'établissements en pleine croissance incluant les sections féminines, autant de lieux où une vie de relations peut éclore. De plus, on assiste à des regroupements de clubs selon des intérêts divers. Le tableau 17 de la page suivante présente ces nouvelles fédérations. D'autre part, elle est incomparable par la qualité des relations qui vont s'accomplir. Elle s'approche de la pure sociabilité et le curling devient le prétexte qui permet de vivre d'abord le bonheur de la rencontre, un moment où la relation qui se noue entre les personnes a autant sinon plus de valeur que le titre sportif disputé. C'est la raison pour laquelle nous ne pouvons passer outre à une description étendue des mœurs sociales du curling à cette époque, révélatrice de la sociabilité qui s'y épanouit.

Au début des années 1920, les clubs de la région de Montréal poursuivent la jeune tradition d'une activité sociale le samedi. Nous avons examiné le *Minute Book* du club Thistle à cette période. Tout d'abord, l'affaire se déroule sous la responsabilité du comité *entertainment* qui vaque au bon fonctionnement de l'activité : un repas, une conférence, avant de retourner à des usages plus sportifs pour le reste de l'après-midi. Il est possible de consommer de l'alcool sur place et les délibérations du club indiquent que les responsables se sont conformés aux dispositions de l'article 31 de la Commission des liqueurs. Il est aussi question que le club détienne un permis pour les membres qui apportent et entreposent des boissons alcoolisées dans leur casier. À cette époque, il est fréquent que les repas comptent plus d'une centaine de convives. Ainsi, le 12 janvier 1925, on rapporte que 132 personnes ont assisté au repas du samedi au club Thistle.

Tableau 17
Les associations regroupant un ensemble de clubs ou d'activités
(1920-1960)

Nom de l'association	*Année de fondation*	*Zone d'influence*
Canadian Branch	1852	Québec et l'Est de l'Ontario
Dominion Curling Association	1935	Canada
Granite Curling Association[45]	1924	Québec
Province of Quebec Curlers Association	1937[46]	Québec
Northwestern Quebec Curling Association	1945	Nord-Ouest du Québec
Ladies Curling Association	1904	Québec
Province of Quebec Ladies Association	1956	Québec
Canadian Ladies Curling Association	1960	Canada
High School Committee[47]	1948	Canada

---

[45] Cette association met fin à ses opérations en 1950.
[46] Le sigle de la Province of Quebec Curlers Association donne 1937 comme année de fondation.
[47] Ce comité deviendra par la suite le School Curling Committee avec une division dans chaque province.

Pour la seule année 1929, les procès-verbaux du club indiquent une planification de 15 repas entre le 7 décembre et le 15 mars avec la liste des présidents d'assemblée. C'est considérable ! La participation est telle que graduellement on instaure une activité repas les lundis et mercredis. La Crise entraîne un ralentissement de cette vie sociale. La présence aux repas hebdomadaires chute autour de 70 personnes et le coût du repas incluant la taxe est réduit à 0,75 $. L'année 1933 se solde par un déficit au club Thistle, mais signe d'une certaine reprise, le nombre de repas servis au cours de l'année passe de 1 700 à 2 100. L'année 1934 annonce un retour à la normale et le comité des activités sociales rapporte une augmentation du tiers sur l'année précédente. Cependant tout en demeurant populaire, l'activité du samedi ne retrouvera plus les sommets enregistrés au cours des années 1920. Même si les curleurs du club Thistle ont trouvé le moyen de se plaindre de la lourdeur du *collops and corned beef*, un mets traditionnel qui ralentit la digestion et partant, la vigilance des curleurs, l'activité du samedi va rester la plus importante du programme social tout au long de la période. Les réceptions *ad hoc*, les soupers du mercredi et même une activité du lundi matin ajoutent désormais un peu de variété et maintiennent une vie sociale florissante. Viennent ensuite compléter ce programme, les soirées associées à des compétitions qui se déroulent au club, les traditionnelles activités d'ouverture et de fermeture de la saison, la fête du Nouvel An.

Les clubs de Québec fonctionnent un peu sur le même modèle. Au cours de l'année 1945, le club Victoria tient 16 repas de type conférence le samedi avec en moyenne 70 convives[48]. Comme certains clubs de Montréal, le Quebec Curling Club continue d'organiser une activité particulière à la St. Patrick. Nettement identifié à la communauté irlandaise, le plus vieux club de Québec présente alors une compétition où les groupes, selon leurs origines ethniques, Écossais, Anglais et Canadiens français, se mesurent aux Irlandais. Ainsi, en mars 1924, ces forces combinées auront vaincu l'Irlande lors d'une journée animée

---

[48] « Victoria Club Cop All District Inter-Club Play », *Quebec Chronicle-Telegraph*, 29 mars 1945, p. 7.

complétée par un repas, des discours à saveur humoristique et un programme musical[49].

Ailleurs en province, les clubs n'ont pas nécessairement les moyens d'inviter un conférencier à toutes les fins de semaine, mais à l'occasion ils utilisent la formule. À Shawinigan, en 1940, lors d'un premier repas de la saison, on mentionne qu'il se peut que la pratique du conférencier s'étende à d'autres événements[50]. Au cours de ces années, la presse régionale relate de nombreuses activités, bonspiels de toutes sortes qui se clôturent habituellement par un repas et une soirée dansante. Au fur et à mesure que les clubs modernisent leurs installations, ils n'oublient pas l'infrastructure permettant les réceptions civiques. Lorsque le club de La Tuque est détruit par le feu le 3 mars 1944[51], on s'entend pour dire que c'est une lourde perte sur le plan social. D'ailleurs, on ne mettra pas beaucoup de temps à le reconstruire puisqu'en 1945 l'établissement fonctionne à nouveau.

Même dans les coins les plus reculés, la sociabilité trouve moyen de s'exprimer avec des rencontres interclubs prétextes à la fête. En 1958, quelques équipes féminines des clubs de la Haute-Mauricie, Clova et Rapide-Blanc, conviennent de tenir deux matchs selon le principe de la visite réciproque[52]. Tard par un soir de mars, quittant Rapide-Blanc par train, un groupe de joueuses prirent toute la nuit avant d'atteindre au petit matin la destination de Clova. En raison de la température douce, les matchs ne purent se jouer au cours de la journée et les voyageuses retournèrent bredouilles à Rapide-Blanc accompagnées cette fois du groupe de l'endroit afin de disputer si possible la deuxième manche de cette rencontre. Cette fois, malgré des glaces difficiles, les matchs eurent lieu et les festivités commencèrent vers la fin de l'après-midi : cocktail, souper et danse jusqu'à ce que le train reparte pour la maison. Le curling n'atteignait-il pas une vie de relations exemplaire, un épanouissement à

---

[49] « The World Will Play Ireland », *Quebec Chronicle-Telegraph*, 15 mars 1924, p. 6.
[50] « Curling Luncheon at Club Saturday », *Shawinigan Standard*, 11 décembre 1940, p. 11.
[51] « Fire Destroys Curling Club », *Shawinigan Standard*, 8 mars 1944, p. 18.
[52] « Ladies Home and Home Series with Clova Most Enjoyable », *Shawinigan Standard*, 12 mars 1958, p. 14.

travers des lieux d'expression tout aussi bigarrés que le prestigieux Royal Montreal Curling Club ou le modeste club de Clova ?

Contrairement à un sport de masse comme le hockey où s'exprime une forme de sociabilité passive de spectateur, le curling met en scène ses propres acteurs, une sociabilité plus riche où il est question d'explorer et de vivre les rapports humains. À travers ces minuscules histoires qui se déposent comme en sédiments, une série de gestes simples et d'actions au quotidien, s'enracine dans la mentalité des curleurs de l'époque une idée forte de sociabilité (figure 56). En plus, de par le caractère international, le prestige et la visibilité qui les entourent, trois événements, le bonspiel de Québec (voir l'encadré de la page suivante), la rencontre de la Gordon Medal et les visites des Écossais[53] garantissent encore cette prépondérance de la sociabilité.

Figure 56
Sociabilité hommes/femmes au Quebec Winter Club (1950-1960)

Source : archives personnelles de Rita C. Proulx.

---

[53] Entre 1920 et 1960, il y aura eu sept rencontres : les Écossais sont en Canada en 1923, 1938, 1949 et 1957 pendant que les Canadiens leur rendent la pareille en 1950, 1957 et 1960.

> **Le bonspiel de Québec dans l'après-guerre**
> La semaine de compétitions se met en marche le dimanche avec l'accueil des curleurs à la gare. S'ébranle alors une parade bruyante qui conduit ces adeptes étrangers jusqu'au Château Frontenac où ils trouvent le logis pour la semaine. Les quartiers généraux de l'organisation sont établis au même endroit. Un office religieux se déroule en fin de journée, suivi de l'ouverture officielle, c'est-à-dire une réception civique où le maire prend la parole. Le lendemain matin, avant que la première pierre ne soit jouée, on prendra le petit déjeuner, *the snake river breakfast* à la salle à manger Riverview. Pendant que les hommes entreprennent la compétition, un programme culturel de visites est organisé pour les épouses qui accompagnent leur mari. Les différents clubs engagés dans l'organisation du bonspiel accueillent à tour de rôle les curleurs ; à chaque soir, une réception, un repas suivi d'une soirée dansante. Dans la cour arrière du club Jacques-Cartier, il y a danse de rue dans une atmosphère carnavalesque. Le mercredi est réservé au traditionnel banquet des curleurs. La veille, dans une suite du Château, le représentant de la Macdonald Tobacco, H. C. Fortier, reçoit à un cocktail une série d'invités triés sur le volet. Au cours de la semaine, le Pea-Soup Club[54] intronisera quelques curleurs en son cercle. En effet, un petit groupe de francophones du club Jacques-Cartier fonde en 1947 cette société avec l'intention de développer la bonne entente entre Canadiens francophones et anglophones. Une fois initié, tout membre doit être en mesure de montrer deux pois lorsqu'on les lui demande sinon il est placé en situation d'infraction et doit payer une amende. Les femmes ne sont pas admises. De nature plutôt fantaisiste, ce cercle va traverser les années 1950 avant de s'éteindre en 1963[55]. À la fin d'une semaine fort remplie, le bonspiel se termine dans la salle de bal du Château Frontenac avec une cérémonie de clôture et la remise officielle des trophées.

Bien que l'expression fait quelque peu cliché, il nous faut donc considérer la tranche chronologique 1920-1960 comme étant celle d'un âge d'or de la sociabilité, une période où par le nombre et la qualité des manifestations le curling vit et s'inspire de cette représentation. En fait, depuis 1890, ce courant n'a fait que s'enrichir sans jamais qu'il soit

---

[54] « Pea-Soup Curling Club Founders Hail 10th Anniversary in Quebec », *The Gazette*, 2 février 1956, p. 19.
[55] Dans sa chronique, le journaliste Vern DeGeer déplore la fin de ce cercle : « a rollicking organization that flourished behind the scenes for many years ». « Good Morning », *The Gazette*, 23 janvier 1963, p. 23.

possible de percevoir une mutation, un renversement de tendance. En revanche, on ne peut nier que l'idée d'un sport performance s'installe graduellement après 1930 et que la société du curling évolue de plus en plus vers un contenu sportif, la valorisation de la victoire et la reconnaissance du champion. Toutefois, on doit reconnaître qu'à cette époque au Québec la dimension de sociabilité surpasse celle de la sportivité. Hugh Edward Weyman synthétise en quelques mots cette philosophie : « Curling is a fraternity more than a game[56]. »

Le respect de la tradition

Dans sa dynamique associative, le curling a toujours accordé une large place à la tradition et à l'histoire, cette idée toujours présente du respect de la coutume, de tout ce qui dure et même, dirons-nous, une certaine vénération à l'égard du grand âge. Il sait se souvenir et souligner l'engagement de longue durée. Les articles sportifs y contribuent en relatant souvent le passé glorieux avec des photos de quatuors âgés. Les clubs classent leurs membres en diverses catégories : des membres à vie, les membres de 25 ans, les membres de 10 ans. En 1920, le Montreal Curling Club honore ses membres de plus de 30 ans dont un certain Hugh Paton qui est présent depuis 1875 ! Ce dernier a toujours la forme ; il a exprimé le désir de jouer un match avec les plus anciens au cours de la journée[57].

La confrérie du curling a donc conscience que son sport est l'une des plus vieilles pratiques hivernales en Amérique du Nord. En 1952, l'année du centenaire de la Canadian Branch, le curling québécois compte quatre clubs centenaires et neuf cinquantenaires, autant d'occasions propices à des rassemblements, moments privilégiés de l'expression des rapports de réciprocité. L'ancienneté d'un membre ou la participation à la

---

[56] « Planning of Quebec Bonspiel Is Task of Veteran H. E. Weyman », *The Gazette*, 22 janvier 1949, p. 8.
[57] « Veterans Curlers Will Be Guests of Honor at Montreal », *Montreal Daily Star*, 14 février 1920, p. 6.

Grande Guerre[58] sont encore motifs à se souvenir. Toutefois, quelques événements ont pris une importance significative.

En 1921, la région de Québec marque le centenaire du Quebec Curling Club en lui dédiant son bonspiel annuel. Il prend alors le nom de bonspiel du centenaire et l'activité regroupe le nombre considérable de 60 équipes. La Commission des ports a mis le hangar 19 à la disposition des curleurs. Sur les trois glaces du club de Québec, on peut lire un message de bienvenue en gaélique, en anglais et en français[59]. Au début du tournoi, une quarantaine de curleurs rendent une visite de courtoisie à la mairie de Québec avant que le premier magistrat n'offre à ses hôtes les clefs de la ville pour la durée du tournoi. L'activité est couronnée de succès avec le banquet au Château Frontenac.

Le centenaire de la Canadian Branch donne droit à une compétition particulière pour l'événement suivie d'une grande réception. Les autres associations canadiennes et américaines sont aussi conviées. Soixante-quatre équipes s'inscrivent au tournoi dont 27 provenant de l'extérieur. La cérémonie de commémoration se déroule à la même date que la première réunion, soit un 27 mars. Pas moins de 350 invités y participent et à la table d'honneur une dizaine d'associations sont représentées incluant le Royal Caledonian Curling Club, le Grand National Curling Club of America, l'Ontario Curling Association, la Dominion Curling Association et la Province of Quebec Curlers Association[60].

En 1957, le 150e anniversaire du Royal Montreal Curling Club fut l'occasion d'une semaine complète d'activités. Seize équipes comprenant sept anciens champions du Brier étaient inscrites dans un volet à caractère compétitif. Les autres participants allaient vivre un bonspiel amical avec son lot de cocktails et de réceptions au sein des clubs locaux. Les finales se déroulèrent le vendredi au Forum de Montréal en présence d'une foule estimée à 4 000 personnes. En soirée, c'est plus de 800 personnes qui

---

[58] « Montreal Curlers Capture Own Cup by Sweeping Majority », *Montreal Daily Star*, 16 février 1920, p. 6.

[59] « Quebec Curling Club's Centenary Bonspiel Commences This Morning », *Quebec Chronicle*, 24 janvier 1921, p. 6.

[60] *Annual of the Royal Caledonian Curling Club*, Édimbourg, T. & A. Constable, 1952-1953, p. 99. (323 p.)

prirent part au banquet de clôture où on pouvait compter parmi les invités le gouverneur général Vincent Massey et le cardinal Léger[61]. Ailleurs au Québec, on n'assiste pas nécessairement à des commémorations aussi spectaculaires, mais des événements de moindre importance, comme un 25e anniversaire, sont toujours prétextes à un rassemblement qui prend le plus souvent l'allure d'un bonspiel suivi d'une fête. En plus des commémorations, un patrimoine d'objets symboliques associés au XIXe siècle n'a fait que prendre de la valeur. Les sigles, les épinglettes, les écussons et les trophées anciens témoignent d'un héritage très riche et sont le rappel constant d'une compétition particulière, la fondation d'un club, un événement spécial (figure 57).

Figure 57
Épinglettes, bonnets écossais et magnifique trophée !

L'équipe gagnante du trophée Elgin en 1949 : G. Amyot, C. A. Émond, O. Samson et R Huot. Source : club de curling Jacques-Cartier, Québec.

---

[61] « Gordon Malcolm Beats Guy of Norther Ontario by 14-11 », *The Gazette*, 26 janvier 1957, p. 9.

À chaque année depuis 1925, le bonspiel de Québec célèbre sa tradition avec une dénomination qui rappelle la première compétition[62]. Les rituels entourant les événements sociaux sont un autre élément de tradition. Ils s'inspirent de la coutume écossaise ; autour d'agapes bien arrosées, on chante, on raconte des histoires, on lit des poèmes spécialement composés pour l'occasion. Au cours des années 1920, lors d'activités relevées, le mets traditionnel du *haggis* a toujours sa place. *Le Soleil* de 1930 résume ainsi le déroulement du banquet au bonspiel de Québec : « suivant une vieille tradition en honneur chez les Écossais, les deux musiciens allèrent quérir les convives dans le lobby pour les conduire à table, tandis que quelques minutes plus tard, une délégation de cuisiniers écossais aportait [*sic*] le met [*sic*] national[63] ». Lors des parades et défilés, le musicien à la cornemuse portant le costume traditionnel ouvre habituellement la marche.

Enfin, comme signe distinctif des curleurs, une pièce essentielle du costume, le couvre-chef écossais de différents types « Tam O'Shanter, Glengarry, Balmoral » demeure très populaire jusqu'au milieu des années 1950. Même si elle perd de son intensité, la référence écossaise est toujours présente à la fin de la période.

Des actes d'institutionnalisation

Le tableau 18 présente une sélection de faits jugés pertinents au développement du curling, des événements *ad hoc* qui contribuent à mieux le structurer dans l'espace et dans le temps constituant un apport significatif au processus d'institutionnalisation du sport. En raison de leur caractère répétitif, les événements annuels du bonspiel de Québec et de la rencontre de la Gordon Medal n'apparaissent pas à cette liste, mais leur contribution est indéniable. Sans exposer en détail les éléments du

---

[62] Par exemple, en 1959, on assiste au 46ᵉ bonspiel, l'année suivante, le 47ᵉ et ainsi de suite.
[63] « Un banquet aux concurrents du 17ᵉ bonspiel de Québec », *Le Soleil,* 13 février 1930, p. 18.

tableau, rappelons que les visites des Écossais[64] demeurent sans contredit la pièce maîtresse de cet ensemble.

Tableau 18
Les événements marquants (1920-1960)

Année	Événement	Lieu
1921	Commémoration du centenaire du Quebec Curling Club	Québec
1923	3ᵉ visite des Écossais	Québec, Montréal
1923	British Empire Match Canada, Écosse, États-Unis	Montréal
1924	Montreal Curling Club obtention de la mention « Royal » dans la dénomination 1ʳᵉ participation aux Jeux Olympiques	Montréal
1925	1ʳᵉ visite des curleurs de Winnipeg au bonspiel de Québec	Québec
1927	1ᵉʳ championnat canadien, Brier	Toronto
1931	Commémoration du 125ᵉ anniversaire du Royal Montreal Curling Club	Montréal
1932	2ᵉ participation aux Jeux Olympiques	Lake Placid
1937	1ᵉʳ Championnat provincial British Consols	Québec
1938	4ᵉ visite des Écossais	Québec, Mauricie, Montréal
1942	1ᵉʳ Brier au Québec	Québec

---

[64] M. H. Marshall, *The Scottish Curlers in Canada and U.S.A., a Record of Their Tour in 1922-23*, Édimbourg, T. & A. Constable, 1924, 375 p.

1943	Commémoration, centenaire du club Thistle	Montréal
1948	1er championnat scolaire canadien	Winnipeg
1949	5e visite des Écossais	Québec, Montréal
1950	1er championnat scolaire canadien au Québec	Québec
1952	Commémoration des 100 ans de la Canadian Branch	Montréal
1954	Commémoration des 50 ans de la Ladies Curling Association	Montebello
1957	1er championnat féminin provincial	Québec
1957	Commémoration du 150e anniversaire du Royal Montreal Curling Club	Montréal
1957	6e visite des Écossais	Montréal
1959	2e Brier au Québec	Québec
1959	1er championnat mondial masculin	Édimbourg

Source : tableau constitué à partir des données recueillies des quotidiens et des *Annuals* du RCCC, période 1920-1960.

Des événements à caractère sportif ou social, des commémorations, l'ouverture de nouveaux établissements, en somme une convergence de facteurs particulièrement positifs font en sorte que la locomotive du curling est sur les rails et carbure à plein régime (figure 58). La pérennité de ce sport n'est pas alors une question préoccupante. Toutefois, victime de ses succès, une ombre pointe au firmament de ce sport. L'addition de nouvelles associations intermédiaires a pour conséquence une perte d'influence pour le leader principal qu'est la Canadian Branch. Quels facteurs ont pu conduire la puissante organisation de 1920 à voir son influence ainsi réduite en moins d'une vingtaine d'années ? Organisation prestigieuse, dominante dans le paysage du curling canadien, la Canadian Branch avait-elle fait preuve de trop de suffisance, de passivité pour anticiper la suite ou n'était-ce que l'incapacité à reconnaître les signes avant-coureurs de la « sportivation » de l'activité, ou encore était-elle simplement victime de son conservatisme en raison du grand âge de ses membres influents ?

Figure 58
Banquet du Brier de 1942 à Québec

Source : archives du club Victoria, Québec.

Toutes ces questions demeurent des hypothèses plausibles, mais il faut plutôt rechercher les causes de cette perte de pouvoir à travers deux conjonctures particulières. La première relève de l'univers matériel du curling au Québec. En fait, la pratique dominante du curling avec les fers a pour conséquence une réception timide à l'égard du curling avec les pierres et tout ce qui peut se développer en périphérie. Pendant qu'à Montréal les curleurs de la Canadian Branch divisent leurs forces avec la création d'une filiale vouée à la promotion des pierres, la Granite Curling Association[65], l'organisation de Québec plus souple à l'égard de l'utilisation des pierres, arrange en 1925 une première rencontre interprovinciale et accepte par la suite en 1927 de sélectionner une équipe

---

[65] Même si la Granite Curling Association est une filiale à part entière de la Canadian Branch, la collaboration entre les deux organismes laisse quelque peu à désirer au cours des premières années de coexistence.

pour le championnat canadien. Ayant reçu la même offre de la part de l'autorité du Brier en 1927, la Canadian Branch préfère alors ne rien déléguer à sa filiale, la Granite Curling Association. L'histoire du championnat provincial aurait probablement pris une autre tournure si la Granite Curling Association avait pu s'impliquer dans la sélection d'un premier championnat provincial en 1927[66]. La Canadian Branch avait fait preuve de myopie à l'égard du championnat provincial naissant.

L'autre facteur de l'affaiblissement de la Canadian Branch a trait à l'étendue de sa juridiction. Lorsque le curling progresse vers un championnat canadien, toutes les associations provinciales régissent l'activité strictement à l'intérieur de leurs frontières. La Canadian Branch, elle, chevauche deux provinces. Au milieu des années 1950, au moment où cette dernière revendique le droit d'être l'unique interlocuteur du curling au Québec, elle se bute à cette difficulté d'identification.

Tel que nous pouvons l'envisager sous l'angle de la sociabilité et de la création des formes sociales, il n'y a vraisemblablement qu'une circonstance où des organismes poursuivant des buts analogues sur les mêmes territoires peuvent éviter les conflits et travailler en complémentarité, et c'est lorsque les décideurs sont interchangeables d'une association à l'autre. Ce fut d'ailleurs le cas de la Granite Curling Association et de la Canadian Branch où, malgré les divergences du début, les passerelles étaient nombreuses. La même connivence existait aussi à l'échelle canadienne entre l'organisation du Brier et celle de la Dominion Curling Association. En revanche, les rapports de la Canadian Branch et de la Province of Quebec Curlers Association (PQCA) ne pouvaient aboutir qu'à une succession périodique d'antagonismes ouverts ou larvés. Sans qu'elle soit une menace à sa survie, l'incapacité du curling québécois à parler d'une voix unique allait créer son lot de difficultés après 1940.

---

[66] *Minute Book* de la Granite Curling Association, 1934.

Conclusion

Si le sport est un reflet de la culture ambiante, il est mal aisé de qualifier cette tranche d'histoire sportive de la même façon qu'une certaine historiographie a dépeint globalement la période comme celle de la Grande Noirceur. L'histoire du curling va plutôt dans le sens contraire. Certes, au début, ce n'est pas la vie en rose. Avec en toile de fond la Dépression, la société civile québécoise traverse les années 1930 dans une atmosphère lourde de précarité. Le sport en subit momentanément les conséquences. Par la suite, un développement industriel soutenu alimenté par une économie de guerre favorise l'implantation de tous les sports[67]. Transformant la menace en une occasion de son développement, le curling s'enracine partout sur le territoire, un mouvement de diffusion qu'il faut qualifier d'exemplaire. Ce sport connaît alors sa plus solide expansion, ce qui confirme que dans les activités non essentielles comme le loisir ou les arts, une conjoncture de prospérité économique est préférable à toute autre.

Cette animation de la vie sportive ne se réalise pas sans le concours des hommes et des femmes du temps. Là encore, on a décelé certains mouvements. Au cours de la décennie vingt, moment décisif d'une divulgation, les francophones s'affirment et se donnent un premier lieu identitaire avec le club Jacques-Cartier de Québec. La Mauricie emboîte le pas. D'autres régions l'imitent par la suite. Les francophones de Montréal restent toutefois en marge de ce sport. La relève des jeunes se fait aussi attendre. Le curling féminin poursuit son rattrapage et comble presque entièrement son retard à cette époque. L'explosion du nombre de clubs féminins après la Seconde Guerre mondiale justifie que nous parlions d'un début d'appropriation du curling par les femmes au cours de la décennie cinquante. Les rapports hommes/femmes continuent d'évoluer dans « le bon sens ». Bien qu'il subsiste toujours des refuges de la masculinité à l'orée des années 1960, les cloisons étanches sont en voie

---

[67] « Ontario Wartime Curling Booms », *Canadian Sport Monthly*, décembre 1944, p. 30.

de tomber[68]. La mise sur pied des premiers championnats mixtes confirme cette évolution dans les rapports. De par ses fréquentations, ses manières d'être, les rôles qu'il s'accorde, le curling continue de recruter ses adeptes dans les strates supérieures de la société et il demeure ainsi un sport de classe. Bien qu'il s'approche de la maturité dans son processus de « sportivation », le sport ne répond pas entièrement au principe compétitif qui veut opposer les meilleurs adversaires sans distinction de classe. Une consolation toutefois, sans qu'elle signifie l'entrée immédiate de la classe ouvrière, la percée du curling en milieu industriel constitue une première brèche annonciatrice de changements.

Ce sport en devenir qui se consolide dans sa nature intrinsèque ne ternit jamais l'éclat d'un curling où triomphe la vie de relations, une sociabilité telle qu'elle s'exprime au quotidien dans le vécu des clubs au gré d'une saison qui offre encore plus d'occasions d'échanger et de faire la fête. Pour un certain nombre, la joute sportive n'est que le prétexte, une sensibilité collective qui se traduirait davantage par « le club et le bonheur d'en faire partie ». Nuance entre deux contenus qui expriment pour l'un, un engagement, un attachement à l'égard de la vie associative et pour l'autre, la simple pratique du jeu. Sans contredit, le curling vit l'âge d'or de sa sociabilité.

---

[68] Madame Jacqueline Caron du club Jacques-Cartier de Québec situe le moment de cette intégration au milieu des années 1950.

QUATRIÈME PARTIE

DÉCLIN ET CHANGEMENT (1960-1980)

CHAPITRE VII

LE CURLING QUÉBÉCOIS EN MUTATION

Lorsque la décennie soixante s'ébranle, elle annonce une série de transformations spectaculaires au sein des sociétés industrialisées. Qu'elle s'exprime à travers un *New Deal* à la Kennedy, les soulèvements étudiants de Mai 1968 ou la Révolution tranquille du Québec, la modernité prend une tournure résolument neuve : remise en question de l'autorité, des valeurs et des modèles traditionnels, affirmation d'une jeunesse à travers une vision idéale de la société, affranchissement encore plus décisif de la part des femmes. Le sport ne peut échapper à une telle mouvance et il en ressent bientôt les effets. Il profite toutefois de deux innovations particulières. Le formidable développement de l'aviation civile et l'accessibilité grandissante de ce moyen de transport à la masse des citoyens favorisent l'extension des réseaux compétitifs et l'internationalisation grandissante dans une foule de disciplines sportives incluant le curling. De plus, le sport s'inscrit dorénavant dans une forme de culture à grande diffusion par le lien de la télévision. Bien que son entrée dans le paysage télévisuel se fasse plutôt timidement, le curling bénéficiera aussi de cette situation.

Selon un traitement qui ne diffère pas de celui des chapitres précédents, en premier lieu, il sera question de décrire le réseau des clubs et de reconnaître les ultimes transformations dans le processus compétitif. Par la suite, nous apprécierons la performance québécoise non seulement selon les régions et les groupes en présence, mais aussi dans la perspective de compétitions élargies à l'échelle canadienne. Enfin, l'univers matériel du curling nous révélera encore quelques éléments de nouveauté. Le balai qui devait se généraliser à l'échelle mondiale connaîtra un sort identique au fer de curling. Quant à la technique de lancer, on se rapproche maintenant d'un schéma de mouvement à maturité.

Les championnats de curling, une configuration plus définitive

Avant 1960, rappelons-le, deux compétitions sont solidement implantées au niveau canadien, le Brier (1927) et le championnat scolaire canadien (1948). Le championnat canadien féminin se tient pour la première fois en 1961. En 1964, s'ajoute un titre canadien de curling mixte. Les épreuves de curling senior[1] masculin et féminin verront le jour respectivement en 1965 et 1973. Enfin, une compétition s'adressant aux jeunes femmes, l'équivalent du championnat scolaire chez les garçons[2], est mise de l'avant en 1972. Ces concours canadiens sont ouverts à toutes les provinces. Viennent-ils dicter la dynamique d'apparition des épreuves provinciales ? On serait tenté de le croire mais le curling québécois compte quelques exceptions à ce chapitre. À partir de 1961[3], pendant trois ans, les curleurs québécois se disputent le trophée O'Keefe Golden Bowl, un championnat provincial mixte qui n'a pas sa contrepartie canadienne. Le curling féminin québécois est un peu dans la même situation, car il tient en 1957 un premier championnat provincial précédant de quatre ans la première canadienne. Le tableau 19 trace le portrait des principales épreuves à l'échelle provinciale en incluant la date d'apparition.

Des dissensions au sein des deux associations québécoises de curling féminin font en sorte qu'il se déroule deux championnats provinciaux de 1960 à 1968[4] : le Silver D conduit à l'épreuve canadienne et le Macdonald Lassie présenté par ses promoteurs comme le championnat provincial n'offrent pas la possibilité d'une participation à la compétition pancanadienne. Une longue saga va ainsi tenir en haleine le curling féminin jusqu'en 1973, année où on arrivera à confier la conduite

---

[1] C'est par le critère de l'âge que l'on détermine l'éligibilité à ce championnat : à l'origine de la compétition, il faut avoir 55 ans et le quatuor doit totaliser au minimum 210 ans d'âge.
[2] Rappelons qu'à sa naissance en 1948, le championnat junior masculin porte le nom de championnat scolaire « Schoolboy Tournament ».
[3] « Le championnat provincial de curling est en marche », *Le Devoir,* 23 février 1965, p. 15.
[4] « Quebec Hopes Pinned on Whitlock Ladies », *The Gazette,* 24 février 1968, p. 10.

de tous les championnats féminins québécois à un organisme unique légalement constitué.

Tableau 19
Relevé des compétitions québécoises menant à un championnat canadien

Catégorie	Nom de l'épreuve	Année du premier championnat provincial
Masculin	British Consols	1927[5]
Masculin junior	Scolaire Pepsi-Cola	1948
Masculin senior	Pierre Seagram	1965
Féminin	Silver D	1961
Féminin junior	Pepsi-Cola	1972
Féminin senior	Macdonald Tobacco	1972
Mixte	O'Keefe Golden Bowl	1961

Si le curling québécois est stimulé par l'attrait de ces compétitions prestigieuses à l'échelle du pays, le curling canadien vit une expérience analogue avec la concrétisation d'un premier championnat mondial chez les hommes. Or, les débuts sont modestes en 1959 ; le championnat mondial du curling ressemble davantage à une rencontre bilatérale de l'Écosse et du Canada. Il en sera ainsi les deux premières années[6]. Les États-Unis entrent en 1961, et un quatrième pays, la Suède, participe à la compétition de 1962. Le nombre de pays[7] augmente à huit en 1967. Le

---

[5] Le championnat ne prend le nom de British Consols qu'en 1937.
[6] « Historique du tournoi mondial de curling », *Montréal-Matin,* 17 mars 1970, p. 52.
[7] La Suisse et la Norvège entrent en 1964, la France en 1966 et l'Allemagne en 1967.

curling masculin est véritablement sur les rails et, en 1980, dix pays participent à l'événement. Le curling junior masculin s'offre un premier championnat mondial en 1975 à Toronto, et le championnat mondial féminin se concrétise à son tour en 1979. L'existence de compétitions d'envergure nationale avec éliminatoires provinciales n'est pas l'apanage exclusif de l'Association canadienne de curling et des associations provinciales affiliées. Des tournois associés à des catégories d'emploi comme les policiers[8], les pompiers[9], les employés des postes[10] et la légion canadienne[11] rassemblent à chaque année des curleurs de toutes les provinces incluant le Québec. C'est un phénomène plutôt inusité parce que très peu de sports offrent un réseau de compétitions associé à une catégorie d'emploi, un indice additionnel du degré de sociabilité qui s'affirme constamment en curling. La matérialisation de toutes ces rencontres entraîne une concurrence avec des championnats anciens comme le Royal Victoria Jubilee[12], et on pourrait ajouter qu'après 1970 l'attention de la presse écrite se tournera vers les rencontres officielles, ces compétitions qui, dans la logique sportive[13], respectent un principe de progressivité allant du championnat provincial jusqu'au niveau de compétition ultime, les championnats canadien et mondial.

Le curling des années 1960 offre donc une gamme étendue d'activités sur tout le territoire : compétitions officielles conduisant aux grands championnats, rencontres de prestige associées à des traditions bien ancrées, bonspiels à l'invitation du club local. Le curling s'adresse à toutes les catégories d'âge et vise autant la participation distincte ou indistincte des hommes et des femmes. À cet égard, le curling mixte

---

[8] « Policeman Take to the Ice for March 15-20 Bonspiel », *The Gazette*, 15 janvier 1976, p. 24.
[9] Ces derniers tiennent leur première compétition nationale en 1960. « Canadian Fire Fighters Curling Championship », *The Curler,* janvier-février 1980, p. 16.
[10] « Les protêts peuvent amener des ennuis », *Le Soleil,* 1er février 1975, p. C3.
[11] *The Gazette*, 13 mars 1968, p. 42.
[12] La Canadian Branch aura le plus à souffrir de cette situation.
[13] « Participation, compétition, sélection, élimination, champion, telle est la chaîne écologique du sport, la logique sportive ». Donald Guay, *La conquête du sport. Le sport et la société québécoise au XIXe siècle*, Outremont, Lanctôt Éditeur, 1997, p. 28. (244 p.)

devient le fer de lance de l'activité. Bref, les occasions de se mesurer à des adversaires sont loin de faire défaut. En revanche, au tournant des années 1970, des voix s'élèveront soulignant qu'un point de saturation[14] est peut-être atteint. On a même poussé l'audace jusqu'à organiser des tournois en saison d'été. Un bonspiel à Roberval se déroule dans le cadre de la Traversée du lac Saint-Jean[15].

Pourquoi un tel foisonnement d'activités ? La question demeure complexe mais il est possible d'émettre l'hypothèse que l'événement de prestige, une fenêtre sur le sport, un stimulant de la vie associative, profite d'abord à ceux qui l'organisent et que les instances locales et régionales prennent conscience de ce phénomène au cours des années 1960. « Être l'hôte de » prend maintenant toute son importance. On assiste alors à un véritable mouvement de déconcentration à la faveur du pôle régional. Plus rapidement que la Province of Quebec Curlers Association (PQCA), la Canadian Branch s'ouvre aux régions y concédant quelques-unes des compétitions qu'elle supervise depuis sa fondation. La PQCA ne cédera rien avant 1970. Le championnat provincial mixte sort de Québec pour la première fois cette année-là. Il se joue à Kénogami. Présenté sans interruption pendant 55 ans dans les clubs de la ville de Québec, le championnat masculin British Consols se déroule à Ville Mont-Royal en 1973. Bien entendu, ce sont les régions les plus dynamiques qui profiteront de ce mouvement d'ouverture. La Mauricie se distingue nettement des autres au début des années 1960. En effet, huit événements[16] d'importance sont dénombrés entre 1960 et 1970 et Trois-Rivières acquiert une réputation d'accueil et d'hospitalité. Aucune autre

---

[14] Dans un rapport daté du 19 avril 1968, le *Schedule Committee* de la Canadian Branch soulève le fait qu'on enregistre des baisses dans le nombre d'inscriptions à des bonspiels malgré le fait que le nombre de curleurs actifs augmente.
[15] « Les champions plient l'échine devant une équipe de Québec », *Le Soleil*, 1er août 1972, p. 21.
[16] Par exemple, la Mauricie reçoit la compétition Royal Victoria Jubilee et le championnat provincial féminin en 1962, la compétition Lady Gilmour et le championnat provincial scolaire en 1964, à nouveau la compétition Royal Victoria Jubilee en 1965, le championnat provincial scolaire en 1966, le championnat senior en 1968 et le championnat scolaire en 1970.

région en dehors de Québec et de Montréal ne réussit à faire mieux[17]. Comme le chapitre précédent l'a démontré, le curling a été florissant en Mauricie depuis les années 1920.

Les performances lors des championnats

Montréal domine !

Puisque les compétitions officielles sont désormais installées, les résultats positifs que l'on y obtient sont un indice de la vitalité, de la bonne santé du sport et de l'organisation. Les honneurs particuliers qui en découlent nourrissent la vie sportive et cimentent un peu plus la sociabilité au sein d'un club. À cette époque, le dicton veut qu'en curling, c'est Québec qui organise et Montréal qui gagne. Il est vrai que la région montréalaise domine les curlings masculin et féminin. Elle profite en outre d'un mouvement migratoire plus grand de curleurs canadiens de l'Ouest du pays qui viennent à Montréal afin d'y travailler. Mieux que quiconque, Jim Ursel illustre le phénomène. Ce cadre de Winnipeg à l'emploi d'Air Canada va s'imposer au cours des années 1970. Membre du club Saint-Laurent, il soutire six championnats provinciaux entre 1974 et 1980 dans une suite presque ininterrompue[18] (figure 59).

Le Saguenay-Lac Saint-Jean avait créé une brèche au cours de la décennie précédente. La région pouvait alors compter sur deux joueurs exceptionnels : Bill Tracy et Earl Carson. Le premier, originaire du Nouveau-Brunswick et ingénieur à Arvida, va ravir trois fois le championnat masculin du Québec. Le second, Carson, est affecté à la base militaire de Bagotville. Il compte déjà trois qualifications au Brier quand il remporte son premier championnat provincial en tant que *skip* en 1969. Il était auparavant le coéquipier de Tracy. Ces Québécois d'adoption[19] font alors la différence. De 1959 à 1980, aucune équipe francophone ne réussira à se qualifier au Brier.

---

[17] « Trois-Rivieres Excellent Host for Jubilee Curling Playdowns », *The Gazette*, 23 janvier 1965, p. 41.
[18] « Jimmy Ursel a joué de chance », *La Presse*, 11 février 1980, p. C17.
[19] « PQ Rink Doing Okay in Brier », *Quebec Chronicle-Telegraph*, 4 mars 1965, p. 8.

Figure 59
Jim Ursel, une suprématie au cours des années 1970

Source : archives du journal *The Gazette*.

En curling féminin, un schéma analogue ; Montréal domine la décennie soixante-dix. Lee Tobin[20] du club Caledonia arrache quatre championnats provinciaux et obtient la consécration en 1975 avec le championnat canadien. Cette fois encore, la seule région qui réussit à tenir tête à Montréal est celle du Saguenay-Lac Saint-Jean avec Solange Larouche (figure 60), championne provinciale en 1965 et Nicole Janelle en 1966 et 1971.

---

[20] « Lee Tobin Tops Province Again », *The Gazette*, 30 janvier 1975, p. 26.

**Figure 60
Solange Larouche au championnat canadien (1965)**

Source : archives personnelles de Solange Larouche.

Sur la scène du curling scolaire, la compétition est nettement plus équilibrée si on considère les succès des régions : des villes comme Arvida, Shawinigan et Schefferville vont représenter le Québec au championnat scolaire canadien. En 1975, les autorités du tournoi modifient la clause d'admissibilité autorisant ainsi les joueurs de 19 ans au 1er octobre à participer même s'ils ne vont pas à l'école. Désormais, on le nomme championnat junior canadien. À compter de 1977 et sur une période de six ans, la Mauricie représente le Québec lors de cet événement. Cette dernière a pris le parti de la jeunesse et sous la supervision des Jacques Lamy (1977) et André Ferland (1979, 1980), ses équipes récoltent les fruits de leurs efforts. La participation des francophones en curling junior s'affirme véritablement avec les premiers succès des curleurs de la Mauricie[21].

---

[21] « Marchand, joueur par excellence au Canadien », *Le Nouvelliste*, 26 février 1980, p. 19.

Le curling mixte révèle une performance régionale assez exceptionnelle de la part du Saguenay-Lac Saint-Jean. En effet, tout en pouvant compter sur les deux virtuoses du curling masculin que sont Earl Carson et Bill Tracy, les équipes de cette région se sauvent avec pas moins de sept titres provinciaux sur une possibilité de vingt et l'équipe de Earl Carson s'approprie les honneurs trois années d'affilée entre 1967 et 1969[22]. C'est à ce championnat que des équipes à majorité francophone réalisent leurs meilleures performances. Ils seront au nombre de huit à se qualifier. André Desjardins du club Kénogami est victorieux à deux reprises en 1970 et en 1974. Représentant de la région montréalaise, André Émond contribue lui aussi aux succès des francophones en se rendant au championnat canadien à trois reprises en 1972, 1975 et 1976.

Au curling senior masculin, la région de Montréal fournit presque tous les gagnants. Ron Wright du club Hudson domine les premiers affrontements avec trois participations au championnat national en 1965, 1968 et 1969. Ken Weldon du club Caledonia mérite le titre provincial et arrache les grands honneurs au championnat canadien en 1972[23]. À l'exception de Guy Chenail en 1973, les curleurs francophones ne font pas beaucoup de bruit au sein de cette catégorie. Chez les femmes, une fois que le championnat senior féminin est mis en place, Rita C. Proulx connaît un bon succès et permet de redorer le blason de la région de Québec avec quatre titres provinciaux de 1973 à 1980.

Enfin, on peut s'interroger sur les facteurs qui font qu'une région prend le pas sur l'ensemble des autres. À Montréal, le bassin des compétiteurs y est pour quelque chose. Au début des années 1960, au moment où le curling est encore peu enseigné, l'apprentissage se fait nécessairement sur le tas. Une compétition rehaussée ne peut que favoriser l'amélioration des joueurs en présence. Il faut sortir de son patelin et se mesurer à des adversaires solides. La région métropolitaine de Montréal offre cette possibilité, celle de Québec, beaucoup moins. Comme second facteur, la mobilité de la main-d'œuvre amène à Montréal des joueurs de fort calibre de l'Ouest canadien. La région du Saguenay-

---

[22] « Départ qui fera baisser le calibre », *Le Soleil*, 22 février 1969, p. 9.
[23] « Ken Weldon reste un grand maître du curling », *Le Soleil*, 9 février 1973, p. 21.

Lac Saint-Jean en profite elle-aussi. Enfin, à l'avant-scène de la réussite sportive, il y a l'idée de gagner avantage sur l'adversaire en raison d'une innovation sur le plan technique ou tactique. À cet égard, la Mauricie va se distinguer en privilégiant un encadrement plus serré des joueurs de calibre junior[24]. Quant à la réussite des francophones, elle ne pouvait tenir de la génération spontanée. Longtemps dominé par le groupe anglophone, le curling québécois amorçait tout de même une transition avec les succès de ses équipes juniors francophones à la fin des années 1970. Cette tendance n'allait pas se démentir au cours des décennies suivantes.

Sur la scène canadienne, les premiers lauriers

Considérée maintenant dans une perspective canadienne, la performance québécoise est peu reluisante. Toutes catégories confondues, le Québec ne connaîtra que quatre récipiendaires de titres canadiens en deux décennies. De toute son histoire, la décennie soixante-dix est la plus prolifique avec les victoires de Ken Weldon, Lee Tobin, Jim Ursel et Denis Marchand. À quoi pourrait-on attribuer la réussite mitigée des équipes du Québec ? Ou plutôt, comment expliquer cette domination de l'Ouest du pays ? Au XXe siècle, le curling a connu à l'Ouest des Grands Lacs un développement remarquable : le réseau compétitif y est imposant[25] et de plus, le sport recueille de nombreux adeptes chez les tout jeunes, garçons et filles. Avec des légendes comme Ernie Richardson et Ken Watson, véritables icônes du sport, le curling de l'Ouest canadien a ses théoriciens, ses penseurs qui contribuent à l'évolution du sport et lui confèrent une longueur d'avance sur le curling pratiqué dans l'Est du pays. Bref, le sport s'est ancré dans la culture populaire. Le chroniqueur Léonce Jacques de Québec le résume bien : « On pourrait dire que le curling est le sport national des provinces de l'Ouest[26]. » Allons tout de même partager un peu l'atmosphère de ces premières réussites québécoises avec les trois descriptions qui suivent.

---

[24] « Le rink Gélinas vainqueur », *Le Nouvelliste*, 24 décembre 1979, p. 26.
[25] À titre d'exemple, en 1964, un bonspiel comme celui de Winnipeg attire 504 équipes, 2 016 joueurs qui s'exécutent dans 23 clubs représentant 126 pistes de jeu.
[26] « Dans le monde du sport », *Le Soleil*, 18 mars 1967, p. 20.

Un premier podium en curling féminin

Après trois tentatives infructueuses au championnat canadien, Lee Tobin modifie la composition de son équipe en 1975. Il y a bien Michèle Garneau qui l'accompagnait aux précédentes rencontres, mais l'équipe a fait l'acquisition de Laurie Ross, une *skip* deux fois championne provinciale chez les juniors. De plus, Lee Tobin s'est adjointe comme troisième une ancienne *skip* en la personne de Marilyn McNeil, une professeure d'éducation physique du collège Vanier. Madame McNeil a su alimenter sa réflexion en curling en rédigeant un mémoire de maîtrise. Le tournoi de Moncton débute du bon pied et les Québécoises répondent aux attentes placées en elles tant et si bien qu'on se retrouve à la fin du concours avec une égalité : le Québec et la Sakatchewan ont des fiches identiques de sept victoires et deux défaites. Il y aura donc un match éliminatoire. Avec une équipe relativement jeune, la Saskatchewan peut compter sur une longue tradition d'excellence. Depuis le premier tournoi en 1961, elle a accumulé huit titres à son actif. Le Québec possède toutefois maturité et expérience. Le match décisif sera âprement disputé et avec des taux de réussite de l'ordre de 80 à 85 %. La presse écrite rapporte que McNeil et Tobin ont fait la différence[27]. Son équipe l'emportait par le compte de sept à cinq. Plus âgée que ses coéquipières et présentée à l'occasion dans les médias « as a grandmother », Lee Tobin touchait enfin sa récompense. Indice de la vitalité qui l'anime, le curling féminin atteignait la plus haute marche du podium avant sa contrepartie masculinc (figure 61, page suivante).

---

[27] « Women's Curling Title Taken by Lee Tobin's Montreal Rink », *The Gazette*, 1 mars 1975, p. 29.

Figure 61
Le quatuor de Lee Tobin lors du championnat canadien
(1975)

Photo du haut, au balayage, de gauche à droite, Laurie Ross, Michèle Garneau et Marilyn McNeil. Photo du bas, le saut de la victoire, McNeil, Ross et Lee Tobin. Source : brochure commémorative du Brier 1975.

1977, l'année Jim Ursel en curling masculin

En étant déjà à sa cinquième participation[28] au Brier, Jim Ursel, « the transplanted winnipeger[29] », allait écrire une page de l'histoire du curling au Québec. Le championnat canadien lui fournissait cette année-là le scénario parfait : le vélodrome olympique, une enceinte grandiose comme le curling n'en avait jamais connue et la possibilité de jouer devant ses partisans. Après une domination complète lors des finales provinciales, Ursel se présente donc au Brier avec une équipe expérimentée. De son quatuor, tous les joueurs à l'exception de Brian Ross sont originaires de l'Ouest canadien et la presse écrite tant anglophone[30] que francophone ne manque pas de le souligner.

Voyons d'un peu plus près comment la semaine du Brier s'est déroulée. Pressentie avec l'Alberta comme étant l'équipe à battre, la troupe du Québec enregistre un bon départ avec quatre victoires d'affilée. C'est toutefois l'équipe de Roy Vinthers de Colombie-Britannique qui prend le leadership de la compétition jusqu'au jeudi où elle affiche un dossier parfait après huit matchs. Avec trois joueurs dans le milieu de la quarantaine, le quatuor de Vinthers, surnommé amicalement les *old folks* ou *the Geritol Gang*[31], connaît ensuite une baisse de régime, s'inclinant d'abord contre l'Alberta et ensuite contre le Québec. Les deux équipes se retrouvent alors avec une fiche identique ; la Colombie-Britannique ira se mesurer à la jeune équipe de Terre-Neuve pendant que le Québec en fera autant contre le Manitoba. Terre-Neuve, l'équipe trouble-fête[32] du tournoi, prend alors la mesure de la Colombie-Britannique et lui inflige une troisième défaite. Pour le Québec, les choses se corsent lors du match

---

[28] Il faut souligner que Jim Ursel avait participé à un premier Brier en 1962 au rang de troisième dans l'équipe manitobaine de Norm Houck. Les autres participations se font à titre de *skip* de l'équipe du Québec dans une série ininterrompue soit en 1974, 1975 et 1976. « Ursel Has Good Chance in Montreal », *The Gazette*, 4 mars 1977, p. 25.
[29] L'expression est tirée du journal. « Edmond' Steals' Two in Curling Playdowns », *The Gazette*, 9 février 1977, p. 14.
[30] « Ursel's Rink Gives Quebec First Brier Crown », *The Gazette*, 14 mars 1977, p. 13.
[31] Le Géritol était un produit tonique à base de fer recommandé aux adultes en proie à la fatigue. « Vinthers Masters Tricky Ice for 5-0 Mark », *The Gazette*, 9 mars 1977, p. 35.
[32] Elle avait disposé du Québec et des fortes équipes de l'Ouest.

contre le Manitoba. Cependant, ce soir-là, le Québec put compter sur la performance exceptionnelle de Jim Ursel. En effet, malgré des glaces imprévisibles, il obtient lors de ce match un taux de réussite de 91 %[33]. Le sort du championnat en était jeté. La dernière rencontre le lendemain contre la faible équipe de la Nouvelle-Écosse se solda par la victoire des Québécois au compte de sept à quatre. Ainsi, après 47 vaines tentatives, le Québec touchait enfin au Macdonald Tankard (figure 62). Avec des taux de réussite identiques de 78 %, Jim Ursel et son coéquipier Art Lobell étaient nommés sur l'équipe d'étoile du Brier[34]. Quand on examine la déconfiture soudaine de l'équipe de Colombie-Britannique, le Brier de 1977 illustrait un peu plus l'évolution de la réalité sportive du curling. Sans négliger l'expérience, l'âge des joueurs et la forme physique prenaient maintenant encore plus d'importance.

Et en marge de la victoire de Jim Ursel, le tournoi à la ronde[35] expérimentait un nouveau format de match avec des parties de dix bouts plutôt que douze. De plus, élément novateur, c'était la première fois que le championnat se déroulait dans une grande métropole canadienne. Les dirigeants de Macdonald Tobacco avaient toujours cru qu'il était plus facile de créer une bonne ambiance de curling dans des centres urbains de taille moyenne. Ils profitaient d'ailleurs du Brier 1977 pour annoncer leur retrait définitif à titre de commanditaire, et ce, à compter de 1980. Ce Brier avait-il rempli sa promesse concernant la participation du public ? Il semble que oui. Le vélodrome pouvait accueillir un peu plus de 9 000 personnes. Lors du dernier match, il y avait bien 8 000 partisans pour applaudir l'exploit des Québécois. Au cours de la semaine, on avait enregistré un total de plus de 50 000 entrées au guichet. Seules les villes de Régina et de Winnipeg avaient fait mieux durant la décennie avec environ 60 000 entrées[36]. Sous la responsabilité de Tom Fisher, le comité

---

[33] « Ursel Needs Just One Win to Give Quebec the Brier », *The Gazette*, 12 mars 1977, p. 37.
[34] « Today Quebec! Tomorrow The World », *Montreal Star*, 14 mars 1977, p. B1.
[35] C'est à l'année 1980 que le championnat canadien intègre une ronde éliminatoire. « Calgary Brier Takes on New Look », *The Gazette,* 19 février 1980, p. 27.
[36] « The Brier at a Glance », *The Gazette*, 5 mars 1977, p. 39.

organisateur avait livré la marchandise, l'objectif de participation ayant été atteint[37].

Figure 62
L'équipe de Jim Ursel triomphant au Brier de 1977

De gauche à droite, Jim Ursel, Art Lobell, Don Aitken et Brian Ross.
Source : *The Gazette*.

La relève en 1980 ! Tous les espoirs sont permis

Quand l'équipe de l'entraîneur André Ferland arriva à Sault-Sainte-Marie en vue du championnat junior canadien, elle possédait déjà une expérience considérable selon une préparation qui remontait à près de

---

[37] « Le Brier 1977: 50 000 amateurs sont attendus », *Le Soleil*, 27 janvier 1977, p. C4.

deux ans. De plus, Denis Marchand (*skip*) et ses coéquipiers avaient vécu un premier championnat canadien en 1979. La préparation mentale était à point, mais la semaine n'allait pas être de tout repos. En début de tournoi, l'Ontario inflige un premier revers à l'équipe québécoise ; une défaite honorable puisque l'équipe d'André Ferland avait obtenu un pourcentage de réussite de 79 %, nettement supérieur à celui de ses adversaires à 71 %[38]. L'équipe du Québec accumule ensuite les victoires et termine avec une fiche de huit victoires et trois défaites, en seconde position derrière l'Ontario. Elle enlève ensuite la demi-finale contre la Colombie-Britannique. Retour au scénario de départ, le Québec et l'Ontario vont croiser le fer lors de la grande finale. Le match décisif donne droit à une compétition extrêmement serrée où aucune équipe ne semble en mesure de s'échapper avec un bout dévastateur. Le tout se décidera lors d'un ultime dernier bout où Denis Marchand jouera la pierre parfaite. Les médias ne manquèrent pas de souligner la très grande tension qui avait existé au cours de ce match. André Ferland fit remarquer que l'expérience acquise l'année précédente et l'attitude mentale des joueurs avaient fait la différence, le pire handicap étant la nervosité lors de ces compétitions[39]. L'équipe avait maintenu une moyenne d'efficacité de 79 % tout au long du tournoi, gagnant six parties par la marge d'un point et perdant trois par le même déficit. L'instructeur reconnaissait avoir imposé de nombreux sacrifices à ses protégés. Denis Marchand était nommé le joueur par excellence. Lors du banquet de clôture, phénomène plutôt inusité, le jeune *skip* s'exprima en français pendant une trentaine de secondes. C'est son coéquipier Larry Philips Jr qui fit par la suite la traduction de ses propos. La décennie soixante-dix s'achevait donc avec une victoire encourageante qui laissait miroiter quelques espoirs pour l'avenir du curling au Québec. Qui plus est, le titre revenait à une équipe francophone en région (figure 63).

Après des années de remise en question où plusieurs identifiaient les difficultés à l'absence de relève, l'obtention d'un titre junior canadien

---

[38] « Le Master's a lancé le rink de Denis Marchand - Ferland », *Le Nouvelliste*, 29 février 1980, p. 18.
[39] « Pour gagner... De l'attitude mentale », *Le Nouvelliste*, 29 février 1980, p. 18.

aura eu l'effet d'un baume. On ne pouvait espérer meilleur dénouement. Le journaliste Randy Phillips de *The Gazette* y voit là « an inspiring development[40] » au moment où le curling vient de connaître une baisse de régime au Québec. Nous sommes en 1980.

Figure 63
L'équipe victorieuse du *skip* Denis Marchand,
championnat junior canadien (1980)

De gauche à droite, Larry Phillips, Yves Barrette, Denis Cecil et Denis Marchand. Source : archives personnelles d'André Ferland.

---

[40] « Trois-Rivieres' Junior Rink Great for Quebec Curling », *The Gazette*, 26 février 1980, p. 24.

Un curling qui dorénavant, s'enseigne

Un sport évolue et se transforme à travers une exigence première de performance. Après 1960, cette dimension prend une importance considérable dans une foule de disciplines sportives incluant le curling. Dès le début des années 1970, l'influence du télévisuel est notable agissant comme un catalyseur dans cette recherche d'efficacité. Ainsi, l'objectif est de capter l'attention de l'amateur et le retenir devant le petit écran en lui présentant des sportifs performants. Le curling prend graduellement les caractéristiques du sport-image. Aussi, les règlements vont être modifiés en fonction de ce nouvel impératif : le tableau de pointage sera simplifié ; la partie va être réduite de 12 à 10 bouts ; les pauses entre les lancers seront écourtées. Récemment, depuis que le curling a réintégré le giron olympique, la mise en place du règlement de la zone de garde protégée confirme la nécessité d'offrir un spectacle enlevant. Cette mesure favorise un jeu plus stratégique, plus offensif et du même coup, plus fertile en rebondissements. Se conditionne ainsi sur le curling l'influence grandissante du sport télévisuel avec en toile de fond les pressions exercées par ceux qui financent la production de ce spectacle. Toutefois, les enjeux économiques n'atteindront jamais la démesure que d'autres sports connaissent. Si les règlements sont mis à jour en fonction d'un tel contexte, les techniques de jeu s'ajustent de la même façon ainsi que le reste de l'univers matériel du curling : la glace, la pierre, la brosse, la chaussure, tout doit concourir à l'efficacité.

À l'intérieur de la technique du lancer, il y a un élément qui évoluera singulièrement au cours de la période, c'est la longueur de la phase de glissade. Cette transformation technique va se faire en parallèle à la modification du règlement qui concerne la ligne de jeu. En effet, rappelons que c'est au cours des années 1950 que la Dominion Curling Association se dote d'un premier règlement concernant la ligne de jeu. Ce règlement stipule que le joueur qui lance la pierre ne doit pas franchir cette dernière. Cette règle de 1963 venait encadrer une glissade allongée, mais elle établissait une limite puisque aucune partie du corps du lanceur ne pouvait franchir la ligne.

Champion du monde à quatre reprises et grand maître du curling canadien en raison de ses nombreuses victoires au Brier[41], Ernie Richardson signe une chronique dans le journal *The Gazette*[42]. Il constate l'évolution de la technique du lancer et admet que la glissade longue jusqu'à la ligne de jeu devient de plus en plus populaire. Cependant, il préconise une glissade moyenne qui amène le curleur à relâcher la pierre quelques pieds (0.5 m) après avoir franchi la maison. Son conseil est suivi par bon nombre de joueurs. En 1968, le champion mondial Ron Northcott[43] glisse selon ce principe. Comme la glissade d'un champion a valeur d'exemple, la technique ne progresse pas de façon spectaculaire au cours des années subséquentes.

En 1974-1975, l'Association canadienne de curling modifie le règlement de la ligne de jeu de sorte que le curleur qui relâche sa pierre près de la ligne de jeu peut poursuivre sa course au-delà de la ligne[44]. Le règlement approchait de sa forme définitive. Il aura un impact considérable sur la technique de lancer et spécifiquement sur la phase de glissade. La fluidité et la continuité du mouvement s'en trouvaient grandement améliorées. Dès lors, la quête d'efficacité en curling s'est concrétisée par la recherche d'un bon niveau d'équilibre à travers une glissade longue. On avait tout intérêt à augmenter la puissance de cette glissade parce qu'il n'y avait plus l'obligation de s'immobiliser à la ligne de jeu.

Un second élément de divergence sur le plan technique concerne la position du pied glisseur. Au cours des années 1960, les documents photographiques révèlent que les meilleurs joueurs, comme Ron Northcott, glissent sur la plante et même le bout du pied dans une position très accroupie. En plus de requérir beaucoup d'équilibre, cette position risquait de causer un traumatisme au genou chez un certain nombre de joueurs. Des techniciens du curling s'interrogèrent alors sur cette

---

[41] Ernie Richardson aura connu une fiche de 45 victoires et 7 défaites en 5 participations au Brier. « Quebec's Ursel Co-favorite But Rink Skips Wonder Why », *The Gazette*, 1 mars 1980, p. 87.
[42] « Curling Capsules », *The Gazette*, 7 janvier 1965, p. 30.
[43] Les documents photographiques permettent de l'affirmer.
[44] « Inside Curling », *The Gazette*, 11 février 1975, p. 13.

pratique. L'affaire restera d'actualité jusqu'à la fin des années 1970, mais lentement, à mesure que les problèmes articulaires apparaîtront, la glissade sécuritaire avec un pied entièrement déposé sur la glace s'imposera d'elle-même. Au début de la décennie quatre-vingt, la technique du lancer arrive à un stade de maturité. Il ne restera en fait qu'à régler la question de l'élan arrière. Il était assez spectaculaire au cours des années 1940 et 1950 et on le croyait essentiel afin de communiquer une certaine force au lancer. Cependant, au début des années 1960, Ken Watson[45] nuance son propos sur le sujet et admet qu'un curleur puisse atteindre la vélocité voulue en exerçant une poussée à partir de la jambe d'appui plutôt qu'en soulevant la pierre vers l'arrière dans un mouvement prononcé de pendule. Il faudra attendre la fin des années 1970 avant que cette approche technique soit reconnue. À cet égard, André Ferland en sera l'un des principaux défenseurs et fournira des réponses au curling canadien en préconisant une glissade où la pierre n'est jamais soulevée (figure 64). Cette façon de procéder est devenue par la suite la norme canadienne et a fait école en curling international.

Enfin, s'il est un développement spectaculaire qui survient à ce moment-là au Québec, c'est celui d'un enseignement systématique du curling à travers des cours et des cliniques, un curling qui se fonde de plus en plus sur un savoir scientifique[46]. Dans les pages sportives du journal *The Gazette,* on retrouve régulièrement une chronique qui offre de précieux conseils aux lecteurs du journal. Au départ, ce sont les champions de l'Ouest, Ken Watson et Ernie Richardson qui prodiguent leur art, mais par la suite, le journal fait appel aux talents locaux. Les Jim Ursel, Dave Moon, Elmer Black, Ron Wright et Andy Krycko, qui se sont distingués sur la scène provinciale, animent alors les chroniques.

---

[45] Ken Watson, *Curling Today*, Winnipeg, Arlequin, 1962, p. 25. (224 p.)
[46] Marilyn A. McNeil, « Measurement of Curling Hability Through Knowledge and Skills Test », mémoire de maîtrise, Université McGill, 1974, p. 84.

Figure 64
André Ferland, l'entraîneur en action (1980)

André Ferland en compagnie de ses jeunes protégés, le quatuor de Denis Marchand.
Source : archives personnelles d'André Ferland.

Les associations provinciales font de plus en plus de place à l'enseignement de la discipline en ciblant la jeunesse. Lorsque la Fédération québécoise de curling est mise sur pied, cette mission d'enseignement est clairement reconnue. Si le milieu du curling trouve maintenant ses professeurs, il découvre aussi qu'il y a place pour des entraîneurs auprès des plus jeunes. Les succès du quatuor de Denis Marchand doivent être associés à cette réalité nouvelle du *coaching*. En comparaison d'autres sports, les entraîneurs en curling sont arrivés tardivement. Lors du championnat mondial junior de 1977, le quotidien *Le Soleil* rapporte que les adultes associés aux équipes participantes sont d'abord et avant tout des accompagnateurs de voyage[47]. Sans être le premier entraîneur de curling au Canada, André Ferland innove en mettant de l'avant un programme complet d'entraînement. Formé aux méthodes et à la discipline rigoureuse de l'athlétisme, ce professeur d'éducation physique applique le principe du cycle d'entraînement à court, moyen et long terme, une séquence où toutes les dimensions de la performance sont présentes ; la préparation ne se fait pas seulement sur les plans technique et stratégique, une importance considérable est accordée aux dimensions de la préparation physique et psychologique des athlètes. Cette approche globale de l'entraînement est en soi fort novatrice. Les succès remportés en 1980 par son équipe junior sont largement tributaires de cette vision nouvelle appliquée en curling.

En résumé, d'un curling traditionnel axé sur la finesse des placements de pierre, le sport des années 1970 s'oriente vers une joute plus musclée avec comme stratégie dominante la sortie de pierre, fruit d'une glissade de plus en plus puissante, un balayage efficace et une condition physique améliorée de la part des joueurs. En établissant le règlement de la zone de garde protégée, le curling des dernières décennies est revenu à des stratégies plus élaborées tout en maintenant son caractère athlétique.

Les équipements du joueur

La tenue du joueur

Comme les années 1960 et 1970 voient s'accentuer le caractère de performance en curling, l'équipement reflètera ces nouveaux impératifs. En premier lieu, si on désire glisser avec une plus grande efficacité, il faut réduire la friction du pied de contact. Des chaussures de curling ont déjà été commercialisées dans les années 1950. Le cuir ayant certaines qualités de glisse reconnues, il n'est pas rare de voir au début des années 1960 des adeptes qui jouent encore avec leurs chaussures de ville. On utilise alors une claque afin d'obtenir de l'adhérence lors du balayage. Mais pour les

---

[47] Le chroniqueur Roland Sabourin parle de chaperon. « Des juniors qui en savent trop », *Le Soleil*, 3 mars 1977, p. C2.

curleurs qui recherchent la performance, la semelle de cuir n'est pas idéale. En s'usant, elle devient plus rugueuse et augmente la friction. Afin de maintenir la glisse, Guy Germain, un champion curleur de Québec, raconte avoir utilisé sous la semelle de cuir, un enduit de plomberie, le *Liquid Solder* qui se cristallise en séchant. Par la suite, un ami de la base militaire de Val-Cartier lui proposa un matériau anti-adhésif révolutionnaire, le téflon. Les fournisseurs canadiens d'équipements y avaient déjà pensé et au tournant des années 1970 on commercialise une chaussure avec une véritable semelle glissante intégrée. Ces mêmes compagnies vont aussi offrir aux curleurs un produit moins sophistiqué et moins coûteux, une demi-semelle glissante amovible que l'on appose en un tournemain à son soulier. Avec le temps, la demi-semelle glissante deviendra une semelle entière. Ainsi, au cours des années 1970, il est de bon ton de pratiquer le curling avec des chaussures autres que celles qui nous ont amenés au club de curling. Changement de mœurs ! La qualité des glaces ne s'en porte que mieux. De plus, les clubs mettent de l'avant une petite boutique facilitant l'achat de produits de curling. La chaussure ne connaîtra plus que des améliorations associées à l'épaisseur de la semelle de téflon. Par le design et le confort, elle en vient à ressembler à une espadrille de gymnase.

Déjà, à la fin des années 1950, il y avait l'idée de pratiquer le curling avec des vêtements qui soient autres que la tenue pantalon, chemise et cravate. Entre 1960 et 1980 effectivement, le costume va changer. Dans un article de 1975 où il est question de régler les maux du curling, le journaliste Marv Moss du journal *The Gazette* suggère que le curling adopte un costume qui lui soit spécifique[48] : des vêtements isolés, plus moulants, véritablement adaptés à l'activité plutôt que le gilet cardigan qui garde certainement au chaud mais qui s'avère plus ou moins pratique pour des joueurs livrés à un curling de compétition. Il recommande aussi que ces derniers aient un costume d'équipe et qu'ils soient identifiés comme c'est le cas dans les autres sports. Le pratique

---

[48] « The 10-Point Program Quebec Needs to Get Curling off the Rocks », *The Gazette*, 27 mars 1975, p. 43.

survêtement d'éducation physique fait de fibres extensibles s'imposera au cours des décennies suivantes.

Le balai et la brosse

Le balayage efficace est de plus en plus reconnu comme un élément stratégique important et un facteur clé du succès d'une équipe[49]. L'étude de St. Moritz en 1924 n'a jamais été contredite : le balayage peut ajouter jusqu'à 15 pieds (4.6 m) à la course d'une pierre[50]. Au cours de ces deux décennies, le balai reste sans contredit l'équipement le plus utilisé au Québec et au Canada tandis que les européens préfèrent toujours la brosse. En 1968, on estimait les ventes de balai à 800 000 unités au Canada[51]. Et les différentes variétés de balai ne manquent pas ; il y en a plus d'une vingtaine. En fait, rappelons que c'est quelque 20 ans plus tôt que l'on a délaissé le balai traditionnel de maison pour un balai typique de curling. L'évolution a donc été considérable. Cependant, certains types de balai vont être sanctionnés par les organismes responsables des grands tournois. Ainsi, le balai à l'intérieur duquel une languette de cuir ou un autre matériel est inséré sera interdit tout au long de la période. Il en est de même du balai recouvert du type *Rink Rat*. Ces balais causaient une bonne dose de désagrément en raison du bruit que leur utilisation entraînait. Une innovation trouva tout de même preneur au sein de l'Association canadienne de curling. Le balai de paille à brins inversés était accepté au Brier de 1970.

Même s'il était considéré comme l'outil des champions canadiens, le balai comportait tout de même quelques lacunes importantes par rapport à la brosse. D'une part, il s'abîmait rapidement avec pour conséquence qu'au bout de quatre ou cinq utilisations il fallait songer à son remplacement. En laissant des débris sur la glace, il risquait à tout moment d'enrayer la course d'une pierre. D'autre part, il imposait aux

---

[49] Dave Moon, un champion provincial masculin le souligne dans une chronique. « Inside Curling », *The Gazette*, 11 février 1976, p. 38.
[50] A. Noel Mobbs et F. McDermott, *Curling in Switzerland*, Londres, Arrowsmith, 1929, p. 128. (223 p.)
[51] « Curling Broom Sales 5,6 Million Annually », *The Gazette*, 29 mars 1962, p. 27.

articulations de la main, du poignet et du coude un travail considérable[52] sans compter que le balayeur efficace devait déployer un effort colossal. Lors de compétitions où il y avait obligation de jouer deux parties en un seul jour, la fatigue devenait donc un élément stratégique à considérer.

Toutefois, en 1968, dans le quotidien *Le Devoir*, on pouvait lire : « Il ne faudra pas beaucoup d'autres tournois mondiaux, semble-t-il, avant que toutes les équipes mettent définitivement au rancart la brosse qui est en usage en Europe et adoptent le balai[53]. » Cette prédiction n'allait pas se concrétiser. C'est l'inverse qui s'est produit. À la fin des années 1970, on voit poindre l'utilisation de la brosse chez les experts. Dans l'équipe canadienne qui participe au championnat mondial de 1978, trois joueurs de l'équipe utilisent la brosse. Depuis, le balai est entré au musée du curling et la brosse a connu de nombreuses innovations.

La pierre

La pierre de curling ne va pas connaître une évolution susceptible de transformer radicalement le jeu. Certes, il n'est plus question d'utiliser les fers relégués aux oubliettes au cours de la décennie cinquante. Toutefois, il se trouve encore quelques nostalgiques de cette époque révolue qui font revivre à des occasions bien spéciales le curling avec les fers. Ainsi, afin de commémorer ses 110 années d'existence, le club Caledonia organise en mars 1960 un bonspiel de 24 équipes pour ces irréductibles qui avaient encore le goût de jouer avec les *tea kettles* de 58 livres (26 kg)[54].

À l'exception de l'épisode des fers de la Canadian Branch, la pierre n'a jamais cédé sa place. C'est une innovation qui dure depuis plus de 200 ans dans le monde du curling. Elle possède des propriétés exceptionnelles. Résumons-les : d'abord, il lui faut une certaine dureté qui, selon un coefficient de géologie, oscille entre 24 et 35. Au point de

---

[52] Un avis présenté à l'Association canadienne de curling met en garde les balayeurs contre les risques de *Tennis Elbow*. « Bill Tetley's Rink from Northern Ontario Captures '75 Macdonald Brier Tankard », *The Gazette*, 10 mars 1975, p. 21.
[53] « Les Écossais doivent leurs succès inespérés à la technique canadienne », *Le Devoir*, 23 mars 1968, p. 32.
[54] « Good morning », *The Gazette*, 22 mars 1960, p. 23.

départ, cela signifie que le bloc de pierre peut être travaillé avec un effort raisonnable, mais surtout cette pierre possède une élasticité uniforme, c'est-à-dire qu'indépendamment de l'endroit où on la touche, elle encaisse le choc et transfère l'énergie d'impact à une autre pierre toujours de la même façon. Enfin, elle subit les contacts sans s'abîmer ou s'effriter et résiste à l'usure en conservant sa couronne selon le bon aiguisage. D'autre part, la pierre de curling doit avoir une densité donnée (poids par surface) uniforme puisque les règlements déterminent un poids maximal et un diamètre donné. Ainsi, les pierres écossaises font habituellement 164 livres par pied cube (243.9 kg par mètre cube). On peut imaginer ce que donnerait un matériau de trop forte densité ; la pierre ressemblerait à un disque plat, une soucoupe. Ces propriétés font en sorte que ce ne sont pas tous les crans rocheux qui se qualifient comme site d'extraction des pierres de curling.

À mesure que l'on progressa au XXe siècle, il devenait de plus en plus difficile d'exploiter le site d'Ailsa Craig en Écosse[55] ; les coûts d'exploitation et les difficultés de recruter du personnel auront été les raisons évoquées lors de sa fermeture en 1973. Le monde du curling allait dépendre d'un autre site de qualité à Trefor en Galles du Nord. N'y avait-il pas moyen de trouver au Canada une pierre ayant les mêmes propriétés que celles de l'Écosse ? Au cours des années 1960, un ingénieur-conseil H. L. Cole, employé au ministère canadien des Mines, lui-même curleur, s'intéressa au sujet[56] et apporta une réponse affirmative à cette question. Il avait répertorié neuf endroits possibles, la plupart au Nouveau-Brunswick. De plus, Cole avait identifié un site au Québec, pas très loin d'Ottawa du côté de Greenville. En 1971, des blocs de pierre y furent extraits. Les facteurs de dureté et de densité étant conformes aux standards établis, les blocs furent acheminés chez un artisan en province afin de les tailler selon la forme d'une pierre conventionnelle[57]. Ce

---

[55] David B. Smith, *Curling: An Illustrated History*, Édimbourgh, John Donald Publishers Ltd, 1981, p. 58. (232 p.)
[56] Heber L. Cole, « Canadian Curling Stones, Are We Missing the Broom? », *The Curler*, mars 1980, p. 26.
[57] George E. Flemming, « Canadian Curling Stones, Could They Be Made? », *The Curler*, janvier-février 1980, p. 8.

dernier réussit la duplication ; malheureusement, la couronne restait un peu trop tranchante. Le 25 novembre 1971, le club de Longue Pointe dans l'Est de Montréal fit l'acquisition des pierres. Ces pierres glissaient quelque 15 pieds (4.6 m) de moins qu'une pierre de provenance écossaise, mais le défaut était attribuable à l'inexpérience résultant d'une première production plutôt qu'à la matière première. Par la suite, ces pierres devenues « célèbres » partirent en tournée avec l'Association canadienne de curling. Dix ans après leur fabrication, elles semblaient toujours en excellent état. Cet épisode démontre un potentiel pour l'extraction au Québec, mais le défi semble ailleurs ; il réside dans l'expertise technique de production et la commercialisation, facteurs que les Écossais possèdent de longue main.

Les difficultés d'approvisionnement allaient tout de même dicter deux innovations dont l'une n'eut pas la vie trop longue. On songea d'abord à la fabrication d'une pierre avec des matériaux synthétiques comme le plastique. En 1963, lors d'un tournoi tenu à la base aérienne d'Uplands (Ottawa), des pierres de cette nature[58] furent utilisées. Cependant, les résultats étaient loin d'être convaincants. De même poids que les pierres conventionnelles, les plastiques glissaient davantage. Lors des impacts, elles ne s'immobilisaient pas facilement. Ces réactions eurent tôt fait de déplaire aux curleurs et la commercialisation fut rapidement abandonnée. L'autre innovation connut plus de succès. La pierre allait être constituée de deux parties avec des propriétés particulières ; la couronne faite d'un minéral plus résistant à l'usure et le bloc principal de la pierre constitué à son tour d'un minéral moins sensible à l'effritement. L'aiguisage de la couronne s'en trouverait facilité et même si ce travail n'était pas un usage nouveau dans la décennie soixante, la précision du procédé continua de s'améliorer. Afin d'offrir une pierre toujours plus glissante, la surface de la couronne avec la glace fut encore réduite ; la largeur de la bande de contact variant à l'intérieur d'une fourchette étroite de 1/16 à 3/32 pouce (1.6 à 2.4 mm)[59]. La quête

---

[58] « Good morning », *The Gazette*, 23 janvier 1963, p. 23.
[59] « Sharpening Curling Stones Speeds up Tempo of Game », *Quebec Chronicle-Telegraph*, 185, 30 janvier 1960, p. 9a.

de l'excellence sportive a entraîné dans son sillon une recherche constante de meilleurs outils. Même si le curling ne nécessite pas un équipement très élaboré, le processus d'innovation a été soutenu au cours de cette période.

Les nouveaux bâtiments

À travers le comité des glaces, le district de Montréal de la Canadian Branch prépare en 1961 un recueil traitant de la construction d'un édifice de curling et des systèmes de fabrication et de réfrigération des glaces. À cette époque, on dispose de deux systèmes de production de la glace artificielle. Le premier en est un d'expansion directe où le produit réfrigérant s'évapore aussitôt dans les tuyaux sous la surface glacée. Ne nécessitant pas de pompe circulatoire, ce système moins coûteux en électricité convient davantage à de petites surfaces de deux glaces et moins. Cependant, une perte de liquide réfrigérant rend le procédé plus dispendieux et constitue un risque pour la santé humaine. Comme cette façon de faire entraîne des variations brusques de la température de la glace, elle n'est pas très appréciée des curleurs. L'autre système fondé sur la circulation de saumure ou de glycol demeure au cours des années 1960 un procédé éprouvé et toujours très populaire. Encore aujourd'hui, pour des raisons évidentes de sécurité, il est pratiquement l'unique système en vigueur. Tout en représentant des coûts d'installation plus faibles, il permet un contrôle uniforme de la température de la glace.

La construction d'un bâtiment de curling nécessite une planification qui prend en compte la capacité d'accueil d'un club. Selon la demande éventuelle, devrait-on bâtir un édifice avec 2, 3 ou 4 pistes ? Au début des années 1960, les études de capacité permettent de prendre une décision éclairée concernant cette construction. Selon une plage d'utilisation de dix heures[60] par jour dans une semaine de six jours, on calcule qu'une glace peut accommoder 240 joueurs par semaine à raison d'une seule utilisation. Si les adeptes désirent jouer à trois reprises par semaine, une glace ne pourra accommoder que 80 personnes. Donc, selon cette

---

[60] Les ingénieurs suggèrent cinq parties de deux heures à l'intérieur de la plage d'utilisation de dix heures.

hypothèse, la construction d'un club de deux glaces signifie une capacité d'accueil de 160 curleurs. Ainsi, avant de se lancer dans l'aventure d'une construction nouvelle, on suggère aux promoteurs de faire l'appariement de la capacité projetée à la demande et de calculer ensuite un montant de cotisation qui respecte à la fois la concurrence et permet d'assumer les coûts de construction qui varieront de 0,10 $ à 0,30 $ le pied cube par glace selon le type de finition envisagé. Les nombreuses fermetures d'établissements construits au début des années 1960 laissent à penser que les initiateurs de projets se seraient livrés à des calculs plutôt optimistes.

Enfin, plus qu'à toute autre période de l'histoire, l'institution sportive tolère de moins en moins que les conditions externes, aléatoires, deviennent un facteur déterminant de la réussite ou de l'échec, entendant ainsi que seul le mérite sportif doit nommer le champion. Comme dans les autres sports, il faut créer toutes les conditions ambiantes favorisant l'efficacité de la pratique, et en curling la condition première passe par une excellente qualité de la glace. Paradoxalement, la nécessité de présenter les grands championnats dans des enceintes plus vastes (stades de hockey sur glace) non spécifiques au curling, aura laissé le sport dans des conditions d'exercice plus difficiles.

Conclusion

D'un curling axé sur la sociabilité au cours des générations passées, le changement se réalise maintenant vers une « sportivation » toujours plus poussée de l'activité, avec en toile de fond le rajeunissement des joueurs[61] et l'amélioration des techniques de jeu. Ainsi, cette période permet la consolidation de tous les championnats existants et donne naissance à de nouvelles catégories, non seulement à l'échelle du Québec, mais aussi à travers un réseau compétitif qui s'élargit à l'ensemble canadien et autorise les premières compétitions d'envergure internationale.

---

[61] « Notable Changes in Sport Scene », *Quebec Chronicle-Telegraph*, 10 mars 1967, p. 8.

Les curleurs de Montréal continuent de régner en maître sur la scène du curling québécois. Curieusement dans un sport à dominance masculine, c'est le quatuor féminin de Lee Tobin qui ramène un premier championnat national canadien. Jim Ursel demeure la figure de proue des années 1970 chez les hommes en arrachant six participations au Brier. Toutefois, les régions réalisent maintenant quelques percées et la plus significative pour les francophones demeure celle de la Mauricie où la relève, l'équipe du professeur André Ferland, remporte un premier championnat canadien junior en 1980.

S'enracine maintenant l'idée d'un curling qui s'enseigne et qui se perfectionne par un processus d'entraînement digne de toute discipline sportive, un geste technique qu'on décortique afin d'en extraire le moindre élément d'efficience. La technique de lancer se raffine vers une glissade longue et puissante. Par conséquent, l'habillement du curleur prend une importance nouvelle, les chaussures en particulier. Sans qu'il faille les qualifier de spectaculaires, les améliorations apportées à la qualité des glaces et des pierres ont rendu les curleurs encore moins vulnérables aux hasards de l'environnement.

CHAPITRE VIII

LE TRIOMPHE D'UN SPORT ACCESSIBLE À TOUS

Une dernière fois, c'est à travers le prisme de la sociabilité que nous entendons identifier les influences qui ont joué sur le sport en tant que forme sociale à cette période. Si la première moitié du XXe siècle a offert un curling très riche de relations humaines, on peut se demander si le sport sera en mesure de soutenir un tel programme au cours des années 1960 et 1970. Nous l'avons constaté, un curling nettement plus sportif s'installe progressivement dans l'Après-guerre. Les gains futurs de sportivité vont-ils se réaliser au détriment de la sociabilité ? Autrement dit, peut-on tout à la fois être sociable et sportif sans qu'un attribut ou l'autre n'en souffre ?

En 1960, on remarque avec un certain étonnement que le curling québécois n'a pas encore les allures d'un sport de masse. Quelle affirmation possible pour la classe ouvrière ou les Québécois francophones ? Peut-on envisager que ces derniers s'approprient enfin le sport en le supervisant et en l'organisant ? L'arrivée d'un nouvel acteur, la Fédération québécoise de curling, viendra modifier la dynamique des rapports francophones/anglophones. Aussi, très longtemps tenu en marge par un favoritisme dans la sélection des membres, le citoyen ordinaire, celui qui n'est pas parrainé, accédera enfin à la pratique de ce sport. Comment arrivera-t-on à un curling plus « démocratique » ?

Au sein du noyau stable des adeptes et des organisateurs, certains acteurs vont encore gagner en attrait. La présence féminine se fait bien sentir et la jeunesse revendique désormais une voix au chapitre. Il en résulte une sorte de fusion où la clientèle traditionnelle partage maintenant ses conceptions du sport avec le regard neuf de ces nouveaux leaders. Les influences seront réciproques entraînant une remise en question de certaines valeurs. Dans ce contexte, les mentalités vont être quelque peu chamboulées.

L'annonce d'un repli de popularité et de participation

Après avoir vécu des jours éclatants, le curling québécois entre en zone de turbulence dès le début des années 1960 et il connaît un premier déclin généralisé de popularité. Selon une étude de la popularité des sports[1], la descente s'amorce entre 1960 et 1970 (figure 65).

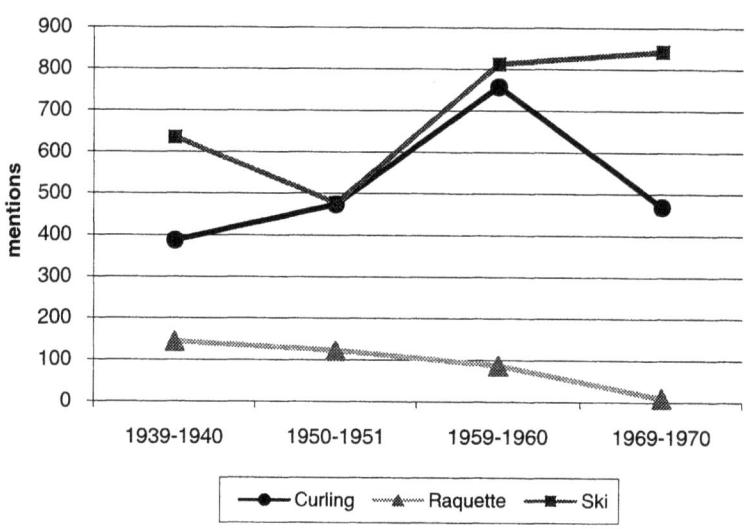

Figure 65
Évolution des mentions journalistiques en matière de sports d'hiver (1940-1970)

En comparant les résultats de ce graphique avec la carte québécoise des clubs au début et à la fin de cette période, la détérioration est évidente. En 1960, on compte 132 clubs (annexe II) regroupés pour une très forte majorité sous le couvert des trois associations provinciales masculines : la Canadian Branch, la Northwestern Quebec Curling Association et la Province of Quebec Curlers Association (PQCA).

---

[1] Pierre Richard, « Une histoire sociale du curling au Québec, de 1807 à 1980 », thèse de doctorat, Université du Québec à Trois-Rivières, 2006, p. 409. (569 p.)

Certes, ces clubs n'ont pas toute la même importance en ce qui a trait à la capacité d'accueil, mais de petites organisations comme on en compte à Clova en Mauricie, à Campbell's Bay en Outaouais ou à Labrieville sur la Côte-Nord illustrent de façon éloquente que le curling occupe bien tout le territoire et qu'il s'est étendu en dehors des villes d'importance. Au cours de la décennie soixante, une vingtaine de clubs vont naître, et autour de 1970 on enregistre un sommet avec près de 140 établissements. Pendant la décennie suivante la tendance s'inverse, et à l'orée des années 1980 on ne dénombre plus que 117 clubs. Ainsi, le mouvement d'ouverture et de fermeture des clubs aura été considérable entre 1960 et 1980. La région des Laurentides en est un bon exemple. Malgré une demande dopée par une industrie touristique en pleine expansion, de nombreux clubs qui avaient entrepris leurs activités au début des années 1960 ferment leurs portes avant les années 1980. Une majorité de clubs nouvellement établis ne connaîtra qu'une existence éphémère. Cinq clubs dont la fondation remonte aux années 1960 ne sont plus en opération vingt ans plus tard. Il n'en reste que trois, et le réputé Chantecler n'existe plus. Le curling a raté son décollage dans cette région.

Phénomène plus révélateur encore, des établissements centenaires comme le club Caledonia[2] de Montréal et le Quebec Curling Club mettront un terme à leurs activités. Les régions métropolitaines de Montréal et de Québec perdent de nombreuses glaces[3]. Si on assiste à une relative stabilité des clubs dans les autres régions, la Mauricie régresse, perd six clubs et n'en gagne qu'un seul[4]. La détérioration sera aussi ressentie par les associations provinciales. Ainsi, P. A. Butterworth, président de la Canadian Branch, en arrive au constat suivant : « I must

---

[2] Ce club centenaire est démantelé en mai 1980 après 130 années d'existence.
[3] Les clubs Heather et St. Georges de Montréal qui ont respectivement vu le jour en 1887 et 1875 vont aussi fermer. Le club Cambrai de Québec qui compte sept glaces vivra un sort identique.
[4] La Mauricie perdra trois clubs anciens : le Shawinigan Broadway (1906), le Wayagamack (1914) et le Louiseville (1930). Des clubs en Haute-Mauricie vont aussi fermer : Clova, Parent, Rapide-Blanc. Dans ces cas, il s'agit sans doute du déclin des activités économiques dans les localités. Shawinigan-Sud (1964) est le seul nouveau club qui ouvre à cette époque.

report to this meeting that it is my opinion that, because of changing times, conditions and viewpoints, we in the Canadian Branch are facing difficult times[5]. » À la même période, le docteur Clarence Rosenhek, président de la PQCA, confie au journaliste Léonce Jacques du *Soleil* qu'il n'a pas accepté la présidence de l'association pour le simple plaisir de se promener avec un titre, mais plutôt avec l'intention de redonner au curling la popularité dont ce sport a déjà joui à Québec[6]. La presse sportive commente abondamment le repli du curling : « Le curling est un sport qui compte de nombreux adeptes dans la région de Québec mais il n'est certainement pas en aussi bonne santé qu'il y a quinze ou vingt ans[7]. » L'idée d'inculquer un souffle nouveau, de redorer le lustre d'antan, revient constamment dans les chroniques sportives des années 1970[8].

À quelle logique spatiale, l'implantation de nouveaux clubs obéit-elle maintenant ? À l'exception de la Couronne Nord de Montréal où ces derniers s'établissent à l'aune d'un mode de vie associé à la villégiature, la création de nouveaux établissements s'apparente davantage à un phénomène de reconfiguration plutôt qu'à un phénomène de diffusion. Autrement dit, c'est un transfert plus qu'une addition ; délaissant le centre-ville, de nouveaux clubs s'installent en banlieue dans les cités-dortoirs en pleine expansion. Le phénomène est en tout point conforme à ce regroupement de populations urbaines autour d'une ville centrale, mouvement[9] qui s'est amorcé au début des années 1950.

---

[5] Rapport annuel de la Canadian Branch, 1971. Archives nationales du Canada, Ottawa.
[6] « Léonce Jacques, monde du sport », *Le Soleil*, 12 janvier 1970, p. 13.
[7] « Départ qui fera baisser le calibre », *Le Soleil*, 22 février 1969, p. 9.
[8] *Le Soleil*, 30 janvier 1968, p. 12.
[9] Paul-André Linteau, René Durocher, Jean-Claude Robert, François Robert, *Histoire du Québec contemporain, tome II : Le Québec depuis 1930*, Montréal, Boréal Express, 1986, p. 260. (739 p.)

Les acteurs de cette vie associative

Appropriation du curling chez les francophones

Comme il a été démontré aux chapitres précédents, la communauté anglophone a assumé le leadership du curling avant 1960, et bien que le sport ait été divulgué aux Canadiens français au milieu des années 1920, leur présence fut modeste puis en progression constante par la suite. Avant de décrire plus en détail les mouvements de leur vie associative pendant les dernières décennies, il faut souligner le travail remarquable d'un québécois francophone, le docteur Maurice Campbell (figure 66). C'est d'abord un excellent joueur de curling[10] qui très rapidement s'initie aux rouages de l'organisation. Son engagement trouve un point de départ avec le club local de Cap-de-la-Madeleine au milieu de la décennie cinquante. En 1961, il fait partie du bureau de direction de la Canadian Branch et trois ans plus tard, il en devient le président. Il s'implique par la suite auprès de l'Association canadienne de curling, et en 1970-1971 il atteint la plus haute marche du curling organisé au Canada. Il est le premier francophone à occuper un tel niveau de responsabilité. Son admission au Temple de la renommée du curling canadien suivra en 1976[11]. L'annexe I permet de retracer les noms de ceux qui accompagnent Maurice Campbell à ce moment dans l'organisation du sport.

À la fin de la décennie cinquante, il faut se le rappeler, le paysage du curling compte plusieurs associations provinciales dont le rayonnement est variable. Avec la création en 1968 du Haut-commissariat à la jeunesse, aux loisirs et aux sports, le gouvernement du Québec entend désormais prendre une part active dans le développement et le financement du sport au Québec en établissant des partenariats avec les organismes de sport. Au même titre que d'autres activités, le curling doit se doter d'un organisme représentatif de l'ensemble du territoire, intégrant à la fois les curlings féminin et masculin. L'intention est de canaliser les efforts autour d'un interlocuteur unique. Au cours des années

---

[10] L'équipe de Robert Lahaie dont Maurice Campbell est le *lead* participe au championnat canadien de 1958 à Vancouver.
[11] Fonds Maurice Campbell, Archives du Séminaire Saint-Joseph de Trois-Rivières.

1974 et 1975, de nombreuses démarches de rapprochement aboutissent à une forme d'accord entre les deux principaux intervenants du curling masculin, la Canadian Branch anglophone[12] et la PQCA[13] nettement plus identifiée aux francophones. Le 8 avril 1976 peut être considéré comme la date de la première réunion de la Fédération québécoise de curling. Thomas R. Fisher en devient le président et Pierre Desrochers, le secrétaire administratif, est la première personne permanente rémunérée par le Haut-commissariat[14].

**Figure 66
Le Dr Maurice Campbell**

Source : archives personnelles de Maurice Campbell.

---

[12] La Canadian Branch qui avait su faire place à quelques francophones au sein de son bureau de direction dans les années 1960 n'en élira aucun entre 1970 et 1980.
[13] La Province of Quebec Curlers Association (PQCA) francise son appellation en septembre 1977 et devient l'Association des curlers de la province de Québec (ACPQ).
[14] Thomas R. Fisher est une personnalité en vue de la Canadian Branch et Pierre Desrochers est le secrétaire de la PQCA.

L'État québécois avait ainsi offert sa médiation et ses ressources, mais peut-on qualifier de neutre la position adoptée à l'égard de ces deux organismes du curling masculin facilement identifiables sur le plan ethnique ? En fait, on pourrait interpréter le phénomène comme celui du *tertius gaudens*[15], l'arrivée d'un tiers dont la visée est quelque peu égoïste, un troisième acteur qui n'entend pas nécessairement jouer un rôle d'arbitre mais un rôle actif en fonction d'une intention évidente. Comme dans beaucoup de domaines, l'État québécois intervenait avec, en toile de fond, l'idée d'une affirmation de sa majorité francophone. Lorsque les fonctionnaires du Haut-commissariat accompagnèrent les différentes associations provinciales dans la mise en place de la Fédération, la PQCA profita d'un avantage en étant à la fois francophone et domiciliée à Québec. D'ailleurs, la Canadian Branch a dû se résoudre à ce que Pierre Desrochers soit en même temps le secrétaire exécutif de la PQCA et le premier du personnel engagé par la Fédération. Au sein d'une dynamique à trois, la Canadian Branch n'aura pas réussi à établir un rapport fructueux avec l'instance gouvernementale. En premier lieu, elle craignait une perte d'autonomie dans la conduite de ses opérations courantes, une forme d'ingérence par le gouvernement[16]. Ensuite, la Canadian Branch se plaindra d'un manque d'information et de bilinguisme[17]. Toutefois, H. A. Stewart, le président du groupe, traçait un constat encourageant en écrivant dans le rapport annuel de 1979-1980 : « Nos relations avec la Fédération de curling se sont améliorées au cours de l'année[18]. » La décennie soixante-dix s'achevait donc sans que les tensions entre la Fédération québécoise de curling et la Canadian Branch soient entièrement annihilées. Traditionnellement le maître d'œuvre du curling québécois, ce regroupement voyait son influence encore une fois réduite.

---

[15] Georg Simmel, *Sociologie. Étude sur les formes de socialisation*, Paris, Presses universitaires de France, 1999, p. 139. (756 p.)
[16] Rapport annuel de la Canadian Branch de 1977-1978. Archives nationales du Canada, Ottawa.
[17] Procès-verbal du conseil d'administration de la Fédération québécoise de curling du 7 décembre 1980.
[18] Rapport annuel de la Canadian Branch, 1979-1980, p. 15.

« On sent que la Branch commence à avoir peur de la Fédération[19] », pouvait-on lire dans les délibérations de la Fédération. Il y avait là, d'abord et avant tout, un enjeu de pouvoir qui laissait apparaître également un clivage ethnique. L'Association des curlers de la province de Québec (ACPQ) avait vécu une transition plus harmonieuse.

Ainsi, la communauté francophone disposait maintenant d'un pouvoir accru puisque les régions majoritairement francophones constituèrent à compter de 1979 l'épine dorsale de l'organisation. En 1980, le bureau de direction de la Fédération québécoise était entièrement composé de francophones[20]. Loin de prétendre que les anglophones n'avaient plus leur mot à dire avec l'organisation du curling, les privilèges accordés à l'ACPQ combinés à une participation accrue des régions signifièrent un véritable déplacement du point d'équilibre en faveur de la majorité francophone au cours de la décennie soixante-dix.

Cette appropriation se réalisa-t-elle de la même façon à plus petite échelle au niveau du club ? Il semble que oui. À titre d'exemple, nous avons examiné la liste des membres du club Victoria de Québec, traditionnel bastion du curling anglophone. En 1962-1963, sur un total de 131 membres, huit seulement ont des noms à consonance française ; le bureau de direction de vingt personnes ne compte qu'un seul nom de même nature. Quinze ans plus tard, sur un ensemble de 107 membres, on dénombre un peu plus de la moitié des noms à consonance française. La sélection des adeptes par cooptation ne tient plus. Le bureau de direction de dix personnes est composé à part égale de patronymes francophones et anglophones. Pendant qu'un groupe s'approprie le sport, l'autre s'en éloigne. Mais pourquoi la communauté anglophone délaisse-t-elle le curling ? Avant de se livrer à toute autre analyse, il faut scruter les statistiques de l'évolution de la population de souche anglaise au Québec. Selon les données du Bureau de la statistique du Québec, à partir des recensements de 1966, 1971, 1976 et 1981 le solde migratoire net des

---

[19] Procès-verbal du conseil d'administration de la Fédération québécoise de curling du 7 décembre 1980.
[20] « Mots de la présidente », *Curling,* Bulletin de la Fédération québécoise de curling, vol. 2, n° 1, octobre 1980, p. 1.

gens de langue maternelle anglaise est négatif et atteint le total impressionnant de 249 000. À la lecture du tableau 20, si l'on constate un départ massif au cours de la période, on remarque par ailleurs qu'il ne survient pas spontanément avec l'arrivée au pouvoir du Parti Québécois en 1976.

Tableau 20
Solde migratoire au Québec
pour les personnes dont la langue maternelle est l'anglais

Période	Sorties	Entrées	Solde
1961-1966	99 000	47 000	(52 000)
1967-1971	94 000	42 000	(52 000)
1972-1976	132 000	25 000	(107 000)
1977-1981	71 000	33 000	(38 000)

Source : Bureau de la statistique du Québec[21].

L'univers anglo-montréalais est particulièrement ébranlé par ces départs mais les régions ne sont pas épargnées non plus. Ainsi, avec la Révolution tranquille, la nationalisation de l'électricité, l'émergence d'une classe d'affaires francophone, les cadres et gestionnaires majoritairement anglophones au début des années 1960 doivent désormais partager le pouvoir, s'intégrer et apprendre le français. Certains vont préférer partir du côté de Toronto et de l'Ouest canadien où le travail sans les tensions linguistiques et politiques les attend. Certes, les anglophones qui quittent le Québec ne sont pas tous des joueurs de curling, mais on peut soupçonner que ce mouvement migratoire a eu un impact sur la popularité générale du sport, sa diffusion à une plus vaste échelle dans les

---

[21] Hervé Gauthier, *D'une génération à l'autre : évolution des conditions de vie*, vol. 2, Québec, Bureau de la statistique du Québec, 1997, p. 99.

médias[22] et même la survie directe de certains établissements qui subissaient déjà les embarras causés par le vieillissement naturel de la clientèle et les mouvements vers la banlieue. Par ailleurs, l'exode de l'un n'offrait-il pas la possibilité à l'autre de le remplacer ? D'emblée, c'est ce qui va se produire, mais à des rythmes différents selon les régions. Le curling, qui n'était jamais devenu avant 1960 un enjeu d'importance chez les francophones de la région montréalaise, ne le sera pas davantage par la suite. La Palestre nationale[23] se lança bien dans l'aménagement de cinq pistes au Centre Paul-Sauvé au tournant des années 1960, mais il n'y avait pas l'ombre d'un rapprochement avec la communauté anglophone et les réseaux établis de compétition, car la Palestre prit la décision de ne pas adhérer à la Canadian Branch et de ne pas participer aux grands championnats.

Enfin, à cette époque, le curling devient-il un lieu d'expression des tensions linguistiques telles qu'elles sont ressenties ailleurs dans la société ? Le journaliste François Béliveau du journal *La Presse* résume un peu l'état de passivité ou d'indifférence qui anime les curleurs francophones : « Mais on ne se surprend plus quand on constate que les francophones n'ont pas la dignité de vivre leur sport en français, acceptant sans aucune vergogne de s'assimiler à leur compagnon de jeu[24]. » Son jugement est-il trop sévère ? Au début des années 1960, l'anglais est encore la principale langue d'usage dans le monde du curling québécois. L'étude des procès-verbaux et de la correspondance atteste cette prédominance. Sollicitée de la part de régions qui veulent obtenir la traduction française de certains documents, la Canadian Branch se retrouve une décennie plus tard dans la situation inverse réclamant à son

---

[22] Le *Quebec Chronicle-Telegraph* voit son volume considérablement réduit après 1970. Il devient un hebdomadaire en 1977. Ce journal avait assuré une couverture remarquable du curling à Québec par l'intermédiaire de son journaliste sportif, Louis Fusk. Le *St. Maurice Valley Chronicle* qui avait joué un rôle analogue en Mauricie termine ses opérations en 1970. À Montréal, c'est l'institution du *Montreal Star* qui s'achève en 1979.

[23] Le fonds d'archives de la Palestre nationale révèle la présence d'un club de curling appelé « À la Pierre Polie » entre 1958 et 1975.

[24] « Les gentilshommes des glaces », *La Presse*, 11 novembre 1972, p. B3.

tour le bilinguisme de la part de la Fédération québécoise de curling. On remarque aussi quelques agacements concernant un certain bilinguisme institutionnel. Air Canada, le commanditaire du championnat mondial, ne fait parvenir que des communiqués unilingues anglais, et si on fait un effort pour traduire les documents officiels, la qualité du français laisse à désirer[25]. Les journalistes sportifs iront même jusqu'à parler de l'étroitesse d'esprit de ceux qui n'apprennent pas une deuxième langue[26].

En contrepartie, le curling est à l'occasion cité en exemple comme un modèle de coopération et de rapprochement entre les deux communautés. En 1966, Richard Hyde, ministre du Revenu du Québec, déclare que « le bonspiel fait plus pour l'unité nationale que n'importe quelle quantité de discours politiques[27] ». Lors du championnat scolaire canadien tenu à Saint-Jérôme en 1970, on fait état d'une expérience nouvelle et stimulante pour les jeunes curleurs puisque ces derniers se sont retrouvés en milieu francophone. Tout en soulignant que la participation du public a été plutôt modeste, le même rapport ajoute : « I have no hesitation in saying that if as Canadians could use the game of curling a basis for getting together and intermingling that we would have far less separatist talk and considerably more co-operation by enjoying each others language and customs[28]. » En 1974, lors du bonspiel international de Québec, le journaliste Roland Sabourin traduit l'état des rapports entre les deux communautés : « Tous nos gouvernants seraient heureux de constater jusqu'à quel point les francophones et les anglophones s'entendent à merveille. [...] Personne ne tient à parler de politique. D'ailleurs, la plupart de ces curleurs viennent ici pour oublier

---

[25] Lors du championnat mondial à Moncton en 1980, le bulletin mensuel du comité organisateur est truffé de fautes de français. On peut y lire : « Le Canada a la Norvège dans l'ouverture » simplement pour dire que les deux équipes ouvriront la compétition. « Le curling n'a pas consulté Antonine », *La Presse,* 31 décembre 1979, p. C4.
[26] « L'hon. Roland Michener a fortement impressionné », *La Presse*, 21 mars 1968, p. 73.
[27] « Le bonspiel international de Québec est entré dans sa deuxième phase », *Le Devoir*, 4 février 1966, p. 14.
[28] Rapport annuel du Canadian School Curling Committee, 1970. Fonds Maurice Campbell, Archives du Séminaire de Trois-Rivières.

leurs problèmes de la vie courante[29]. » En dépit des divisions résultant de la naissance de la Fédération et malgré l'apparition de tensions linguistiques, il règne tout de même une relative harmonie entre les deux groupes au cours de cette période. Les relations continuent de s'inscrire à l'enseigne du respect et de la courtoisie.

Appropriation du curling par la masse
Au cours de ce passage de l'histoire, le curling va-t-il demeurer un sport réservé aux classes moyenne-supérieure et supérieure ? En 1960, à quelques variations près, le monde du curling a toujours l'allure d'une société éminente assez fermée recrutant ses participants au sein des élites. Il y a encore à l'intérieur du cercle social du curling une quantité importante de gens influents issus de la bourgeoisie traditionnelle, hommes d'affaires, médecins, politiciens et militaires de carrière. Dans un contexte de cooptation et de rareté des places, on peut vraisemblablement affirmer qu'au début de la décennie soixante une forme de discrimination continue de s'exercer à l'égard du milieu ouvrier et de tous ceux qui constituent la strate sociale moyenne inférieure. Ainsi donc, le monde des affaires reste associé au curling en sponsorisant les rencontres pendant que la classe politique répond aux invitations et s'affiche avec les curleurs. Par exemple, en 1961, l'épouse du premier ministre Jean Lesage inaugure le championnat féminin Macdonald Lassie[30] (figure 67).

---

[29] « Le bonspiel international demeure une vraie détente », *Le Soleil*, 5 février 1974, p. 12.
[30] *Le Soleil*, 8 février 1961, p. 14.

Figure 67
Inauguration d'un championnat féminin (1961)

Source : archives personnelles de Rita C. Proulx.

La ministre Claire Kirkland-Casgrain fait de même l'année suivante. Pendant toute la décennie, les gouvernements provinciaux sont représentés au banquet des curleurs lors du bonspiel de Québec. Jean Lesage y est l'invité d'honneur en 1964[31]. Gabriel Loubier de l'Union Nationale renoue par la suite avec la tradition de participation de son parti. À Montréal, les gouverneurs généraux assistent aux événements majeurs du curling comme c'est le cas en 1968 lors du championnat

---

[31] *Le Soleil*, 30 janvier 1964, p. 23.

mondial disputé à Pointe-Claire[32]. Sans qu'il soit entièrement consommé à la fin de la période, le désengagement de la classe d'affaires est bien réel après 1970 avec pour conséquence des difficultés nouvelles dans le recrutement et le maintien de commanditaires. De plus, les politiciens provinciaux vont maintenant espacer les visites au bonspiel de Québec avant de se désintéresser complètement de l'événement.

Toutefois, la classe moyenne qui a vu son pouvoir d'achat[33] s'accroître de façon remarquable depuis 1965 est en mesure de prendre le relais en consacrant ses propres ressources à l'organisation et à la pratique du curling. Un bon exemple de ce phénomène nous est fourni avec le bonspiel des employés de la Consolidated Paper. En effet, habitués à profiter des largesses de la compagnie dans l'organisation d'un tournoi qui réunit du personnel des quatre coins de la province, les employés assument dorénavant les principaux coûts associés à ce bonspiel. Nous nous situons au début des années 1970.

L'étude des manières d'être des adeptes de curling est encore révélatrice des transformations de la composition sociale des clubs qui s'opèrent au cours de cette période. En premier lieu, des bourses en argent font leur apparition. Certes, personne ne gagne sa vie en pratiquant le curling, mais l'intérêt envers des compétitions où l'enjeu principal est une somme d'argent va grandissant, surtout après 1970. Les champions[34] jouent maintenant pour un pécule et, contrairement à la décennie précédente où des curleurs s'offusquaient encore d'une telle situation, les critiques se font de plus en plus silencieuses. Les promoteurs de ces événements vont même jusqu'à déformer le mot de bonspiel pour *cash bonspiel*[35] et *cashspiel*. Il faut dire que l'Ouest canadien innovait dans les

---

[32] « L'Hon. Roland Michener a fortement impressionné », *La Presse*, 21 mars 1968, p. 73.
[33] Paul-André Linteau, *op. cit.*, p. 56.
[34] Dans cet article, il est question de la participation de Jim Ursel à la CBC Curling Classic à Winnipeg, un tournoi totalisant 16 000 $ de bourses. « Bill Tetley's Rink from Northern Ontario Captures '75 Macdonald Brier Tankard », *The Gazette*, 10 mars 1975, p. 21.
[35] « Otterburn Inaugural 'Spiel Taken by Bill Ross' Rink », *The Gazette*, 12 janvier 1976, p. 18.

années 1940 et 1950 avec ses fameux *carspiel*[36]. Les enjeux du curling québécois qui avaient été aux périodes précédentes essentiellement le mérite d'être le champion avec le trophée emblématique, une pièce d'orfèvrerie monumentale, cèdent maintenant le lustre de leur patine argentée pour des billets verts. Si ce n'était que l'apparition des bourses au vainqueur, parallèlement d'autres usages s'effacent : l'envoi de carton d'invitation, la signature du registre des visiteurs, le service du thé en après-midi, les repas avec conférenciers. En délaissant les rituels traditionnels et la symbolique des beaux objets, le curling s'éloigne d'un comportement social davantage identifié aux strates supérieures de la société. Changement de fréquentations mais aussi changement de mœurs, voilà les signes bien réels d'un déplacement sur l'échelle sociale. Bien qu'elle puisse être à géométrie variable selon l'endroit, l'appropriation du curling par la masse des sportifs se réalise au cours de la décennie soixante-dix.

La remarquable participation des femmes

Si l'histoire doit retenir que le curling de cette période est le triomphe de la mixité, un mérite tout particulier revient à la gent[37] féminine. Déjà, au cours des années 1950, par une forme d'osmose, les dernières cloisons étanches entre les sexes étaient en voie de tomber.

Dans un sport qui leur avait laissé une place sans que ce soit la meilleure depuis la fin du XIXe siècle, les femmes vont réussir à insuffler au curling la bouffée d'air frais dont il avait vraisemblablement besoin au tournant des années 1970. Contrairement au curling masculin, la baisse d'effectifs est mineure[38], de l'ordre de 2 % entre 1960 et 1975. La presse sportive ne manque pas de le souligner[39]. Le curling s'inscrit-il dans le vaste mouvement d'émancipation de la femme, mouvement néo-féministe

---

[36] « La vogue du curling balaie les prairies », *Le Devoir,* 13 février 1962, p. 14.
[37] Le mot gent s'utilise pour décrire à la fois les genres féminin et masculin. Il ne représente pas de notre part une attitude de condescendance à l'égard des femmes.
[38] Statistique compilée à partir d'un échantillonnage de quinze clubs. *Annual of the Royal Caledonian Curling Club*, Édimbourg, 1960-1961, p. 331. (351 p.) *Annual of the Royal Caledonian Curling Club*, Édimbourg, 1975-1976, p. 150. (431 p.)
[39] « La gent féminine a sauvé le curling », *Montréal-Matin,* 27 décembre 1972, p. 36.

dont on identifie la naissance approximative autour de 1965 et qui culminera au cours de la décennie suivante ? On serait porté à croire qu'elle le devance puisque les femmes qui pratiquent le curling se comportent déjà comme des femmes affranchies. On peut les regrouper en deux catégories. Un premier groupe de femmes issues des classes bourgeoises ne travaille pas à l'extérieur du foyer et anime le curling en après-midi. Elles disposent d'une bonne disponibilité de temps et d'une indépendance face à leurs loisirs. La section féminine du Three Rivers Curling Club nous fournit quelques indices des usages en vigueur durant les années soixante. Par exemple, tous les mercredis après-midi, les dames se rassemblent au club afin de jouer au curling ou au bridge et prendre le thé. Lors de leur tournoi invitation annuel de trois jours, elles mettent de l'avant un programme social particulièrement exigeant en raison des énergies bénévoles consacrées : une ouverture officielle avec une personnalité en vue de la communauté, un *sherry party*, un buffet au club, une soirée animée de musique ou une parade de mode et une remise officielle de trophées. Après avoir offert l'hospitalité à des équipes de toutes provenances, il faudra par la suite, se déplacer et participer pendant quelques jours aux tournois des autres[40]. Tout cela nécessite temps, argent et compréhension de la part des membres de la famille. Difficile de s'imaginer que ce curling pouvait être à la portée de la classe ouvrière. À nul endroit, il n'est fait état de difficultés à concilier le rôle traditionnel de mère de famille avec la vie mondaine du club si ce n'est qu'au cours des années 1970, une garderie sera mise sur pied afin d'endiguer les départs et favoriser le curling en après-midi.

Un autre groupe de femmes engagées sur le marché du travail partage dorénavant la soirée avec les messieurs. En 1963, au Three Rivers Curling Club, une section compte une cinquantaine de membres féminins qui ne fréquentent le club qu'en fin de journée. Le *St. Maurice Valley Chronicle* annonce dans son édition du 18 novembre que ces femmes

---

[40] *Minute Book* du Three Rivers Ladies Curling Club, 1960-1970.

vont tenir au club un *joint business gathering*[41]. Dans la ville de Québec, à la même période, il est question d'un bonspiel des femmes d'affaires[42].

Au cours des années 1970, l'affirmation toujours grandissante de la femme sur le marché du travail[43] ne lui laisse plus pour ses loisirs qu'une plage horaire restreinte comparable à celle des hommes. Le curling de l'après-midi est alors en perte de vitesse. En concentrant la participation dans une période peu étendue de programmation, soit les heures de soirée, le curling féminin obligera les organisateurs à faire preuve de plus d'ingéniosité dans le partage et l'utilisation des glaces. Le journaliste Vern DeGeer le souligne ainsi : « Mixed curling, which has had a spectacular growth in recent seasons has compounded the problems of ice time[44]. »

Les femmes sont donc parvenues à mettre de l'avant leurs compétitions officielles et à s'imposer au sein des instances traditionnellement réservées aux hommes. En 1980, une première, la nomination de Micheline Gagnon à titre de présidente de la Fédération québécoise de curling a plus que valeur symbolique. C'est le fruit des efforts constants et soutenus de tout un groupe, non seulement en tant que joueuses où leurs succès sur le plan national arrivent avant ceux des hommes, mais encore en tant qu'organisatrices hors pair[45]. Rita C. Proulx (figure 68) arrive en tête de cette liste et l'encadré qui suit nous la présente.

---

[41] « TRC Evening Curling Met », *St. Maurice Valley Chronicle*, 18 novembre 1963, p. 6.
[42] *Le Soleil*, 23 février 1965, p. 14.
[43] En 1971, 45 % des femmes âgées de 24 à 44 ans sont considérées comme actives sur le marché du travail. John A. Dickinson, Brian Young, *Brève histoire socio-économique du Québec*, Sillery, Septentrion, 1992, p. 348. (382 p.)
[44] « Growing Pains Only Problem of Districts Curlers in 1967 », *The Gazette,* 7 janvier 1967, p. 9.
[45] Dans sa chronique, le journaliste Sabourin écrit en parlant des femmes : « Leurs compétitions sont généralement mieux organisées que celles des hommes. » « Les femmes s'imposent au curling pour le Shamrock », *Le Soleil*, 11 mars 1976, p. B3.

**Figure 68
Rita C. Proulx (*circa* 1960)**

Source : archives de Rita C. Proulx.

Rita C. Proulx aura laissé sa marque en tant que joueuse et organisatrice. Entre 1957 et 1968, elle remporte le championnat Macdonald Lassie à six reprises. Ensuite, avec la venue d'un championnat provincial de curling senior, elle est récipiendaire à quatre occasions de 1972 à 1980 et elle participe à trois championnats canadiens[46]. Sur le plan organisationnel, Rita C. Proulx est déjà active comme présidente de la section féminine du Quebec Winter Club au cours des années 1950. En 1956, elle fonde un deuxième regroupement provincial de curling féminin, la Province of Quebec Ladies Curling Association (PQLCA) avec l'intention d'organiser un véritable championnat provincial féminin. Ce geste posé va donner la direction de son action au cours de la décennie soixante. Au cœur d'une controverse où le curling féminin n'a pas un, mais deux championnats provinciaux de 1961 à 1968, elle s'emploie alors à harmoniser les prétentions des uns et des autres jusqu'à ce qu'on aboutisse à un règlement satisfaisant en 1973. Par la suite, elle se consacre à la cause du curling junior féminin tout en devenant un rouage de premier plan au sein de la Fédération québécoise de curling. À compter de 1976, elle siège à titre de directrice à l'Association canadienne de curling féminin. Elle atteint la présidence de l'organisme en 1978-1979. Nous la retrouvons au comité féminin de la Fédération internationale de curling en 1980-1981. Enfin, elle publie en l'an 2000, un ouvrage[47] à caractère autobiographique relatant son cheminement dans le milieu du curling. C'est un parcours qu'il faut qualifier de tout à fait remarquable.

---

[46] Il n'y a pas de championnat canadien en 1972.
[47] Rita C. Proulx, *The Squealing Circles*, Québec, Les Éditions Faye, 2000, 432 p.

Le rajeunissement de l'effectif des clubs

À la fin des années 1970, l'opinion est assez répandue : le curling décline puisqu'il n'y a pas suffisamment de relève. Quelques journalistes vont creuser cette question. À Québec, Jacques Revelin attribue le problème à « la rigidité des règlements imposés aux détenteurs de permis de boissons alcooliques qui ne permettent pas que les adolescents s'approchent des glaces de curling[48] ». Il n'est pas le seul à poser un tel diagnostic. Le journaliste Claude Mongrain de Trois-Rivières va un peu plus loin dans l'explication : « Les responsables des clubs privés ont fermé la porte à [leurs] espoirs à cause de la présence de débits de boisson et parce que certains membres n'aimaient pas la présence de ces jeunes avec les grands[49]. » De tout temps, la consommation d'alcool dans les clubs a été permise, mais en parallèle le statut des établissements en tant que débit de boissons n'est pas clair au début des années 1960. En effet, la Commission des liqueurs du Québec accorde des permis temporaires aux clubs de curling en 1961. L'affaire se rend jusqu'à l'Assemblée législative où le premier ministre Jean Lesage allègue alors que cette mesure est rendue nécessaire en raison d'un régime de tolérance qui avait eu cours précédemment sous les gouvernements de l'Union Nationale[50]. Au début de la décennie soixante, les lois québécoises concernant la consommation d'alcool et l'encadrement plus strict[51] des clubs auront créé indirectement une restriction à la pratique de ce sport chez les moins de 21 ans, du moins tant que la législation ne s'adoucit pas. Mais la consommation d'alcool n'était-elle qu'un prétexte pour exclure les jeunes et préserver une sociabilité qui s'était exercée de façon traditionnelle au

---

[48] « Très regrettable insuccès », *L'Action-Québec*, 6 mars 1971, p. 8.

[49] *Le Nouvelliste*, 16 janvier 1980, p. 32.

[50] « Curling Club Bar Legalized », *The Gazette*, 18 janvier 1961, p. 20.

[51] Avec la Révolution tranquille, toute la fonction publique voit son rôle revalorisé au sein de l'État québécois. Succédant à la Commission des liqueurs, la Régie des alcools voit le jour en 1961 et l'objectif qui lui est fixé est de permettre, entre autres, l'expansion du commerce des alcools. Elle conserve également le mandat de gérer l'émission et le contrôle des permis. En 1971, le gouvernement crée deux entités juridiques et opérationnelles tout à fait distinctes : la Société des alcools du Québec et la Commission de contrôle des permis d'alcool.

sein des clubs ? À cette question, des témoins de l'époque ont répondu par l'affirmative. Il y avait toujours un noyau de membres qui ne souhaitait pas élargir le cercle. Scorie d'une mentalité quelque peu révolue, le club devait rester un lieu où les amis curleurs pratiquent le sport, discutent affaires, consomment de l'alcool et fraternisent le plus souvent entre hommes adultes.

Sans contrevenir aux lois, pouvait-on permettre une pratique plus soutenue du curling chez les jeunes ? La réponse est oui ; il s'agissait simplement de réserver des heures à cette clientèle tout en interdisant la vente d'alcool à ce moment précis. On procédait de la sorte au Quebec Curling Club (figure 69). Ensuite, en ramenant l'âge de la majorité à 18 ans[52] et en tolérant la présence de mineurs dans certains établissements où des boissons alcooliques sont consommées, le législateur réglait pour de bon le problème de l'accessibilité des jeunes.

Enfin, le curling ne se détache pas d'un contexte où la jeunesse s'affirme et prend sa place un peu partout à l'échelle planétaire. Le facteur le plus significatif de cette présence accrue des jeunes réside dans la pratique d'un curling résolument sportif qui requiert de plus en plus de qualités athlétiques. Sans perdre de vue que le curling de la jeunesse s'est implanté graduellement au cours des années 1950, la presse sportive sait faire de plus en plus l'adéquation entre jeunesse et performance : les équipes performantes aux championnats provinciaux sont composées de jeunes joueurs[53]. Au cours du championnat canadien féminin de 1972 à Ville Mont-Royal, on note le rajeunissement en raison des exigences physiques de la joute. Les provinces de l'Ouest sont à l'avant-scène de ce changement puisque le curling scolaire féminin y est de plus en plus en vogue[54]. Même si le curling n'a pas l'attrait d'un sport *in* des années 1970, le défi sportif qu'il représente exerce une attraction véritable auprès de la jeunesse. Les autorités nationales du sport sont bien conscientes du

---

[52] Le 14 décembre 1971, l'Assemblée Nationale adopte un nouveau projet de loi concernant l'âge de la majorité dans la province de Québec. On passe de 21 à 18 ans à compter de 1972.
[53] « Ross in Final After Dropping Ursel », *The Gazette*, 15 février 1975.
[54] « Manitoba Ladies Capture Curling Title », *The Gazette*, 3 mars 1967, p. 21.

phénomène et cherchent à favoriser une participation élargie des jeunes après 1970.

Figure 69
De jeunes curleurs au Quebec Curling Club (*circa* **1965**)

Il y a place pour le curling scolaire au moment où la vente d'alcool est interdite.
Source : archives personnelles de Donald Guay.

Changement de signification

Mutation de sociabilité

Le curling québécois offre toujours au début des années 1960 l'image d'une très belle vie associative. Même si la télévision a fait son apparition dans les foyers depuis un moment, le phénomène ne signifie pas la désertion des clubs. Au contraire, les organisations enregistrent encore des effectifs à la hausse et au fil des ans, une catégorie de membres s'est constituée et prend de plus en plus d'importance. On les appelle les *social members*[55]. Ces membres ne sont pas des joueurs de curling. Ils ne participent qu'aux activités sociales du club. Par exemple, en 1960-1961, la section féminine du Three Rivers Curling Club compte 74 membres sociaux sur un total de 210. Rien ne laisse présager alors un renversement de tendance. La sociabilité y semble toujours florissante. À partir de quelques brèves descriptions, il est possible de s'imprégner de l'atmosphère de sociabilité qui règne dans les clubs à ce moment-là.

Murdochville, milieu des années 1960, la mine Noranda est prospère, la ville l'est aussi. Le centre sportif compte un club de curling de quatre pistes. En plus des membres joueurs et des membres sociaux qui sont près de 400, il y a bien les membres honoraires, comme le maire et le curé. « Les soirs de semaine, à Murdoch, on ne marche trop longtemps dans la ville avant de trouver le club, c'est central. Quand tu entres, t'es reconnu! Tout le monde se connaît dans la place[56]. » La semaine est bien remplie : du curling masculin au début de celle-ci, le mixte le jeudi, et le vendredi un autobus nolisé prendra six équipes pour un bonspiel de fin de semaine à Chandler. Le samedi soir, il y aura un souper organisé dans le club de l'endroit. Tous les établissements possèdent de bonnes installations de cuisine et les femmes se chargent en général du travail de préparation des repas. Les enfants demeurent à la maison, confiés à des parents et amis.

Pendant ce temps, sur l'autre rive de l'estuaire, à Gagnon, un groupe de curleurs du club Barbel s'est embarqué sur un train minéralier afin de participer à un bonspiel à Sept-Îles. Les joyeux voyageurs vivront bien pendant une dizaine d'heures le plaisir partagé d'un train de nuit. Une fois sur place, ils seront accueillis avec les mêmes égards qu'en Gaspésie. Après la compétition, on sait se détendre à travers un repas cordial et une soirée dansante. Ainsi, en Estrie, en Mauricie, dans le Nord-Ouest, il y a des curleurs qui se déplacent à toutes les fins de semaine et animent cette vie sportive sans ménager temps ni argent.

---

[55] Déjà en 1946, le club Victoria de Québec comptait 25 membres sociaux sur un total de 135.
[56] Propos recueillis auprès de Marcel Berthelot, ancien résident de Murdochville.

Dans les grands centres de Québec et de Montréal, le réseau compétitif ne demande pas des déplacements aussi spectaculaires, mais la sociabilité demeure véritablement un cœur qui bat. Le bonspiel de Québec est toujours aussi populaire accueillant 128 équipes dont un important contingent de l'étranger. Les chroniqueurs sportifs commentent abondamment le caractère social de l'événement : « Pour nombre de gens, le bonspiel est une occasion pour plusieurs curleurs de l'étranger de venir prendre un coup et courtiser nos attrayantes dames. C'est vrai mais vous pouvez croire qu'ils viennent aussi pour jouer au curling[57]. » Le caractère de sociabilité du bonspiel ne s'est pour ainsi dire jamais démenti. En revanche, l'activité perd en popularité après 1975 et la couverture médiatique se résume à quelques entrefilets dans la section d'un chroniqueur sportif.

Un changement de cap s'est donc opéré au tournant des années 1970. Le curling génère une vie sportive qui crée l'événement et donne relief à des exploits sportifs. Les médias rapportent les faits significatifs du curling, les championnats, tout en délaissant progressivement la vie des clubs et les compétitions locales de second ordre. La télévision commence à s'y intéresser et les commanditaires s'orientent de plus en plus vers le soutien à la performance en créant des compétitions parallèles où des bourses sont offertes[58]. Dans ce contexte, triomphe un curling plus sportif. Cela ne signifie pas que l'esprit de sociabilité s'évanouit complètement après 1970. Il faut voir là deux approches, deux visions du sport qui peuvent coexister, mais les gains de l'un se réalisent en partie au détriment de l'autre. Alors, de nombreux adeptes d'un curling plus social vont migrer sous d'autres cieux. La vogue grandissante de quelques activités de substitution, comme le ski de randonnée et même la motoneige, peut encore expliquer ces départs.

Concrètement, comment le rapport à autrui se transforme-t-il à ce moment-là ? Nous pouvons l'examiner sous deux aspects. Le premier

---

[57] « Occasion de connaître les ennuis des autres », *Le Soleil*, 30 janvier 1974, p. 30.
[58] En 1977, la compagnie de Tabac Old Port tient Old Port Pro Curling Championship où une bourse de 1 000 $ revient au grand gagnant. « Yet Another Curling Win for Ursel », *The Gazette*, 3 février 1977, p. 15.

concerne directement la joute sportive où doivent coexister entre les adversaires la coopération et la compétition, ce que Michel Bouet[59] a appelé le rapport de « l'avec-contre ». Au cours des années 1970, il est évident que le rapport à autrui s'est transformé radicalement dans un ensemble de sports. À la pensée de construire avec l'adversaire, s'est substituée l'idée de le dominer de façon draconienne. Le curling n'échappera pas à cette logique. Certes, dans un sport qui n'a jamais été l'expression d'une forte agressivité, le curling évolue tout de même dans le sens d'une domination où les joueurs font de plus en plus usage des sorties de pierre évitant ainsi de courir le risque de construire une joute plus stratégique. Un antagonisme de plus en plus senti permet de relever les premiers comportements d'agressivité dans un sport qui nous avait habitués jusque-là à la courtoisie et à la gentilhommerie. Lors de la demi-finale du championnat mondial junior tenu à Québec en 1977, des propos acerbes sont échangés entre les *skips* canadiens et américains. Le chroniqueur Roland Sabourin rapporta qu'il y avait tellement d'électricité dans l'air qu'il y aurait eu une bagarre générale si on avait été au hockey[60] !

Le second aspect examiné concerne les rapports de l'après-match. Ils vont se transformer, et ce, particulièrement dans la seconde moitié de la décennie soixante-dix. Assurément, il est encore question d'activités comme les rencontres interclubs, les bonspiels d'entreprise, les réceptions de fin de semaine, mais globalement leur fréquence diminue : moins d'activités et moins de participation lors de ces activités résument la tangente que prend la sociabilité à ce moment-là. Les clubs continuent de mettre à leur programmation des événements spéciaux. Toutefois, ils doivent le faire en s'ouvrant à un public plus diversifié. Les activités festives perdent alors ce cachet intime, presque familial. Enfin, on ne s'attarde plus au club comme avant. La traditionnelle tournée payée à l'adversaire ne tient plus du réflexe du gagnant[61]. D'ailleurs, on adressera

---

[59] Michel Bouet, *Signification du sport*, Paris, Éditions Universitaires, 1968, p. 53. (671 p.)
[60] « Incroyable retour du Canada », *Le Soleil*, 7 mars 1977, p. C2.
[61] « Quebec Curling Customs », *The International Curling Magazine*, janvier 1961, p. 63.

à Jim Ursel le reproche de ne pas fraterniser suffisamment après la partie. Le curling de performance exige maintenant une discipline qui se reflète avant, pendant et après la partie.

Considérée sous l'angle de la sociabilité formelle, une transformation s'opère à l'égard de la vie associative. Les efforts consentis envers l'organisation s'essoufflent et la dynamique de mise en commun n'est plus la même ; retour à des comportements plus individualistes. Bien qu'elle conserve un très bel héritage des périodes précédentes, l'association traduit moins pour ses adhérents l'idée de permanence et d'engagement de long terme, une forme de fidélité. Le club n'est plus ce lieu d'identification et de convivialité, car il traduit davantage la fonction officielle du sport : la compétition et tout ce qui gravite autour.

Enfin, toujours regroupées mondialement sous l'égide du Royal Caledonian Curling Club, les différentes associations perçoivent au tournant des années 1970 un changement d'orientation. Cette noble mission de regrouper tous les curleurs du monde en une grande fraternité, de renforcer et de solidifier les liens d'amitiés va céder la place à l'idée de faire du curling une discipline olympique et d'organiser son championnat mondial. Du sommet de la pyramide, la direction est donnée vers un curling de performance qui relègue au second plan le curling des rapports humains. Les acteurs ont changé, mais pis encore, la sociabilité appréciée au titre de valeur ne recueille plus le même attachement. Nous devons y reconnaître une véritable mutation de sociabilité au tournant des années 1970.

Réconciliation de l'amateurisme et du professionnalisme

Maintenant que des bourses sont offertes aux curleurs, qu'une forme de rémunération est présente, le curling des années 1960 heurte-t-il la philosophie de l'amateurisme ? Par le passé, le curling n'avait jamais ressenti de pressions trop fortes venant d'un pouvoir financier. À la fois, il possédait les capitaux nécessaires à sa production en tant que forme de loisir et, par ailleurs, il ne devenait jamais un enjeu économique d'importance lié aux retombées de sa commercialisation. Le Brier est la seule compétition d'envergure où les revenus associés au guichet sont significatifs. Au milieu des années 1970, la télévision change quelque peu la donne mais elle entre tardivement. La compétition intitulée CBC Curling Classic offre désormais des bourses intéressantes[62].

Au Québec, les compétitions donnant droit à une bourse en argent ne sont pas légion au début des années 1960. La Canadian Branch veille au grain. Sa vigilance est d'autant plus grande que la position de la maison mère, le Royal Caledonian Curling Club (RCCC), est sans équivoque et va le demeurer : « We do not play in Scotland for prices other than those of sentimental value[63]. » La Canadian Branch adopte donc des règles d'admissibilité aux compétitions ; le joueur doit être un amateur et le statut d'amateur limite les gains d'un curleur à 150 $ par tournoi et à 600 $ pour l'équipe. Cette règle ne s'appliquera pas aux championnats officiels puisque l'idée de restreindre la participation à des tournois en raison de gains pécuniaires est l'objet de vives réactions dans l'Ouest du pays. Malgré des discussions qui vont durer plus de dix ans, l'Association canadienne de curling ne réussira pas à s'entendre sur quelque critère que ce soit visant à déterminer un statut amateur. Par la suite, le débat perdra de son intérêt et finalement ce statut ne sera jamais précisé à l'échelle canadienne. On accepte une situation de fait ; c'est le triomphe d'un curling où les clubs mettent à l'enjeu de plus en plus de prix en argent afin de maintenir l'intérêt et survivre. À l'exception de Jim Ursel qui pourrait presque en faire un gagne-pain, les curleurs se partagent des montants dérisoires qui ne servent en fin de compte qu'à éponger les dépenses de séjour lors des compétitions. En tant que sport-spectacle et sport-image, le curling ne génère pas les conditions, les ressources nécessaires à la création de véritables professionnels du sport. Porté à l'origine par des velléités qui voulaient qu'il devienne discipline olympique et se conforme à un code très rigide de l'amateurisme, le curling abandonne au cours de cette période l'intention de définir un

---

[62] « Ursel assure le Québec d'une forte représentation », *Le Soleil*, 18 février 1976, p. B3.
[63] « Curling Die-Hards Nix for Curling Porposal », *Quebec Chronicle-Telegraph*, 14 février 1970, p. 9.

statut d'amateur et entrouvre la porte à une forme de professionnalisme mineur.

D'une valeur toute noble qui consistait à se mesurer pour l'honneur, un enjeu sentimental « *the true spirit of the game* », le monde du curling accepte dorénavant de ne pas exclure des championnats un nombre de plus en plus grand de curleurs qui touchent de l'argent. Sans qu'elle sonne définitivement le glas de l'esprit de l'amateurisme, la décennie soixante-dix annonce une pratique plurielle du curling avant que ne survienne la mise au rancart définitive de cette idéologie par le Mouvement olympique.

Le curling, un moyen de préservation de la santé ?

Au moment où les gouvernements prennent conscience de leur rôle[64] en santé publique, la voie de la prévention devient un choix logique face à la montée de maladies dégénératives associées à un mode de vie sédentaire des citoyens. Les troubles de l'appareil circulatoire constituent la principale menace avec un taux de morbidité qui culminera au début des années 1980 autour de 44 %[65]. Premier au ban des accusés, le tabagisme ; au début de la décennie soixante-dix, le ministère canadien de la Santé mettra de l'avant plusieurs programmes visant à informer les Canadiens des méfaits de la cigarette. Fondé en 1976, le Conseil québécois sur le tabac et la santé regroupe une vingtaine d'organismes actifs dans la réduction du tabagisme. Grâce à Macdonald Tobacco, commanditaire du Brier et des championnats provinciaux masculin et féminin, le curling a une histoire de très bons rapports avec le monde du tabac. Cela ne signifie pas pour autant que tous les curleurs sont des fumeurs et qu'ils approuvent le fait de fumer pendant un match. D'ailleurs, aussi loin qu'en 1870, dans les délibérations du club Caledonia on a retrouvé une proposition qui visait à restreindre la consommation de tabac durant les matchs. Cent ans plus tard, très peu d'évolution, la presse

---

[64] L'ouvrage présenté ici n'est qu'un exemple des publications gouvernementales qui préconisent une approche plus globale en santé. Marc Lalonde, *Nouvelles perspectives de la santé des canadiens*, ministère de la Santé nationale et du Bien-être social, Ottawa, 1974, 82 p.

[65] Paul-André Linteau, *op. cit.*, p. 406.

sportive nous montre souvent les curleurs en action, cigarette ou cigare au bec lors de compétitions relevées (figure 70). L'image ainsi projetée ne correspond plus tout à fait à une conception nouvelle de la pratique de l'activité physique et du sport dans une perspective de santé.

Figure 70
Cigare au bec pour le lancer inaugural ! (*circa* 1960)

Source : archives personnelles de Réal Goyette.

En effet, avec la création de Kino-Québec[66] en 1978, les Québécois sont incités à aller « jouer dehors ». C'est un mouvement vers les activités

---

[66] Cet organisme avait pour but d'améliorer et de maintenir la condition physique des Québécois. Leur slogan promotionnel « Va jouer dehors » connaîtra un succès de marketing incontestable.

de plein air, l'idée d'un sport accessible à une masse de pratiquants et la recherche d'une bonne dépense d'énergie. La popularité du ski de fond et la montée grandissante des épreuves du marathon correspondent davantage au goût des jeunes *baby-boomers*. Le curling se situe presque aux antipodes. Il se pratique dans une enceinte fermée totalement artificielle : la glace, la lumière, quand ce n'est pas l'air ambiant vicié par de la fumée de tabac[67]. De plus, le curling est perçu comme une activité où la dépense énergétique est faible, un proche parent du sport des quilles. L'effort exigé pour le balayage de la pierre est plutôt associé à celui d'une tâche ménagère. Le curleur André Émond sent le besoin de changer cette perception générale : « Je connais aussi des joueurs de hockey et de football qui pratiquent ce sport comme mesure d'entraînement. Et croyez-moi, ils sont en sueur quand ils retournent au vestiaire[68]. » Le mythe du curling comme un sport d'habileté peu exigeant physiquement et à faible incidence sur la santé a désormais la vie tenace. Sa longue association avec le monde des spiritueux et de la cigarette ne sera pas sans peser sur son image. Or, la pratique du sport des années 1970 devait entraîner des retombées positives pour la santé. On peut estimer que cette valorisation de la santé par le sport a eu un impact négatif sur la popularité du curling. En revanche, l'établissement d'un curling de performance aura contribué à changer la perception qu'il soit peu exigeant physiquement.

Quand il est question de rompre avec le passé

En évoquant les mots de Révolution tranquille, surgit à l'esprit l'idée d'un changement, une transformation qui n'est pas exclusive au Québec et qui se réalisera sur près de deux décennies. Mais plus que le changement lui-même, c'est la place que les idéologies du changement vont prendre dans les sociétés occidentales. Le traditionalisme se voit reléguer au second plan par un courant de pensée qui valorise dorénavant la rupture avec les usages du passé. En curling, on est loin de balancer par-dessus bord toutes les traditions et tous les rituels au début des années 1960. Le bonspiel de Québec met de l'avant en 1961 son club des

---

[67] *Le Soleil*, 28 janvier 1968, p. 8.
[68] « Le curling débute ... et c'est gratuit », *La Presse*, 5 octobre 1972, p. B9.

Decaders constitué de personnes engagées dans le tournoi depuis plus de dix ans[69]. De 1927 à 1969, Charles Fyon, un curleur de Montréal, assiste sans interruption au bonspiel international de Québec. Quand il ne fut plus en mesure de jouer, il resta présent en commanditant une équipe. L'organisation va l'honorer pour cette fidélité remarquable. Les articles de journaux soulignent encore la participation de long terme[70]. La presse sportive de 1962 fait état d'un match où l'expérience des joueurs exprimée en années atteint 350 ans[71]. Les commémorations font toujours l'objet d'une attention particulière dans les établissements. Les patronages des organisations et des clubs se poursuivent à cette époque et le gouverneur général du Canada demeure le patron de la Canadian Branch. Le lieutenant-gouverneur remplit la même fonction honorifique auprès de la PQCA.

Toutefois, à la fin des années 1960, un fil va se rompre et on voit de nombreux usages se perdre. Les représentations d'un patrimoine écossais s'estompent graduellement. On identifie de moins en moins les curleurs et le curling à cette provenance. Longtemps portée par nombre de curleurs de toutes les origines ethniques, la coiffure écossaise n'a plus la cote. Le journaliste Vern De Geer décrit ainsi l'amorce de ce changement : « It is noticeable that the time-honored curling coat, the Balmoral and the Glengarry and sombre colors are fast desapearing ... The headgear is most fascinating ...[72]. » Les Écossais et les Canadiens maintiennent les rencontres de la coupe Strathcona, mais le programme social qui les accompagne puise moins ses références du passé.

Plus symptomatique encore de la perte d'un héritage est le sort qu'on réservera à des joyaux du patrimoine sportif. En 1971, le Quebec Curling Club célèbre son 150ᵉ anniversaire. Les modestes activités

---

[69] « Plus de 700 curlers envahissent Québec », *Le Soleil*, 23 janvier 1971, p. 22.
[70] « What Gives. Sportman Fyon Passed Away », *Quebec Chronicle-Telegraph*, 17 janvier 1970, p. 10.
[71] « Outremont Has Eight End Rink Members All Over 60 », *The Gazette*, 15 février 1962, p. 27.
[72] « Good Morning », *The Gazette,* 14 janvier 1957, p. 27.

commémoratives[73] se résument à la tenue d'un bonspiel de fin de saison. La couverture médiatique ira en conséquence. Considéré comme vétuste et problématique, le patrimoine physique[74] du 835 rue Fraser disparaîtra sans que des voix s'élèvent pour le conserver. Autre exemple, au sein d'une région pourtant dynamique en curling, le Three Rivers Curling Club commémore son centenaire en mai 1975 en organisant un banquet. Les médias vont informer de l'événement sans faire référence à son passé glorieux. Deux ans plus tard, le club est vendu à des intérêts privés.

Certains symboles de la culture anglo-saxonne disparaissent aussi et les rituels se transforment. À Québec, en 1977 lors du championnat mondial junior, il est question d'une cérémonie qui veut rompre avec le protocole habituel. Les propos du journaliste Sabourin en témoigne : « Un spectacle authentiquement québécois a été prévu pour la cérémonie d'ouverture où les joueurs de cornemuse seront absents...[75]. »

Au cours de toutes ces années, le curling a tout de même entretenu l'image d'un sport traditionnel. Mauvais choix stratégique, on ne peut concevoir que le plus fort contingent de la population adulte, les *baby-boomers* résolument tournés vers la nouveauté et le changement, vont faire du curling leur sport de prédilection. Du moins, ils seront plutôt timides à honorer le classicisme de cette activité.

D'une certaine masculinité à la mixité

Même si le curling n'a jamais eu l'étiquette d'un sport viril, socialement il est demeuré longtemps une activité à prédominance masculine. Toutefois, rappelons-le, dès le début du siècle les femmes imposent leur présence au sein de nombreux clubs. Lentement à la faveur des deux guerres où la société civile fait appel à leurs services, de nouveaux rapports hommes/femmes vont progressivement battre en brèche toute mentalité de camaraderie masculine.

---

[73] La brochure commémorative est peu volumineuse et elle n'est pas particulièrement bien documentée.
[74] En l'occurrence, le Quebec Curling Club.
[75] « Le curling est synonyme de mauvais temps à Québec », *Le Soleil*, 26 février 1977, p. D4.

Au début des années 1960, les hommes acceptent davantage de partager leurs loisirs avec leur conjointe (figure 71), mais selon un modèle encore traditionnel ces dernières doivent sacrifier ce moment de vie si la famille l'exige. En retour, l'animation des clubs s'enrichit de cette mixité. En plus d'occuper les heures creuses, les femmes sont d'excellentes collaboratrices en ce qui concerne l'organisation et la préparation des réceptions. Relent de traditions, les portes de certains clubs leur sont encore fermées. Par exemple, la presse rapporte que le club Caledonia innove en 1960 en laissant entrer au club un groupe de femmes ... qui viennent présenter un spectacle pour ces messieurs[76]. En 1965, le club Thistle adopte une stratégie de recrutement qui a pour cible l'élément féminin. Les regroupements qui ne se seront pas ouverts à la mixité assez rapidement vont en payer le prix. Le traditionnel banquet des curleurs du bonspiel de Québec est l'un des seuls renforts de la masculinité à ne pas s'effondrer à cette période. Encore aujourd'hui, l'activité n'est réservée qu'aux messieurs. « Que ce soit au niveau public ou privé, les relations entre les sexes ont évolué de façon spectaculaire depuis 1960[77]. » Indéniable, le

Figure 71
Une nouvelle construction des rapports hommes/femmes

Le couple Germain (flèche) joue et gagne ensemble ! Source : archives personnelles de Guy Germain.

---

[76] « Good morning », *The Gazette*, 22 mars 1960, p. 23.

[77] John A. Dickinson, *op. cit.*, p. 343.

chemin parcouru est colossal. Il faudrait nuancer encore un peu en précisant que ces transformations remarquables débutent dans l'après-guerre. Une nouvelle construction des rapports dans les loisirs émerge donc et le curling en est un exemple frappant. La mixité, on peut l'affirmer, est un fait accompli au cours des années 1960. Elle congédie une fois pour toutes cette mentalité de clivage entre les sexes. À la fin de la période, on envisagera le curling que sous un angle unique : celui des hommes et des femmes qui travaillent ensemble au bien commun de leur club, leur association, leur sport. Enfin, cette vision pave la voie à une nouvelle expression du loisir, celui qui se pratiquera dorénavant en compagnie de tous les membres de la famille.

Rapports plus égalitaires et perte de distinction

Au cours de cet intervalle de forte ébullition sur le plan des idées, des groupes de pression issus de domaines divers réclament des rapports plus égalitaires. Ils revendiquent en outre une participation à la société de consommation et l'accessibilité à tous les services, que ce soit en éducation, en santé ou en loisir. Toute barrière, toute restriction qui tend à créer des distinctions ou à maintenir des privilèges est perçue comme suspecte et dénoncée par une certaine gauche qui n'entend plus s'en laisser imposer. Les clubs privés de chasse et pêche vont l'apprendre à leurs dépens. La dynamique du curling n'est pas tout à fait semblable. Toutefois, un vent de démocratisation va bientôt souffler sur toute sa vie associative.

D'abord, c'est la conjoncture du marché de la décennie soixante-dix qui ramène sur terre ceux qui souhaitent le maintien d'un caractère distinctif dans cette activité de loisir. À titre d'exemple, très longtemps identifié à la bourgeoisie catholique anglophone, le Quebec Curling Club, vétuste et déserté graduellement après 1970, termine son existence glorieuse de plus de 150 ans comme un laissé-pour-compte, un simple club école servant à la relève des joueurs juniors. On s'imagine difficilement qu'il ne pouvait se trouver à Québec un groupe soucieux de relancer le club le plus prestigieux de l'histoire de la ville. Le club Victoria connaîtra un meilleur sort malgré une expropriation et un déménagement en 1969. Rendez-vous de l'élite sociale de Québec durant une bonne partie du XXe siècle, ce club transforme son image en adoptant une attitude plus populiste. En 1980, il consent à faire la promotion du curling dans un centre commercial de Québec[78]. C'est à ce prix qu'il se maintient. À Montréal, les clubs vont adopter des stratégies analogues. Avec des établissements situés pour la plupart à l'Ouest de la rue Saint-Laurent, à Westmount, à Outremont, Ville Mont-Royal, Ville Saint-Laurent et dans le West Island, le curling montréalais a longtemps diffusé une image de sport de classe et de sport anglophone[79]. De plus, la proximité de la bourgeoisie d'affaires et les politiciens avec le milieu du curling a contribué à entretenir cette image de distinction sociale depuis ses origines. Dans *La Presse* du 5 octobre 1972, le curleur André Émond se voit dans l'obligation de lancer un appel auprès de ses compatriotes : « J'invite toute la population montréalaise à venir pratiquer le curling ce soir et demain soir au club Caledonia[80]. » Par le passé, on ne sollicitait pas à une si vaste échelle. L'intention de raffinement n'a plus sa place et il est préférable de ne pas trop étaler sa différence sociale. Le déplacement vers d'autres pôles de distinction va devoir se faire discrètement empruntant alors chez les sportifs des modes comme le golf ou le yachting. Le curling, lui, est en voie de perdre cette étiquette de sport de classe. Le passage est progressif au cours de ces deux décennies.

Déclin et survie

Certes, la décennie soixante a apporté son lot de changements sur les plans politique, social et culturel. Le sport ne pouvait échapper à cette mouvance. Sans nier que le contexte y soit pour quelque chose, nous allons nous livrer maintenant à une analyse plus approfondie en tâchant de fournir quelques explications de ce déclin et en identifiant des facteurs positifs qui ont permis la transition et assurer la survie de ce sport.

---

[78] « De la région de Québec », *Curling,* Bulletin de la Fédération québécoise de curling, vol. 2, n° 1, octobre 1980, [s.p.]
[79] Jean Boivin, « Curling Different in La Belle Province », *Canadian Curling News,* février 1986, p. 14.
[80] « Le curling débute … et c'est gratuit », *La Presse,* 5 octobre 1972, p. B9.

Quand l'équilibre de l'offre et de la demande est modifié

Les observations antérieures de ce chapitre permettent maintenant d'apprécier l'état global du marché du curling. Rappelons-le, en 1960 la santé financière des clubs est florissante et les membres sont nombreux. Strictement sous les modes du parrainage et de la cooptation, peu d'individus peuvent espérer devenir membre d'une organisation en raison d'une faible vacance. Le départ précipité d'une certaine élite anglophone combiné à une offre de plus en plus diversifiée de sports d'hiver modifient la demande au sein des clubs. La nécessité d'une utilisation efficiente de la capacité signifiera une ouverture nouvelle à l'égard d'un plus vaste public. La transition se fera plus naturellement en région puisque l'entreprise fondatrice du club de curling a tout intérêt à ce que les premiers bénéficiaires soient ses propres travailleurs. Comme nous l'avons vu, les ouvriers d'usine ont démontré un éveil à l'égard du curling, les bonspiels d'employés se multipliant dans l'après-guerre.

L'offre de curling se transforme aussi. Même si les établissements demeurent structurés sur le modèle du *private club*, la formule du *pay-as-you-play*[81] fait son entrée au Québec en 1962 avec l'arrivée du club Bonaventure[82] situé sur Côte-de-Liesse à Montréal, une enceinte de douze glaces où l'adepte de curling n'a plus l'obligation de devenir membre. À la manière d'un salon de quilles, l'amateur achète un temps d'utilisation pour une période déterminée. Le phénomène existe déjà dans l'Ouest canadien et semble en croissance. Cette forme d'organisation reflète un état de gestation des pratiques de consommation associées au monde du curling. Le club Bonaventure n'existe plus en 1974 ; toutefois, son mode de fonctionnement basé sur la possibilité d'acheter du temps de glace sans être nécessairement membre devient une pratique plus coutumière.

---

[81] « Démonstration de curling au magasin Eaton de Montréal », *Le Devoir*, 19 janvier 1962, p. 12.
[82] La demande du club Bonaventure afin de devenir membre de la Canadian Branch sera rejetée parce que le club ne répond pas aux critères qui sont d'avoir au moins 32 membres en règle et de posséder une constitution conforme aux prérogatives de la société mère. Le procès-verbal de la réunion du conseil d'administration du 28 avril 1962 de la Canadian Branch en fait état.

À Québec et à Montréal, les difficultés liées à un marché défavorable apparaissent dans les premières années de la décennie soixante. Le club Thistle nous en fournit un bon exemple. En effet, dans une lettre datée du 6 avril 1964 et destinée aux membres, le président du club M. Walsh écrit : « There appears to be one serious weakness in our present situation and that is the steady reduction in our ordinary membership over the past few years[83]. » De 1962 à 1972, le club mettra de l'avant des stratégies pour redresser la situation. Après qu'il se soit doté de comités permanents de recrutement et d'orientation, la décision de former la section féminine arrive lors de l'assemblée annuelle du 15 avril 1965. « That as our urgent need is new members, we fell that it has become apparent that an all male curling club is not attractive to many married curlers[84]. », peut-on lire dans les comptes rendus du club. À l'assemblée générale du 20 avril 1972, les règlements sont modifiés afin d'autoriser une nouvelle catégorie de membres, des joueurs de niveau junior âgés de 18 à 21 ans. Révélant tout de même une situation financière saine au début des années 1960 avec très peu de passifs et aucun engagement de prêts à long terme, le bilan se détériore par la suite. En 1972, l'entreprise encaisse un déficit de 2 785 $. Ce résultat couronne cinq années de pertes consécutives. L'année précédente avait été désastreuse avec un manque à gagner de plus de 6 000 $ sur un chiffre d'affaires de 38 000 $. Les coûts de main-d'œuvre et les dépenses associées à la salle à manger vont continuer d'être la préoccupation des différents bureaux de direction au cours de la période. Cependant, le seul poste de dépenses en véritable explosion est le compte de taxes qui augmente de 259 %[85] sur dix ans. Peut-on concevoir que le cas du Thistle reflète une situation généralisée dans les autres clubs ? Sans qu'il soit possible de l'affirmer catégoriquement, il faut reconnaître que les difficultés de cette organisation ne tiennent pas du fait isolé.

---

[83] *Minute Book* du club Thistle, 1960-1980. Archives du musée McCord, Montréal.

[84] *Minute Book* du club Thistle, 1960-1980. Archives du musée McCord, Montréal.

[85] En comparaison, les coûts de main-d'œuvre s'accroissent de 53 %. Le tout est ici considéré en dollars courants.

Dans ce contexte de détérioration, quels choix stratégiques s'offrent aux différents établissements des grandes villes ? Comme en région, ils peuvent s'ouvrir à un plus large auditoire en délaissant un mode de sélection rigide et en commercialisant les heures de glace inutilisées. Toutefois, la vie associative traditionnelle peut s'en trouver compromise ; c'est l'abandon du sentiment identitaire et la perte de la valeur distinctive associée à la fréquentation du club. Cette situation risque alors de conduire à un désengagement encore plus important des membres. D'autre part, un club a toujours le choix de préserver son identité, une forme de repli sur lui-même en restant fidèle à ses prérogatives de groupe. Cette stratégie conservatrice repose sur la capacité des membres de financer la survie. Si l'effectif du club diminue, on exige alors un effort accru des membres. Or, la capacité de payer des uns et des autres finit par atteindre ses limites. Les installations physiques sont les premières à en souffrir et lentement les membres émigrent vers d'autres établissements. L'organisation se résigne à une sorte de mort lente, prisonnière d'une image qu'elle a colportée dans le public et dont elle ne peut plus se défaire. Acculées à la faillite, des corporations passeront à des intérêts privés. Tout en conservant la formule d'un membre abonné, ces clubs assurent une forme de continuité, mais dorénavant l'accent est placé sur la clientèle sans distinctions particulières de classe, d'ethnie et de sexe.

Bref, en quête de nouveaux membres, les clubs vont quitter un mode de sélection rigide fondé sur un réseau de parrainage à une forme plus démocratique sans distinction de classe. Le passage sera graduel. Sans être identifié à l'élite sociale de la communauté, un sportif curieux de curling peut dorénavant devenir membre d'un club sans l'aide de quiconque. De plus, sans se donner le statut de club à la carte, du type *pay-as-you-play*, les clubs offriront des heures de glace inutilisées à des individus ou à des groupes non membres.

Les « grands événements », une bouée de sauvetage
Si le curling vit à cette période des difficultés nouvelles liées à une altération de son caractère social, il en va autrement avec la dimension sportive. Le sport bénéficie désormais d'une couverture médiatique respectable en fonction des manifestations d'envergure qui se déroulent.

Ces moments forts, dirons-nous, deviennent des incontournables puisqu'il faut leur reconnaître un impact pour la suite des événements, un effet structurant sur l'évolution des mentalités. De plus, tout en provoquant une certaine excitation collective, ces grands moments contribuent à la diffusion du sport, sa popularité et sa visibilité déposant du même coup les matériaux qui le pérennisent. Ainsi, lorsque Noranda obtient la tenue d'un premier championnat scolaire canadien en 1960[86], le fait peut sembler secondaire en apparence, mais il traduit toute la vitalité du sport et nous éclaire un peu plus sur le dynamisme d'une région. Le tableau 21 relate les événements les plus marquants de cette période.

Tableau 21
Les événements marquants (1960-1980)

Année	Événement	Lieu
1960	Championnat scolaire canadien	Noranda
1961	Premier championnat provincial de curling mixte	Québec
1962	Première télédiffusion de curling sur le réseau de la CBC	
1963	Le Québec, deuxième place au championnat scolaire canadien	Guelph
1965	Premier championnat provincial de curling senior masculin	Montréal
1967	Championnat canadien masculin Brier	Hull
1967	Premiers Jeux d'hiver du Canada	Québec
1967	Championnat canadien mixte	Québec
1967	Championnat canadien féminin	Ville Mont-Royal

---

[86] « Alberta Rink Takes School Curling Title », *The Gazette*, 20 février 1960, p. 30.

1967	Le Québec, deuxième place au championnat canadien féminin	Ville Mont-Royal
1967	Championnat canadien senior	Ville Mont-Royal
1968	Championnat mondial de curling	Pointe-Claire
1970	Maurice Campbell, premier président francophone de l'Association canadienne de curling	Cap-de-la-Madeleine
1971	Championnat canadien masculin Brier	Québec
1972	Premier championnat provincial de curling junior féminin	Île de Montréal
1972	Le Québec, deuxième place au Brier	Saint-Jean Terre-Neuve
1972	Première victoire d'une équipe québécoise dans un championnat canadien, Ken Weldon, curling senior	Port-Arthur
1972	Premier championnat provincial de curling senior féminin	Montréal
1973	Championnat canadien féminin junior	Montréal
1975	Première victoire du Québec au championnat féminin canadien, Lee Tobin	Moncton
1977	Championnat canadien masculin, Brier Première victoire du Québec au championnat canadien masculin Jim Ursel	Montréal
1977	Championnat mondial junior	Québec
1980	Première victoire du Québec championnat junior canadien masculin, Denis Marchand	Sault-Sainte-Marie

Succès de performance ou d'organisation, ces présentations ont façonné le curling québécois d'une manière toute particulière. Les grands moments d'un sport jouent donc un rôle capital et participent à l'institutionnalisation de la forme sociale à partir d'une fierté ressentie dans un simple club jusqu'aux retombées au sein des organisations nationale ou internationale. Si le curling québécois réussit sa transition, c'est en partie parce qu'il sait maintenir le grand événement médiatisé.

Conclusion

Avérée ! La période 1960-1980 a été celle de nombreux bouleversements, de transformations majeures mesurées à l'aune de la société et aussi à l'intérieur de ce microcosme que constitue le sport du curling. L'activité marque un temps d'arrêt de son développement et vit un premier déclin qui, somme toute, est bien senti après 1970 : diminution du nombre d'établissements, difficultés de recrutement, détérioration des bilans financiers, déclin de la couverture journalistique et difficulté nouvelle à recruter les commanditaires. Bref, il résulte de cette conjoncture une offre excédentaire de places.

Par un mouvement migratoire qui prive le curling d'une partie importante de sa clientèle traditionnelle, la relève de la garde s'effectue avec une participation accrue des francophones. La naissance de la Fédération québécoise de curling demeure le catalyseur principal de ce changement. Aussi, cette relève puise une partie de son dynamisme chez les femmes, les travailleurs, les curleurs plus jeunes. C'est bien le triomphe de la mixité et de la jeunesse sans distinction de classes. Le curling reflète désormais les valeurs d'un sport démocratique accessible à tous. Aussi, se trouve-t-il altéré dans sa culture interne. D'une part, une sociabilité typique qui a été florissante, pour ne pas dire glorieuse, se transforme radicalement au tournant des années 1970. Certes, subsiste çà et là des moments de convivialité, des repas, des fêtes, mais la vie des clubs n'est plus autant celle des relations humaines. Ce que la vie sportive a gagné, la vie associative en a été dépossédée. D'autre part, mieux que tous les autres sports, le curling a toujours démontré un attachement profond à la tradition, au respect d'un patrimoine et d'une mémoire. Au cours des années 1960 et 1970, on perçoit, dans cette idée de rompre avec la tradition et les usages du passé, une forme de discours dominant. C'est la rupture pour la rupture et le changement devient presque le nouveau

« roi clandestin » de la société. Dans ce contexte, le curling, bastion d'un conservatisme, en ressent quelques secousses. Il se voit dépossédé d'une partie de ses repères. Le sport survit non sans laisser quelque partie de lui-même. Dorénavant, il prendra appui sur ses contenus sportifs.

Enfin, si le repli de popularité du curling apparaît nettement à la fin des années 1960, il faut se demander si c'est là une caractéristique exclusive à la nation québécoise. Le rapport annuel[87] de l'Association canadienne de curling fournit en partie réponse à ce questionnement. En 1969, à l'exception du Nord de l'Alberta, toutes les régions canadiennes enregistrent des baisses légères de l'adhésion des membres et du nombre de clubs. Une perte de ferveur se manifeste donc à plus forte échelle. Les maux du curling sont étendus, communs à plus d'une province et même d'un pays. L'Écosse vit aussi une transition.

---

[87] *Annual of the Royal Caledonian Curling Club*, Édimbourg, 1969-1970, p. 74. (385 p.)

CONCLUSION GÉNÉRALE

En établissant le projet d'écrire une histoire sociale du curling sur près de 200 ans, nous ne pouvions soupçonner l'ampleur de la tâche à travers une telle densité de la vie associative. Toutefois, les efforts déployés nous permettent aujourd'hui de mieux saisir, comprendre et apprécier une réalité sportive dans ses moindres replis. Un peu comme l'alpiniste qui ne fait qu'un pas à la fois en gravissant la montagne, la montée est souvent longue et ardue mais au bout du compte, la perspective qui se dévoile au sommet est à nulle autre pareille.

Cette recherche historique aura permis de tracer l'évolution intrinsèque de ce sport et d'estimer à quel rythme le curling va bâtir son rapport compétitif : il pose d'abord ses premières compétitions en 1874 ; ensuite, autour de 1890, il acquiert une dimension de progressivité dans ses rencontres officielles en établissant un processus d'élimination entre les établissements participants ; à compter de 1914, le curling québécois se dote d'une première compétition en simple. En 1927, la nécessité de nommer un champion à une plus vaste échelle entraîne une première compétition canadienne sans pour autant que soit respecté un principe de sélection progressive[1] de l'équipe québécoise participante. L'année 1948 marque une évolution vers une plus grande équité entre les régions tout en affirmant de façon définitive le principe de progressivité. En procédant à un découpage du territoire québécois, les autorités du championnat provincial convient chaque district à désigner par un processus éliminatoire son représentant à la grande finale provinciale. Toutes les régions peuvent dorénavant rivaliser d'adresse entre elles. En curling québécois, le stade de la maturité est presque atteint puisqu'on nomme un champion à l'échelle de la province en respectant les principes de progressivité et d'équité dans le déroulement des compétitions préalables. Quel ingrédient lui fait encore défaut ? Il faudra simplement que le sport

---

[1] Selon ce principe, rappelons qu'une première éliminatoire doit déterminer un gagnant local, une seconde, la meilleure équipe régionale et ultimement, la dernière étape, le champion provincial.

offre la possibilité à tous de jouer sans distinction de classe. Cette ultime étape est franchie au cours de la période 1960-1980. Malgré sa naissance hâtive qui en fait le premier sport d'hiver en Amérique, le curling ne détient pas une longueur d'avance dans son processus de « sportivation ». D'autres sports naissants autour des années 1870 établiront plus rapidement leur rapport compétitif et atteindront tôt au XXe siècle le stade de la maturité.

Cette entrée en matière nous amène à un premier constat. Chaque sport se construit selon une configuration qui est la sienne en fonction des motivations des individus qui s'y regroupent. Ces contenus de socialisation qui s'avèrent différents d'une discipline à l'autre donnent à chaque sport sa personnalité. Des activités tels le hockey et le baseball verront leurs contenus davantage axés sur l'idée de compétition, de concurrence directe, d'enjeux de nature économique ou culturelle et de prestige lié à la victoire. Sur près de deux siècles, le curling va se configurer avec une certaine lenteur, passant globalement de la prépondérance accordée à la sociabilité au triomphe récent[2] de la compétitivité (sportivité) à travers une alternance de cycles où l'un ou l'autre a pu être dominant.

Divulgation et appropriation du curling par différents groupes

Même si un sport en tant que forme sociale tend à s'objectiver, à acquérir au gré du temps une vie autonome indépendante des individus qui lui ont donné naissance ou l'ont animé à un certain moment, notre questionnement ne pouvait entièrement se détacher des acteurs, d'autant plus que la participation des Canadiens français et de la classe ouvrière avait fait l'objet d'une attention particulière dans l'historiographie québécoise du sport.

Grâce à la substantielle base de données constituée à partir des archives du Royal Caledonian Curling Club (RCCC), il a été possible d'établir la faible participation des francophones à cette activité. Ce sport ne leur sera pas divulgué avant les années 1920 et la véritable

---

[2] Nous avons situé ce passage au tournant de la décennie soixante-dix.

appropriation s'opère par la suite au tournant des années 1970. La thèse du retard est recevable. À quoi une aussi longue hésitation à l'égard du curling est-elle attribuable ? Sans nous être livré à une étude aussi systématique d'autres sports, nous savons que la présence canadienne-française s'est fait sentir dès le XIXe siècle dans les activités comme la raquette, les courses de chevaux, le baseball. Après 1870, véritable moment de l'éclosion du phénomène sportif à l'échelle planétaire, la bourgeoisie canadienne-française accueille cette culture « étrangère » à un rythme comparable à d'autres sociétés dans le monde. On peut difficilement expliquer le retard en curling par le fait que les francophones refusent globalement les valeurs sportives. Certes, la tradition écossaise n'est pas très évocatrice à leurs yeux et l'idée de s'amalgamer avec l'Anglo-Saxon est peu enthousiasmante avant le XXe siècle, mais c'est ailleurs qu'il faut rechercher les motifs de leur faible participation.

Si les Canadiens français accusent un retard qu'ils ne combleront qu'à la toute fin des années 1970, c'est qu'ils ne réussissent pas à se créer avant 1925 un premier lieu identitaire comme ce fut le cas avec le club Jacques-Cartier de Québec. À Montréal, au début du siècle, on ne pouvait compter sur un bassin suffisant de curleurs francophones afin de se doter d'un club bien à soi. Il faudra attendre la fin des années 1950 avant d'y parvenir. Et pourquoi les Canadiens français se retrouvaient-ils en si faible nombre dans ce sport au début du XXe siècle ? Le mécanisme très rigide de la sélection par cooptation n'aura permis de faire entrer dans les clubs que quelques francophones intimement liés à la bourgeoisie anglo-britannique de Montréal et de Québec. Les Canadiens français ont essuyé une discrimination, un favoritisme qui n'a pris fin qu'avec le déclin du curling amorcé au cours des années 1960 et la mise au rancart de ce mode de sélection. Sans lieu d'appartenance dans une ville comme Montréal, le curling était condamné à une progression très lente chez ces derniers. Toutefois, avec une seconde vague d'industrialisation, le sport allait établir de nouveaux foyers majoritairement francophones en province. Enfin, l'ouverture envers la masse des adeptes, la création de la Fédération québécoise de curling en 1976 et sa structuration sur une base régionale marquent sans contredit le moment de l'appropriation du sport par les francophones.

Quel aura été l'état des rapports au quotidien entre francophones et anglophones au sein des clubs ? Sur le plan associatif, jusqu'à la naissance de la Fédération québécoise de curling, aucun événement ou incident ne révèle de résistances particulières entre les deux groupes. *A contrario*, les curleurs anglophones sont plutôt fiers de voir les francophones s'intéresser à ce sport. Les rapports entre les établissements sont cordiaux comme cela doit être le cas au sein d'une société qui profite d'une bonne éducation. Le curling est même cité en exemple comme un modèle d'harmonie entre les « races ». Un événement comme le bonspiel de Québec crée des passerelles, des lieux d'échange et de sociabilité entre les deux communautés. Enfin, lorsque les premières étincelles de tension se manifestent avec la création de la Fédération québécoise de curling, il faut éviter de conclure trop rapidement qu'il s'agit essentiellement d'un conflit de nature ethnique et y reconnaître aussi une lutte de pouvoir entre différentes associations déjà bien enracinées qui revendiquent le leadership de ce sport.

Jusqu'aux années 1960, le curling présente l'image d'un sport réservé à une élite bourgeoise constituée majoritairement d'adeptes issus du milieu des affaires. Dans la réalité, cette représentation est-elle surfaite ? Nos recherches ont révélé que le curling a maintenu cette prérogative de classe tout au cours du XIXe siècle. Pendant que d'autres sports s'ouvrent à la masse au début du siècle suivant, le curling renforce dans les premières décennies son caractère élitiste. Après 1940, l'implantation de la grande industrie en région est à l'origine de la fondation de nombreux clubs et laisse croire à un glissement graduel vers la classe moyenne en intégrant davantage de contremaîtres et de travailleurs spécialisés. Toutefois, les manières d'être des adeptes qui persistent encore au début de la Révolution tranquille dénotent une appartenance bourgeoise. Certes, il y a eu divulgation aux travailleurs dans l'après-guerre, néanmoins, ce n'est qu'au cours des années 1970 que le sport prend dorénavant les allures d'une activité de masse accessible à tous. Un déséquilibre considérable de l'offre et de la demande congédie pour de bon toute prétention de distinction.

Pourquoi le curling va-t-il rester si longtemps un sport de classe ? D'une part, au cours du XIXe siècle, le revenu personnel des travailleurs et le temps disponible ne favorisent pas leur participation. D'autre part, sur plus de 150 ans, le curling tient à cette représentation d'un sport huppé. Jusqu'en 1930, l'effectif des joueurs se concentre majoritairement à Montréal et plus que toute autre ville canadienne, la prospère métropole conforte cette image de marque. Outre le Royal Montreal Curling Club qui regroupe *the most proeminent citizen*, chaque club peut compter sur un noyau significatif de citoyens « respectables ». La composition sociale des clubs de Québec ne diffère pas. La classe ouvrière ne démontre donc pas une attirance particulière à l'égard de ce sport et de plus, elle ne voit pas d'avantages financiers à sa pratique puisqu'il n'y a jamais l'occasion d'un gain matériel. Cependant, de la même façon qu'il s'est appliqué pour les Canadiens français, un mécanisme de sélection par cooptation dans un contexte de rareté de places a tenu en marge des clubs tous ceux qui ne participaient pas au réseau social de la bourgeoisie.

Lorsque le curling est divulgué à la gent féminine au cours de la décennie 1890, rien ne permet de prévoir la place qu'elle occupera au cours du XXe siècle. Et pourtant en 1980, une femme préside la Fédération québécoise de curling. L'organisation du curling se vit dorénavant sans distinction de sexe. En remontant le temps, plus étonnant encore est la présence remarquée des femmes dès les années 1870-1880, non seulement en tant que spectatrices, mais aussi participantes à de nombreuses activités physiques comme la raquette, le patinage et le curling. Globalement, le sport ne peut être considéré comme un monolithe, le lieu d'une camaraderie exclusivement masculine. Il y a place pour une diversité des rapports. Cependant, dans les activités où l'intensité de l'effort est élevée, une conception masculine du sport laissera peu d'espace à la femme dans la première moitié du XXe siècle. On préconise pour elle que les activités où sa grâce et sa féminité ne sont jamais mises à rude épreuve. En curling, il n'y aura pas de concurrence sur cet enjeu puisque le sport ne heurte jamais la féminité. La présence féminine est souhaitée et plutôt appréciée.

Comme chez les hommes, il est vrai que l'on s'adresse à l'élite de la société canadienne-anglaise. La contrepartie francophone sera totalement absente jusqu'à la Seconde Guerre mondiale. Les contraintes qu'une certaine classe dirigeante et le clergé catholique ont laissé peser sur la sociabilité de la femme canadienne-française ne sont pas étrangères à ce retard dans un ensemble de sports incluant le curling. Dans l'après-guerre, les curleuses assument encore un peu plus leur place, et les années 1960-1970 voient éclore leur capacité de leadership. Elles prennent véritablement le relais au moment où les hommes ne démontrent plus le même enthousiasme. Un peu comme les scories d'un brasier en voie de s'éteindre, les dernières enclaves essentiellement masculines s'effacent les unes à la suite des autres au cours des années 1960. Le curling de la fin du XXe siècle est bien le triomphe de la mixité et les femmes y jouent un rôle de premier plan.

Entre sociabilité et sportivité

En tant que forme affranchie, le curling s'est transformé à travers une pluralité de valeurs, celles qu'il partage avec tous les autres sports ou valeurs supportées par un groupe qui assume momentanément les destinées de l'activité. Sur un horizon de longue durée, quelques courants ont imprégné davantage l'univers du curling.

Primo, dans un contexte de colonialisme, l'appartenance ethnique s'affiche de façon décisive dans la première moitié du XIXe siècle à travers des manifestations d'hostilités à l'intérieur comme à l'extérieur des frontières. Par la suite, au fur et à mesure que les tensions s'estompent, chaque groupe tisse ses alliances et définit ses rapports avec les autres communautés. Toutefois, cette conscience identitaire reste forte tout au long du XIXe siècle. Introduit au Québec par le colonisateur, le curling, de par ses traditions et ses rituels, porte d'abord les stigmates d'un sport écossais. Tout en prêchant la fraternité entre les « races », les adeptes entretiennent l'idée d'étaler leur différence ethnique, d'affirmer avec fierté leur nation d'origine. Non sans un certain humour, tout ce qui n'est pas Écossais ne peut être que *Barbarians*. Jusqu'à la Seconde Guerre mondiale, les Anglais, les Irlandais, les Écossais et même les Canadiens français vont se prêter de bonne grâce à ce jeu social. En second lieu, le respect de la tradition est une autre valeur qui aura façonné le curling dans son essence sur près de deux siècles. Témoignant sa vénération pour le grand âge et pour tout ce qui dure, le milieu du curling a pleine conscience de sa pérennité. Rapidement, il prendra les dispositions nécessaires à la préservation de ses patrimoines. Aucun autre sport québécois n'a laissé autant de traces sur une aussi longue période de temps. Troisièmement, le *sportsman* qui émerge dans la seconde moitié du XIXe siècle exprime avec le curling un style de vie qui lui est propre. Le sport en général agit comme un marqueur social, une façon d'afficher sa distinction. Pendant près de deux siècles jusqu'au milieu des années 1960, le curling aura servi à révéler une appartenance sociale, à confirmer un milieu.

Toutefois, s'il est une valeur qui surpasse toutes les autres et confère au curling sa personnalité unique, c'est celle de la sociabilité. L'essence de la sociabilité n'interdit pas la présence de compétitivité ou, dirons-nous, de sportivité. En revanche, le gain de l'un se sera réalisé au détriment de l'autre. Ainsi, grâce à une observation étendue dans le temps, il a été possible de reconnaître certaines mutations de sociabilité. Avant 1840, le curling semble plutôt un prétexte à la rencontre. Après 1840, il cède la place à des rapports davantage axés sur la compétition. La décennie 1890 marque encore une transition, une remontée de la sociabilité qui se poursuivra durant la première moitié du XXe siècle. De par le nombre et la qualité de ses manifestations, le curling vit l'âge d'or de sa sociabilité entre 1920 et 1960. Les années 1970 sonnent le déclin du curling de la camaraderie. Une part importante de la symbolique et des rituels associés à cette vie de relations disparaît. L'efficience sportive prend le dessus. Réintégrant en 1988 la grande famille olympique, le curling est devenu un sport « sérieux ». Au même titre que d'autres disciplines, le rapport compétitif s'est quelque peu durci. À l'idée de construire la joute avec l'adversaire dans un rapport de coopération-compétition, s'est substituée l'idée de le dominer complètement. Le curling n'a pas échappé à cette lame de fond et le règlement de la zone de garde protégée est venu rétablir un peu l'équilibre.

Mais pourquoi le curling a-t-il entretenu jusqu'aux années 1970 une part si remarquable de relations humaines ? Les qualités personnelles de l'amabilité, de l'éducation, de la cordialité, apparaissent comme décisives dans la rencontre purement sociale et le sens du tact agit comme un mécanisme régulateur auprès de l'individu dans ses rapports avec les autres. Il faut y reconnaître un élément constitutif de la sociabilité. Qu'elle se vive à travers des sphères aussi diverses que le sport, les arts ou le travail, la sociabilité veille à ce que l'individu n'impose pas de façon impérative ses particularités et ses originalités. Idéalement, elle exclut ce que la personnalité possède en significations objectives : la richesse d'un individu, sa situation sociale, son instruction, son mérite, sa réputation, n'ont qu'un rôle mineur à jouer dans la forme pure de sociabilité, les qualités de charme, de retenue, de discrétion, primant dans cette capacité d'interrelations. En revanche, si on ne peut affirmer catégoriquement que ces attributs de personnalité sont l'apanage exclusif d'un groupe social, force est de constater qu'il y a là un style, une manière d'être qui s'apparente davantage aux strates supérieures de la société. Si le curling a maintenu avec constance un degré aussi élevé de sociabilité, c'est que ses animateurs appartenaient pendant tout ce temps à la frange supérieure de la société. Sans pour autant renoncer à l'idéal du sport, à la finalité première de nommer le champion, la classe bourgeoise dans ses usages sportifs sait accorder une place à d'autres valeurs dont la sociabilité.

Pérennité du curling en tant que forme sociale

Puisque le curling fait toujours partie aujourd'hui de la mosaïque des sports contemporains, c'est qu'il a su se tirer de sa première véritable crise existentielle. D'autres sports n'ont pas eu la même chance. Loin d'être un phénomène sportif négligeable aux XIXe et XXe siècles, la raquette sportive s'éteint avec son réseau de clubs et de compétitions. Pourquoi le curling ne subit-il pas un sort analogue ? En dernière analyse, cet ouvrage pose la question plus universelle de la survivance de la forme sociale et des facteurs qui en assurent la pérennité. Notre étude du curling ne laisse pas d'équivoque : si ce sport un peu « curieux » est toujours bien vivant aujourd'hui, c'est qu'il a su entretenir de manière exemplaire les facteurs propres à son autoconservation.

Premièrement, à travers cette description minutieuse de l'univers matériel du curling et ses innovations, nous reconnaissons un premier facteur de pérennisation. Puisqu'on devait s'abriter du froid et de la neige afin de pratiquer le jeu, il s'est créé un lieu de convergence bien concret, une propriété collective qu'un individu seul ne pouvait monopoliser. Considérées dans leur totalité, les installations de curling constituent donc un réservoir de valeur non négligeable dans le paysage sportif québécois tout au long du XXe siècle. Ce patrimoine physique a crû et s'est développé, alimenté par les efforts des membres et la générosité de quelques donateurs individuels ou institutionnels. Les biens collectifs du curling sont à l'image du réseau global des établissements. Ils sont diversifiés, étendus et imposants. D'autre part, même si le potentiel d'innovation du curling ne se limite qu'à quelques éléments soit la glace, la pierre, le balai et les techniques de lancer et de brossage, la recherche et le progrès ont été constants. Il faut y voir ainsi un autre signe de vitalité. En contrepartie, le patrimoine collectif ne peut à lui seul être une garantie de pérennité. Lorsque la santé financière se détériore, lorsque les actifs se transforment en passifs, la perception d'une richesse devient bientôt son contraire, une sorte de fardeau qui risque un peu plus de précipiter la fin.

En deuxième lieu, contrairement à l'existence biologique, la vie organisationnelle peut espérer ne jamais prendre fin. Dès le milieu du XIXe siècle, les premières statistiques de l'ancienneté des membres de clubs ont permis de constater la remarquable stabilité des effectifs. Il en sera ainsi jusqu'aux années 1960. Par un mode de sélection des membres particulièrement efficace à la survie, celui de la cooptation, les nouveaux participants vont entrer au compte-gouttes et les modes de pensée et d'agir, les valeurs et la culture interne de l'organisation auront été transmis et préservés. Si les formes sociales survivent, c'est qu'elles conservent cette continuité psychologique dans l'action. D'autre part, le curling a cultivé habilement les outils de sa pérennité par des actes d'institutionnalisation. D'abord, des événements innombrables permettent de s'ouvrir au grand groupe et d'atteindre plus de visibilité : championnats, bonspiels, cérémonies et rituels protocolaires. Ensuite, la tenue soignée et la conservation impeccable de nombreux registres et livres de records entretiennent la mémoire collective. Enfin, une variété considérable d'objets symboliques tels les trophées, les médailles et les écussons rappellent constamment un passé glorieux qui alimente l'honneur collectif du groupe. Depuis les années 1960, cette richesse a cessé de s'accroître au rythme des années antérieures, mais une partie importante de ce bagage symbolique a été conservée intacte.

Troisièmement, par le mode de normativité qu'est le droit, le curling trouve un autre facteur de sa cohésion. Le formalisme de nature juridique du curling québécois est un héritage écossais qui aura bien servi l'unité et la continuité de l'action sur près de deux siècles. Constitué à travers un réseau qui regroupe une société mère, le RCCC, et des organes relativement autonomes mais intégrés, les associations nationales, régionales et locales, le curling possède une intégration hiérarchique exemplaire dès le milieu du XIXe siècle. Les premières constitutions écrites des établissements sont rudimentaires ne fournissant que quelques règlements. Toutefois, elles ont le mérite d'exister concrètement sur le papier. Dans la seconde moitié du XIXe siècle, elles se précisent afin de clarifier les questions primordiales de la transmission des pouvoirs, la sélection des membres et la gestion des biens collectifs. Sous l'œil vigilant du tribunal sportif qu'est le RCCC, les politiques et les règles uniformisées sont suivies à la lettre et les litiges résolus avec une relative diligence. Au moment où le curling connaîtra sa première véritable crise au tournant des années 1970, au moment où l'on verra disparaître des clubs prestigieux, la survie du RCCC ne s'en trouvera pas affectée de façon importante. Toutefois, ces échecs ont été le déclencheur d'une réflexion en profondeur sur la santé du sport. Grâce à ce degré élevé de formalisme, les différentes associations du curling canadien ont pu relever les défis et venir à la rescousse des sections locales quand le besoin s'est fait sentir. À l'égard d'un ensemble de facteurs qui assurent la pérennité de la forme sociale, le curling s'est donc comporté comme le bon élève. Aurait-il été pertinent de chercher un facteur prépondérant de l'institutionnalisation ? Certes, on serait tenté de penser que les « empires » qui se fondent sur une richesse matérielle colossale courent moins le risque d'extinction. Toutefois, il faut éviter d'en faire le critère primordial de la stabilité dans le temps. Les facteurs de la pérennité révèlent leur toute-puissance quand ils agissent en concomitance. Mieux encore, selon le principe qui veut que le roseau qui plie ne casse pas, selon l'idée qu'une certaine dose de flexibilité est supérieure à la rigidité, les organisations de curling, qui ont su faire preuve d'une certaine capacité d'adaptation en innovant et en intégrant de nouvelles clientèles, ont survécu. Les valeurs ont donc pu être transmises, mais habilement, sans perdre de vue les origines et la signification profonde du regroupement.

Cependant, aucun sport ne peut se dire invincible, à l'abri de la dissolution graduelle, voire de la fin inéluctable. « Le sport n'est pas éternel ni d'une essence transhistorique. » Il doit en être ainsi de ce « jeu de galets » qui a tout de même bien traversé ses deux cents premières années d'existence au Québec.

ANNEXE I

LES PERSONNALITÉS

Si un sport se développe et atteint un certain degré de permanence dans le temps, c'est qu'il y a des hommes et des femmes exceptionnels qui s'y consacrent. Les énergies, les efforts consentis s'apparentent à une forme de gratitude puisque très souvent le joueur qui a connu le succès sportif au cours de ses premières années de curling témoigne ensuite sa reconnaissance de façon durable en s'impliquant au niveau organisationnel. Cette annexe recense une liste assez exhaustive de ces dévoués serviteurs du curling qui n'ont pas fait l'objet d'un développement particulier dans les chapitres du livre. Pour les besoins de concision des tableaux, nous ne retenons souvent qu'un seul titre ou un seul fait d'arme associé à chacun.

Période 1807-1870

Tableau 22
Autres personnalités marquantes[1] (1807-1870)

Nom	Titre	Année
Paterson, Andrew	Premier président du club de Québec	1821
Armour, John Jr	Premier président du club Thistle	1843
Gillespie, George	Initiateur technique du club de Montréal	1820
Armour, Robert	Membre du club de Montréal pendant 50 ans	1807-57
Boyd, John	Premier président du club Caledonia	1850
Tyre, James	Premier président de la Canadian Branch	1852
Turner, Thomas A.	Président du club de Montréal à 4 reprises	1811-31
Somerville, James	Aumônier du club de Montréal	1807-13
Allan, Sir Hugh	Président du club de Montréal	1846-47

---

[1] Robert W. Simpson, « The influences of the Montreal Curling Club on the development of curling in the Canadas 1807-1857 », mémoire de maîtrise, Western University, 1980, 220 p.

Période 1870-1920

Tableau 23
Autres personnalités marquantes (1870-1920)

Nom	Titre	Année
Guthrie, David	Membre fondateur du club St. Lawrence	Circa 1892
Stancliffe, Fred	Président du club de Montréal	1887-96
Hutchison, A. C.[2]	Membre fondateur du club Heather	Circa 1887
Barclay, James	Président du club Thistle	1898
Mussen, W.H.C	Président du club Thistle	1912
Delaney, Thomas[3]	Président du club de Québec	1921
Langlais, Roméo	Premier vice-président du club de Québec	1921
White, R.B.	Président du club de Québec	1924
Boswell, A.W.	Président du club de Québec	1906
Kerr, John[4]	Historien du curling en Écosse	Circa 1890

Période 1920-1960

Tableau 24
Autres personnalités marquantes - Région de Montréal (1920-1960)

Nom	Titre	Année
Stewart, J. Bruce	Président de la Canadian Branch	1925-26
	Secrétaire pendant 7 ans	1917-23
Raguin, R.E.	Président de la Canadian Branch	1939-40

---

[2] « A. C. Hutchison Buried Today », *Montreal Daily Star*, 3 janvier 1922, p. 27.

[3] « Snapshots of Leading Curlers », *Quebec Chronicle*, 25 janvier 1921, p. 6.

[4] Même s'il n'est pas d'origine canadienne, il faut inclure à cette liste le révérend John Kerr. En livrant deux volumineux ouvrages sur le curling, ce personnage a grandement contribué à l'histoire du sport en Écosse et ailleurs dans le monde. Les informations précises qu'il a colligées sont une source de références inestimable. Toutefois, on serait en droit de s'attendre qu'il ait légué des archives considérables sur le curling. Il n'en est rien. Sa vie s'achève misérablement par une faillite personnelle, phénomène plutôt rare pour un ministre religieux. David Hamilton, *Rev. John Kerr, The Sporting Padre*, Glasgow, Partick Press, 1989, 42 p.

Raguin, R.E.	Secrétaire pendant 13 ans	1942-55
Cushing, Lemuel	Président de la Canadian Branch	1948-49
	Patron de la Grand National Curling of America	1948-57
Laing, A. S.	Secrétaire de la Canadian Branch pendant 13 ans	1924-37
Rankin, J.I.	Président de la Canadian Branch	1933-34
Fyon, Charles[5]	52 participations consécutives au bonspiel de Québec	1927-69
Mallette, J.L.V.	Premier président francophone de la Canadian Branch	1934-35
Fortier, H.C.« René »	Premier président francophone du club Thistle	1940-41
Lyall, Peter D.L.	Membre du syndic du Brier	1927
	Président de la Granite Curling Association	1931-34
Currie, James	Trésorier de la Granite Curling Association	1925-36

Tableau 25
Autres personnalités marquantes -Région de Québec (1920-1960)

Nom	Titre	Année
Picard, A.C.	Premier président du club Jacques-Cartier	1925-1926
St-Hilaire, L.P.	Président du bonspiel de Québec	1951
Auger, Henri	2e président francophone de la Canadian Branch	1950-1951
Cream, Robert	Engagement en curling scolaire	1944
Samson, Olivier	Président, PQCA	1955-1956
Fortin, Jean-Paul[6]	Président du Brier	1959

---

[5] Quand il ne fut plus en mesure de jouer, il continua à s'y présenter et commandita une équipe. Sportif émérite, il avait fait partie de l'équipe de crosse qui participa aux Jeux Olympiques de 1908. « What Gives. Sportman Fyon Passed Away », *Quebec Chronicle-Telegraph*, 17 janvier 1970, p. 10.

[6] Jean-Paul Fortin de Québec demeure un bénévole exemplaire du curling au cours du XXe siècle puisque son dévouement chevauche les tranches chronologiques de 1940-1960 et 1960-1980.

Tableau 26
Autres personnalités marquantes - À l'extérieur de Québec et Montréal
(1920-1960)

Nom	Titre	Année	Lieu
Smith, Emmet	Premier Québécois à présider la Dominion Curling Association	1953-54	Nord-Ouest Québécois
Crutchfield, C.N.	Président de la Canadian Branch	1944-45	Shawinigan
Maclaren, Albert	Président de la Canadian Branch	1932-33	Buckingham
Drysdale, H.	Membre honoraire de la Canadian Branch	1950	Louiseville
McGerrigle, W.G.	Membre honoraire de la Canadian Branch	1932	Ormstown
Ness, Bruce	Membre honoraire de la Canadian Branch Implication en curling scolaire	1957	Howick
Malone, S.E.	Membre honoraire de la Canadian Branch	1941	Trois-Rivières
Travers, J.B.	Implication au sein du club local	1925	Granby

Période 1960-1980

Tableau 27
Autres personnalités marquantes - Région de Montréal (1960-1980)

Nom	Titre	Année
Pattee, J.G.	Président de la Dominion Curling Association	1962-63
Imrie, Georges H.	Secrétaire exécutif de la Canadian Branch	1962-63
Campbell, Clarence[7]	Président du comité de révision des statuts et règlements de la Canadian Branch	1964

---

[7] En raison de son prestige, nous avons cru bon de souligner son apport au curling. Clarence Campbell a 70 ans au moment où il prend sa retraite en 1976. Il a servi le hockey professionnel pendant 30 ans. Sous sa gouverne, le hockey a connu un développement remarquable. « Campbell's Durability Virtually Unmatched in History of Sports », *The Gazette*, 3 mars 1976, p. 16.

Mackay, W. J.	Président honoraire lors du Brier disputé à Montréal	1977
Fisher, Thomas[8]	Président de l'Association canadienne de curling	1980-81
Charron, Wally	Président du Curl-in de Saint-Lambert	1971
Lamb, A.N.	Président de la Canadian Branch	1971-72
Johnston, R.W.	Historien de la Canadian Branch	1975-80
Tobin, W. Bill	Secrétaire de la Canadian Branch	1978-79
Gagnon, Micheline	Présidente de la Fédération québécoise de curling	1980-81

Tableau 28
Autres personnalités marquantes - Région de Québec (1960-1980)

Nom	*Titre*	*Année*
Saint-Hilaire, Marc[9]	Responsable de l'organisation du bonspiel international de Québec	1959-73
Fortin, Jean-Paul	Président de la Canadian Branch	1959-60
Rourke, Wilfrid	Président de la Province of Quebec Curlers Association (PQCA)	1959-60
Samson, Olivier	Président PQCA	1961-62
Rosenhek, Clarence	Président PQCA	1969-70
Germain, Guy[10]	Président PQCA	1968-69
Fusk, Louis J.	Journaliste sportif, médaille « Honneur et Mérite » du bonspiel international	1969
Saint-Hilaire, Roger	Président PQCA	1970-71
Crutchfield, Bruce	Président PQCA	1975-76
Greco, Pierre	Président du championnat mondial junior	1977

---

[8] « Curlers Finally Given Proud Brier Symbol », *The Gazette*, 12 mars 1980, p. 48.
[9] Sans être un bénévole, on reconnaît son dévouement. L'article dont il est question ici fait état des nombreuses soirées et fins de semaine que Marc Saint-Hilaire consacre au curling. « Du curling douze mois par année », *Le Soleil*, 3 février 1965, p. 26.
[10] Ses qualités de gentleman sont soulignées. « Guy Germain fait d'une pierre deux coups », *Le Soleil*, 4 février 1974, p. 10.

Tableau 29
Autres personnalités marquantes - À l'extérieur de Québec et Montréal
(1960-1980)

Nom	Titre	Année	Lieu
Portelance, M.	Responsable du championnat junior canadien	1960	Noranda
Guillemette, R.L.	Président de la Canadian Branch	1962-63	Drummondville
Soucy, J.A.	Président de la Canadian Branch	1966-67	Valleyfield
Cardinal, Marcel	Responsable du championnat junior canadien	1970	Saint-Jérôme
Ward, Howard H.[11]	Premier historien officiel de la Canadian Branch	1954-74	Ottawa
Fuller, W.J.	Président de la Canadian Branch	1975-76	Lennoxville
Lacharité, J.P.	Président de la Fédération québécoise de curling	1979-80	Shawinigan

---

[11] H. H. Ward devient ministre du travail en 1923 sous le gouvernement King. Il le demeurera jusqu'en 1933.

ANNEXE II

LOCALISATION DES CLUBS[1] EN 1960

QUÉBEC[2]
1. QUEBEC CURLING CLUB (n'existe plus en 1980)
2. VICTORIA CURLING CLUB
3. CLUB DE CURLING JACQUES-CARTIER
4. ETCHEMIN CURLING CLUB
5. QUEBEC WINTER CLUB (devient le club des Employés civils)
6. CAMBRAI CURLING CLUB (n'existe plus en 1980)
7. CLUB NAIRN (Clermont)
8. PORTNEUF CURLING CLUB
9. BEAUPRE GRANITE CLUB

EST DU QUÉBEC
10. MATANE CURLING CLUB
11. CLUB DE CURLING DE PRICE
12. MURDOCH CURLING CLUB
13. NEW-RICHMOND CURLING CLUB
14. PEE BEE CURLING CLUB (Rimouski)
15. CHANDLER CURLING CLUB

CÔTE-NORD
16. BAIE COMEAU CURLING CLUB
17. BARBEL CURLING CLUB (Gagnon)
18. SEPT-ÎLES CURLING CLUB
19. C.F.B. MOISIE CURLING CLUB
20. KNOB LAKE CURLING CLUB (Schefferville)
21. HAVRE ST-PIERRE CURLING CLUB
22. CLUB SOCIAL & CURLING DE PORT CARTIER
23. CLUB DE CURLING DE FORESTVILLE
24. CLUB DE CURLING DE FRANQUELIN (n'existe plus en 1980)
25. CLUB DE CURLING DE BAIE TRINITÉ (n'existe plus en 1980)
26. CLUB DE CURLING DE LABRIEVILLE (n'existe plus en 1980)

---

[1] Cette liste inclut des entrées et des sorties entre 1960 et 1980 en notes de bas de page.
[2] Un nouveau club naît au cours des années 1960, le club Fleur de Lys.

SAGUENAY/LAC ST-JEAN
   27. SAGUENAY COUNTRY CLUB (Arvida)
   28. C.F.B. BAGOTVILLE CURLING CLUB
   29. KENOGAMI CURLING CLUB
   30. LAKE ST. JOHN ATHLETIC CLUB (Dolbeau)
   31. PORT ALFRED CURLING CLUB
   32. CLUB DE CURLING ROBERVAL
   33. CHICOUTIMI CURLING CLUB
   34. RIVERBEND CURLING CLUB (Alma)
   35. C.F.B. MONT APICA CURLING CLUB
   36. CHUTE DES PASSES CURLING CLUB (n'existe plus en 1980)

NORD-OUEST[3]
   37. NORMETAL CURLING CLUB
   38. EAST MALARTIC CURLING CLUB
   39. NORANDA CURLING CLUB
   40. MATAGAMI CURLING CLUB
   41. TÉMISCAMING
   42. SIGMA
   43. SULLIVAN
   44. SENNETERRE
   45. QUÉVILLON
   46. DUBUISSON (Val d'Or)
   47. AMOS
   48. HARRICANA GRANITE CLUB (Joutel)
   49. BELLETERRE CURLING CLUB
   50. OPEMISKA CURLING CLUB (Chapais)
   51. CHIBOUGAMAU CURLING CLUB

ESTRIE
   52. ASBESTOS
   53. BORDER
   54. CELANESE (Drummondville)
   55. DANVILLE
   56. DRUMMONDVILLE
   57. LENNOXVILLE
   58. MAGOG

---

[3] Deux clubs font leur entrée au cours de la période 1960-1980. Il s'agit de Caniapiscau et Radisson.

59. NORTH HATLEY
60. SHERBROOKE
61. THETFORD-MINES
62. WINDSOR
63. SUTTON
64. BISHOP UNIVERSITY (n'existe plus en 1980)

MAURICIE[4]
65. CLUB DE CURLING DE CAP-DE-LA-MADELEINE
66. CLUB DE CURLING LAURENTIDE (Grand-Mère)
67. LA TUQUE
68. CLUB DE CURLING LÉGION (Shawinigan)
69. SHAWINIGAN EAST CURLING CLUB
70. CLUB DE CURLING LAVIOLETTE (Trois-Rivières)
71. RAPIDE BLANC (n'existe plus en 1980)
72. SHAWINIGAN CURLING CLUB (n'existe plus en 1980)
73. THREE RIVERS CURLING CLUB
74. WABASSO (Trois-Rivières)
75. WAYAGAMACK (Trois-Rivières) (n'existe plus en 1980)
76. LOUISEVILLE 1960 (n'existe plus en 1980)
77. JOLIETTE
78. PARENT R.C.A.F 1960 (n'existe plus en 1980)
79. CLOVA (n'existe plus en 1980)
80. CLUB SOCIAL Q.I.T. (Sorel)
81. CLUB DE CURLING LAURIER (Victoriaville)

COURONNE SUD DE MONTRÉAL[5]
82. AUBREY
83. BEAU CHATEAU
84. BEDFORD
85. GRANBY
86. HOWICK
87. HUNTINGDON
88. LACOLLE
89. ORMSTOWN
90. RIVERFIELD

---

[4] Le Club de curling de Shawinigan-Sud naît en 1964.
[5] Deux clubs font leur entrée au cours de la période 1960-1980 : Cowansville et Granby-Saint-Paul. Deux clubs vont quitter : Granby-Saint-Paul et Saint-Jean d'Iberville.

91. SAINT-JEAN D'IBERVILLE
92. C.F.B. ST. JOHNS (Saint-Jean d'Iberville)
93. VALLEYFIELD

OUEST DU QUÉBEC-OUTAOUAIS
94. SEIGNIORY (Montebello)
95. SHAWVILLE
96. TECUMSEH (Gatineau)
97. THURSO
98. BROWNSBURG
99. BUCKINGHAM
100. CLUB DE GRANITE MONTEBELLO
101. MONTEBELLO
102. FORT COULONGE
103. HULL (n'existe plus en 1980)
104. LACHUTE
105. CAMPBELL'S BAY (n'existe plus en 1980)

MONTRÉAL, OUEST DE L'ÎLE
106. BAIE D'URFÉE
107. HUDSON
108. LACHINE
109. POINTE-CLAIRE
110. GLENMORE
111. SAINTE-ANNE-DE-BELLEVUE

MONTRÉAL CENTRE[6]
112. MONTREAL CALEDONIA CURLING CLUB (fermeture en 1980)
113. GREYSTONE
114. MONTREAL THISTLE CURLING CLUB
115. MONTREAL WEST
116. ROYAL MONTREAL CURLING CLUB
117. OUTREMONT CURLING CLUB
118. TOWN OF MOUNT ROYAL CURLING CLUB
119. WENTWORTH

---

[6] Les clubs Bonaventure (1962), Laval-sur-le-Lac (1963), Longue-Pointe (1963), et Saint-Laurent (1965) font leur apparition au cours des années 1960. Le club Bonaventure n'existe plus en 1980.

120. ST. GEORGE (n'existe plus en 1980)
121. SIR GEORGES WILLIAMS UNIVERSITY (n'existe plus en 1980)
122. LOYOLA UNIVERSITY (n'existe plus en 1980)
123. MCGILL UNIVERSITY (n'existe plus en 1980)
124. HEATHER
125. CLUB DE LA PALESTRE NATIONALE (n'existe plus en 1980)

RIVE-SUD DE MONTRÉAL[7]
   126. OTTERBURN
   127. ST- HUBERT (DÉTACHEMENT)
   128. SAINT-LAMBERT
   129. BEL-AIRE

COURONNE NORD DE MONTRÉAL[8]
   130. ROSEMÈRE
   131. CHANTECLER (n'existe plus en 1980)
   132. C.F.S. LA MACAZA CURLING CLUB (Mont-Laurier) (n'existe plus en 1980)

---

[7] Le Club de Saint-Bruno fait sont entrée en 1961. Il existe toujours en 1980.

[8] De nombreux venus dans les années 1960 : Saint-Jérôme (1961), Alpine Inn (1962), Lorraine (1962), Camp Bouchard (1963), Sainte-Agathe (1963), Mont-Gabriel (1967), Lac Saint-Denis (1967) et presque autant de sorties dans les années 1970, Alpine Inn, Lorraine, Camp Bouchard, Mont-Gabriel, Sainte-Agathe, Le Chantecler, C.F.S. La Macaza.

LISTE DES FIGURES

Chapitre I : Un héritage typiquement écossais   19

Figure 1 :	Des pierres très anciennes (*circa* XVIIIe siècle)	21
Figure 2 :	Vestige d'un probable fer de curling (*circa* 1820)	23
Figure 3 :	Pierre et plumet de John Cairnie (1769-1842)	24
Figure 4 :	Membres du Quebec Curling Club (*circa* 1860)	25
Figure 5 :	Dimensions de l'aire de jeu	27
Figure 6 :	Équipements d'ancrage sur la glace (XIXe siècle)	29
Figure 7 :	Le *tee ringer* et le cône inversé	31
Figure 8 :	Les principales techniques de lancer en Écosse (*circa* 1870)	31
Figure 9 :	Les chasseurs dans la neige (1565)	33

Chapitre II : Première sociabilité du curling   43

Figure 10 :	Médailles emblématiques du Hadlow Curling Club de Lévis (1862)	47
Figure 11 :	Une invitation pour les militaires et les parlementaires (1863)	50
Figure 12 :	Thomas Blackwood	52
Figure 13 :	Les différentes épreuves du *point game*	56
Figure 14 :	Assignation à tenir un match (1863)	58
Figure 15 :	John Dyde (1863)	65

Chapitre III : Dans la mouvance des autres sports naissants   69

Figure 16 :	Le Montreal Snow Shoe Club sur le Mont-Royal (1872)	71
Figure 17 :	Le hockey sur glace (*circa* 1900)	73
Figure 18 :	Le Carnaval de Montréal (1885)	75
Figure 19 :	Curling sur le Saint-Laurent (1878)	77

Figure 20 :	Le trophée du Victoria Jubilee (1899)	81
Figure 21 :	Fer utilisé en curling féminin (*circa* 1910)	88
Figure 22 :	Mécanisation du procédé (1881)	90
Figure 23 :	Pierre-brosse (*circa* 1880)	91
Figure 24 :	Intérieur du Montreal Curling Club (1903) Intérieur du Thistle Curling Club (1913)	95

Chapitre IV : Une sociabilité inédite, quelquefois contrainte   101

Figure 25 :	Effectif des clubs (1879-1919)	105
Figure 26 :	Un carton d'invitation (1906)	111
Figure 27 :	L'équipe écossaise de 1903	115
Figure 28 :	Le prince Arthur inaugure le club Caledonia (décembre 1869)	119
Figure 29 :	Le richissime Rodolphe Forget et sa résidence d'été de Saint-Irénée (*circa* 1910)	125
Figure 30 :	Le coffret de sélection (début XXe siècle)	127
Figure 31 :	Mademoiselle Allan et madame Stephenson (1876)	129
Figure 32 :	Mixité au Quebec Curling Club (*circa* 1900)	132
Figure 33 :	Joueuses du Quebec Curling Club au club de la rue Saint-Vallier (*circa* 1905)	133
Figure 34 :	Une équipe championne ! (1905)	136
Figure 35 :	Façade du club Caledonia lors de la visite des Écossais (1903)	139
Figure 36 :	Alexander A. Stevenson	141
Figure 37 :	Fervents du curling à Shawinigan (1910)	142

Chapitre V : Sur la voie de l'expansion   147

Figure 38 :	Hugh Edward Weyman (*circa* 1925)	153
Figure 39 :	Willie Brown invité par l'équipe olympique de Grande-Bretagne (1924)	158
Figure 40 :	Les récipiendaires d'un premier championnat provincial féminin (1957)	162

Figure 41 : La maison formée de cercles concentriques non
peints (1920) 166
Figure 42 : Le *hack* (*circa* 1940) 167
Figure 43 : Howard T. Stewart 169
Figure 44 : Changement de forme du balai (1955 et 1958) 171
Figure 45 : Un groupe de joueuses du club Victoria (1929) 173
Figure 46 : La technique de lancer (1949) 176

Chapitre VI : Le club et le bonheur d'en faire partie 179

Figure 47 : Participation au curling selon le groupe ethnique
(1919-1938) 185
Figure 48 : Le club Laviolette lors de sa fondation (1957) 189
Figure 49 : Estelle Côté, première reine du carnaval de Québec
(1955) 193
Figure 50 : Félicitations du premier ministre Godbout (1942) 195
Figure 51 : Publicité du tabac nettement orientée (1946) 199
Figure 52 : Carton d'invitation du Nouvel An (1924) 200
Figure 53 : Curling au Château Frontenac (première moitié du
XXe siècle) 203
Figure 54 : Une élite sociale en milieu industriel (1931) 205
Figure 55 : Croissance du nombre de clubs féminins (1919-1959) 206
Figure 56 : Sociabilité hommes/femmes au Quebec Winter Club
(1950-1960) 213
Figure 57 : Épinglettes, bonnets écossais et magnifique trophée 217
Figure 58 : Banquet du Brier de 1942 à Québec 221

Chapitre VII : Le curling québécois en mutation 227

Figure 59 : Jim Ursel, une suprématie au cours des années 1970 233
Figure 60 : Solange Larouche au championnat canadien (1965) 234
Figure 61 : Le quatuor de Lee Tobin lors du championnat
canadien (1975) 238
Figure 62 : L'équipe de Jim Ursel triomphant au Brier
de 1977 241

Figure 63 : L'équipe victorieuse du *skip* Denis Marchand,
championnat junior canadien (1980) 243
Figure 64 : André Ferland, l'entraîneur en action (1980) 247

Chapitre VIII : Le triomphe d'un sport accessible à tous 257

Figure 65 : Évolution des mentions journalistiques en matière
de sports d'hiver (1940-1970) 258
Figure 66 : Le Dr Maurice Campbell 262
Figure 67 : Inauguration d'un championnat féminin (1961) 269
Figure 68 : Rita C. Proulx (*circa* 1960) 274
Figure 69 : De jeunes curleurs au Quebec Curling Club
(*circa* 1965) 277
Figure 70 : Cigare au bec pour le lancer inaugural ! (*circa* 1960) 284
Figure 71 : Une nouvelle construction des rapports hommes/
femmes (*circa* 1960) 288

LISTE DES TABLEAUX

Chapitre I : Un héritage typiquement écossais

Tableau 1 :   Écossais du Montreal Curling Club et rang social
(*circa* 1807)   38

Chapitre II : Première sociabilité du curling

Tableau 2 :   Les premières associations sportives québécoises   45
Tableau 3 :   Liste officielle des clubs en 1869   46
Tableau 4 :   Ancienneté des membres du Quebec Curling Club
(Année de fondation, 1821)   63
Tableau 5 :   Ancienneté des membres du Montreal Curling
Club (Année de fondation, 1807)   63
Tableau 6 :   Ancienneté des membres du bureau de direction   64

Chapitre III : Dans la mouvance des autres sports naissants

Tableau 7 :   Liste des gouverneurs généraux et leur contribution
à l'avancement du sport (1870-1910)   78
Tableau 8 :   Les compétitions officielles au début des années
1920   82

Chapitre IV : Une sociabilité inédite, quelquefois contrainte

Tableau 9 :   Liste des clubs en milieu urbain (1919)   106
Tableau 10 : Dix personnalités prestigieuses associées au
curling (1870-1910)   121
Tableau 11 : Proportion des francophones au sein de l'ensemble
des clubs de curling québécois (1863-1919)   124

Chapitre V : Sur la voie de l'expansion

Tableau 12 : Les compétitions officielles en 1960 — 155

Chapitre VI : Le club et le bonheur d'en faire partie

Tableau 13 : Répartition des clubs et des membres selon les régions (1922) — 181
Tableau 14 : Accroissement du nombre de clubs selon les régions — 182
Tableau 15 : Proportion des francophones au sein des clubs (1929) — 186
Tableau 16 : Personnalités francophones marquantes (1920-1960) — 190
Tableau 17 : Les associations regroupant un ensemble de clubs ou d'activités (1920-1960) — 210
Tableau 18 : Les événements marquants (1920-1960) — 219

Chapitre VII : Le curling québécois en mutation

Tableau 19 : Relevé des compétitions québécoises menant à un championnat canadien — 229

Chapitre VIII : Le triomphe d'un sport accessible à tous

Tableau 20 : Solde migratoire au Québec pour les personnes dont la langue maternelle est l'anglais — 265
Tableau 21 : Les événements marquants (1960-1980) — 294

Annexe I : Les personnalités

Tableau 22 : Autres personnalités marquantes (1807-1870) — 311
Tableau 23 : Autres personnalités marquantes (1870-1920) — 312
Tableau 24 : Autres personnalités marquantes Région de Montréal (1920-1960) — 312

Tableau 25 : Autres personnalités marquantes
Région de Québec (1920-1960) 313
Tableau 26 : Autres personnalités marquantes
À l'extérieur de Québec et Montréal (1920-1960) 314
Tableau 27 : Autres personnalités marquantes
Région de Montréal (1960-1980) 314
Tableau 28 : Autres personnalités marquantes
Région de Québec (1960-1980) 315
Tableau 29 : Autres personnalités marquantes
À l'extérieur de Québec et Montréal (1960-1980) 316

INDEX

A

agressivité, 131, 280
Ailsa Craig, 89, 252
amateurisme, 122, 134, 202, 281
Amyot, Gaston, 160, 174
ancienneté, 62, 140, 307
appropriation, 190, 223, 262, 265, 269, 272, 301
articles sportifs, 57, 75, 215
Association athlétique d'amateurs de Montréal, 123
Association canadienne de curling, 253, 282, 298
Aubrey, 159, 174
Automatic Draw System, 153

B

Bagotville, 232
balai, 12, 25, 93, 170, 178, 250, 307
Baldwin, Matt, 175
Belfast, 48
Bagotville, 232
Barbel, 278
Béliveau, François, 266
Berthelot, Marco, 15
Black, Elmer, 246
Blackwood, Thomas, 52, 60
bloc de bois, 48
Bonaventure, 291

bonspiel de Québec, 81, 113, 171, 181, 191, 194, 198, 204, 214, 218, 267, 270, 279, 286, 289, 302
Bouet, Michel, 280
Bourdieu, Pierre, 188
bourgeoisie, 11, 38, 117, 126, 128, 143, 188, 289, 301
Brier, 148, 150, 161, 174, 216, 221, 228, 232, 239, 281, 283
British Consols, 150, 160, 198, 231
brosse, 92, 170, 250
Brown, Willie, 157, 177
Bruegel, Pieter, 32
Buckingham, 47, 102, 104, 126, 159

C

Cairnie, John, 23, 26, 28
Caledonia, 94, 108, 119, 138, 140, 233, 235, 259, 283, 288, 290
Cambden's Brittania, 32
Cameron, 45, 50
Campbell, Maurice, 261
Canadian Branch, 58, 81, 86, 108, 114, 152, 155, 164, 169, 174, 188, 191, 193, 201, 207, 208, 215, 220, 231, 258, 261, 266, 282

Canadian Curling Association, *voir* Association canadienne de curling
Canadian Gleaner, 49
Cantonville, 204
cardigan, 172, 249
carnaval, 75, 79, 103, 113, 118, 138, 141, 192
Carson, Earl, 232, 235
cashspiel, 271
champion, 12, 55, 79, 99, 215, 245, 255, 270, 299, 306
championnat, 12, 55, 85, 142, 148, 150, 157, 163, 177, 194, 224, 228, 255, 269, 276, 280, 281, 283, 287
channel, 20
Chantecler, 200, 259
Château Frontenac, 82, 192, 203, 214
Châteauguay, 37, 103
chaussures, 171, 248, 256
classe, 11, 35, 38, 117, 120, 134, 143, 179, 191, 193, 197, 202, 224, 290, 293, 296, 300, 302
Colt, 152
composition sociale, 108, 117, 120, 134, 202, 270
Consolidated Paper, 270
cooptation, 122, 127, 135, 144, 263, 268, 291, 301, 307
Coronation Cup, 83, 154
Côté, Estelle, 192
Côté, Rodrigue, 160
crampit, 28

Cream, Robert, 159, 174
Crichton, W., 30
Culloden, 35
curling féminin, 128, 149, 154, 161, 207, 223, 228, 237, 261, 273

D

déclin, 259, 290, 296
défi, 55, 76, 83, 85
De Geer, Vern, 273, 286
Desjardins, André, 235
discrimination, 59, 127, 134, 144, 268, 301
District Medal, 55, 80
Divulgation, 190, 204, 223, 300, 302
Dominion Curling Association (DCA), 175, 222, 244
Duddingston, 19, 20, 25, 33, 34, 57
Dumont, Fernand, 196
Duplessis, Maurice, 195
Dyde, John, 41, 55, 64

E

Écossais, 35, 37, 40, 47, 59, 61, 89, 113, 123, 137, 138, 141, 211, 213, 286, 304, 308
Écosse, 9, 32, 35, 48, 57, 66, 297
effet de pierre, 97
Émond, André, 235, 286, 290
enceinte, 19, 26, 72, 87, 93, 163, 239, 255, 285

enjeu, 33, 51, 57, 66, 76, 79, 83, 99, 121, 150, 154, 157, 244, 266, 270, 283
entraîneur, 247
éthique sportive, 34, 98, 135

F

fair-play, 33, 135
Fédération, 263, 267, 296, 301
fer, 22, 87, 103, 118, 131, 149, 160, 168, 178, 221, 251
Ferland, André, 234, 241, 246, 256
Fisher, Thomas R., 262
Flamand, 32
fonction sportive, *voir* sportivation
foot iron, 28
Forget, Rodolphe, 125
formalisme juridique, 34, 66, 140, 308
forme sociale, 62, 99, 167, 222, 295, 300, 306, 307
Fortier, H.C., 125, 160, 214
francophones, 9, 11, 13, 60, 66, 71, 122, 125, 127, 144, 160, 184, 188, 206, 223, 232, 235, 261, 266, 296, 300, 302
Fraser Highlanders, 39
Fyon, Charles, 286

G

Gagnon, Micheline, 273
Gale, George, 39

garnison, *voir* militaires
General Governor, 77, 84, 142, 193
Germain, Guy, 249, 288
Gillespie, George, 53
Glace, 12, 26, 53, 89, 93, 96, 139, 163, 165, 178, 249, 254, 307
Godbout, Adélard, 194
Gordon Medal, 79, 88, 113, 171, 213
gouverneur général, 14, 77, 118, 193, 269
Grand Caledonian Curling Club, *voir* RCCC Royal Caledonian Curling Club
Grand National Curling Club, 79, 216
granite, 92
Granite Curling Association, 150, 168, 221
Greenshields, John B., 22, 41
Guay, Donald, 10, 16, 44, 61

H

hack, 30, 166
Hadlow, 45, 50, 102
haggis, 218
Hardy, René, 16
Haut-commissariat à la jeunesse, aux loisirs et aux sports, 261
Heather, 103, 159
Highlands, 35, 40
Hobsbawm, Eric, 69

hockey, 10, 13, 72, 85, 122, 134, 137, 200, 213, 285, 300
Howick, 174
Hugues, Everett, 204

I

identité, 55, 137, 140, 293
intercités, 54
International Curling Magazine, 153

J

Jacques-Cartier, 164, 187, 214, 223
Jacques, Léonce, 236, 260
Janelle, Nicole, 233
Janson, Gilles, 10, 12
jeunesse, 174, 177, 191, 276, 296
Jeux Olympiques, 148
junior, 230, 236, 241, 248, 287, 292

K

Kay, Andrew, 90
Kerr, John, 34, 92, 97, 115
Kino-Québec, 284
kluyten, 32
Krieghoff, Cornelius, 24
Krycko, Andy, 246
kurzweil, 32

L

Lachine, 83, 103

Ladies Curling Association, 83, 109
Ladies' Granite Bonspiel, 154
Lady Gilmour, 83
Lady Tweedsmuir, 154, 161
Lahaie, Robert, 161
Lamonde, Yvan, 43
Lamy, Jacques, 234
Langlais, Roméo, 125, 137, 160
Lapointe, Pierre-Louis, 126
Larouche, Solange, 233
Laviolette, 189
Lesage, Jean, 269, 275
Linteau, Paul-André, 122, 197
Livernois, Jules, 25
Lobell, Art, 240
loofie, 20
Lord Byng de Vimy, 193
Lord Dufferin, 77
Lord Grey, 84
Lord Stanley, 85
Lowlands, 35, 40

M

Macdonald Tobacco, 150, 214, 240, 283
maison, 26, 166
Mallette, J.V., 188
Marchand, Denis, 236, 242, 247
Mauricie, 104, 157, 188, 189, 192, 197, 231, 234, 236, 256, 259
McGerrigle, 159
Mckee, Jack, 159
McNeil, Marilyn, 237

Metcalfe, Alan, 10
militaires, 40, 49, 55, 61, 232
mixte, 207, 214, 228, 230, 235, 278
mixité, 14, 72, 144, 271, 278, 288, 289, 296, 304
Mongrain, Claude, 275
Montreal Amateur Athletic Association, 80, 102, 122
Montreal Curling Club, 32, 53, 54, 55, 57, 59, 63, 83, 89, 94, 140, 152, 193, 201, 205, 215, 216, 303
Montreal Snow Shoe Club, 70
Moon, Dave, 246
Murdochville, 278
Muthil Society, 33

N

nation, 137, 304
Noranda, 294
nordicité, 138
Northcott, Ron, 245
Northwestern Quebec Curling Association, 151, 259
Notman, William, 77, 129
nouvelle sportive, *voir* article sportif
Nouvelle-Zélande, 48

O

Ormstown, 86, 159

P

pages sportives, 75, 208
Palestre nationale, 188, 266
Palmer, Robert, 30
patin à glace, 72
pay-as-you-play, 291, 293
Pea-Soup Club, 214
pérennité, 62, 140, 220, 305, 307, 308
pétrologie, 92
Picard, A.C., 187
pierre, 12, 20, 92, 168, 251, 307
piste, 26, 94, 254
point game, 56, 84, 165
Pointe-Claire, 184, 188, 270
PQCA, Province of Quebec Curlers Association, 151, 222, 231, 259, 263
progressivité, 57, 84, 151, 157, 230, 299
Proulx, Rita. C., 154, 161, 235, 273
Province of Quebec Ladies Curling Association, 154

Q

Quebec Challenge Cup, 76, 86, 142
Quebec Curling Club, 54, 60, 112, 131, 135, 159, 216, 259, 276, 286, 289
Quebec Winter Club, 154

R

Ramsay, James, 32
rapport compétitif, 12, 34, 55, 135, 299, 305
raquette, 70, 104, 108, 116, 122, 128, 196, 200, 301, 303, 306
RCCC, Royal Caledonian Curling Club, 9, 48, 55, 80, 104, 140, 144, 197, 216, 281, 300, 308
règlement, *voir* règles
règles, 19, 26, 33, 41, 51, 57, 62, 76, 83, 98, 175, 244, 248, 282, 308
Revelin, Jacques, 275
Richardson, Ernie, 236, 245
Riverfield, 48
Rousseau, Benjamin, 60
Royal Caledonian Curling Club Challenge Cup, 154
Royal Engineers, 50
Royal Victoria Jubilee, 80, 81, 84, 149, 157, 159, 230
Russell, J. S., 89

S

Sabourin, Roland, 280, 287
Saguenay-Lac Saint-Jean, 232, 235
Saint-Exupéry, Antoine de, 16
scolaire, 149, 152, 160, 173, 177, 228, 234
Seigniory, 200
Sellar, Peter, 37, 48, 126
semelle, 23, 88, 249
Senator Tobacco Cup, 81, 192
Shawinigan, 181, 212
Simmel, Georg, 15
Simpson, Robert W., 11, 39, 61
Smith, David B., 39
sociabilité, 15, 43, 51, 53, 54, 100, 102, 107, 110, 112, 120, 131, 143, 144, 209, 222, 224, 230, 255, 275, 278, 279, 296, 300, 304, 306
solde migratoire, 264
solidarité, 51, 196, 207
sportivation, 13, 54, 79, 99, 152, 157, 220, 224, 255, 300
Stadacona, 28, 50, 88, 102
statuts et règlements, 53, 62
Stevenson, A.A., 141
St. Andrews, 103, 164, 185
Stewart, Howard T., 168, 191
St. Lawrence, 103, 185
stratégie, 87, 97, 100, 248
Strathcona, 85, 286

T

Tankard, 79
technique de lancer, 31, 97, 175, 244, 307
tee, 19
tee ringer, 30
Thistle Curling Club, 49, 55, 94, 112, 140, 149, 197, 211, 288, 292
Tobin, Lee, 233, 236, 237, 256
toboggan, 74

Tracy, Bill, 232, 235
tradition, 36, 40, 108, 110, 112, 215, 285, 296, 304
Trefor, 252
tricker, 29
Trois-Rivières, 123, 184, 188, 189, 231

U

Unwin, L. B., 161
urbanisation, 11, 13, 107
Ursel, Jim, 232, 236, 239, 246, 256, 281, 282

V

valeur, 13, 62, 133, 196, 296, 301, 304, 307
Valleyfield Curling Club, 103
Victoria, 103, 211, 264, 289
Victoria Jubilee, *voir* Royal Victoria Jubilee
Victoria Skating Rink, 72

W

Watson, Ken, 170, 172, 175, 245
Weldon, Ken, 236
Weyman, Hugh Edward, 152, 154, 174, 194, 215
Wright, Ron, 235, 245

TABLE DES MATIÈRES

Introduction	9
Première partie : L'enracinement (1807-1870)	17
Chapitre I : UN HÉRITAGE TYPIQUEMENT ÉCOSSAIS	19
Qu'est-ce que le sport du curling ?	19
Le but de ce jeu	19
Pierres et balais	20
La piste de curling, le hack *et le* tee	26
Du jeu traditionnel à l'émergence d'un sport « écossais »	32
Les Écossais immigrants, mentalité, influence	35
Controverse au sujet de la naissance canadienne du curling	39
Conclusion	41
Chapitre II : PREMIÈRE SOCIABILITÉ DU CURLING	43
Une vie associative prend forme	43
Le contexte général	43
Les clubs pionniers	45
La présence militaire	49
L'essence d'une pure sociabilité	51
La convivialité au Montreal Curling Club	51
Une première mutation de sociabilité	54
L'absence quasi totale des francophones	59

Comment se posent les premiers jalons de pérennité ?	62
Conclusion	65
Deuxième partie : Première véritable affirmation (1870-1920)	67
Chapitre III : DANS LA MOUVANCE DES AUTRES SPORTS NAISSANTS	69
Comment se compose la saison hivernale ?	70
Quelques avancées dans le processus compétitif	76
Premières compétitions officielles et parrainages	76
Une progressivité plus affirmée sans championnat national	84
Les performances lors des compétitions	86
Un processus d'innovation constant	87
Sans oublier la pierre, le fer privilégié	87
Brosse ou balai, les origines d'un long débat	92
Les enceintes de jeu	93
Les techniques de jeu et les règlements	97
Conclusion	99
Chapitre IV : UNE SOCIABILITÉ INÉDITE, QUELQUEFOIS CONTRAINTE	101
Vie associative formelle	102
La situation du curling dans le contexte général de la sociabilité	102
De nouveaux acteurs institutionnels	108
Comment s'exprime la vie de relations ?	109
Des événements signifiants	109

Le tout premier séjour des Écossais   114

Un tissu social qui préserve le curling du professionnalisme   117
   Des dispositions acquises de la bourgeoisie et de l'aristocratie   117

L'entrée timide des francophones   122

La présence nouvelle des femmes   128

L'expression des valeurs   133
   Le débat de l'amateurisme et du professionnalisme   134
   Le curling et l'expression d'un nationalisme   136
   Une prise de conscience de la spécificité nordique   138

Un curling qui s'incruste dans la vie sportive   139

Conclusion   143

Troisième partie : L'âge d'or d'une sociabilité (1920-1960)   145

Chapitre V : SUR LA VOIE DE L'EXPANSION   147

Un programme de compétitions substantiel   148
   Nécessité nouvelle : révéler un champion entre tous   148
   De nouveaux enjeux pour une clientèle diversifiée   150

Performances révélatrices des changements qui s'opèrent   157

L'univers matériel, toujours place à de l'innovation   163
   La glace, facteur stratégique   163
   La mise au rancart des fers   167
   Les autres outils du curleur   170

> *Jeunesse, apprentissage et innovation iront désormais de pair*   173

> **Conclusion**   177

Chapitre VI : LE CLUB ET LE BONHEUR D'EN FAIRE PARTIE   179

> **Un déploiement exemplaire à l'échelle du territoire**   180
>
> **Enfin, les francophones prennent pied !**   184
>
> **Lieu de rassemblement d'une belle société**   191
> > *Des fréquentations révélatrices d'une position sociale*   191
> > *Une conscience de son rôle social*   196
> > *Une manière particulière de faire la fête*   198
> > *Le devoir de mémoire*   201
> > *Un débat qui n'affecte pas le curling québécois !*   201
>
> **La croissance de l'effectif féminin en deux temps**   205
>
> **Un curling évocateur de significations**   209
> > *La sociabilité au titre de valeur exemplaire*   209
> > *Le respect de la tradition*   215
>
> **Des actes d'institutionnalisation**   218
>
> **Conclusion**   223

Quatrième partie : Déclin et changement (1960-1980)   225

Chapitre VII : LE CURLING QUÉBÉCOIS EN MUTATION   227

> **Les championnats de curling, une configuration plus définitive**   228

Les performances lors des championnats	232
Montréal domine !	232
Sur la scène canadienne, les premiers lauriers	236
Un premier podium en curling féminin	237
1977, l'année Jim Ursel en curling masculin	239
La relève en 1980 ! Tous les espoirs sont permis	241
Un curling qui dorénavant s'enseigne	244
Les équipements du joueur	248
La tenue du joueur	248
Le balai et la brosse	250
La pierre	251
Les nouveaux bâtiments	254
Conclusion	255
Chapitre VIII : LE TRIOMPHE D'UN SPORT ACCESSIBLE À TOUS	257
L'annonce d'un repli de popularité et de participation	258
Les acteurs de cette vie associative	261
Appropriation du curling chez les francophones	261
Appropriation du curling par la masse	268
La remarquable participation des femmes	271
Le rajeunissement de l'effectif des clubs	275
Changement de signification	277
Mutation de sociabilité	277
Réconciliation de l'amateurisme et du professionnalisme	281
Le curling, un moyen de préservation de la santé ?	283
Quand il est question de rompre avec le passé	285
D'une certaine masculinité à la mixité	287
Rapports plus égalitaires et perte de distinction	289

Déclin et survie 290
Quand l'équilibre de l'offre et de la demande est modifié 291
Les « grands événements », une bouée de sauvetage 293

Conclusion 296

CONCLUSION GÉNÉRALE 299

Divulgation et appropriation du curling par différents groupes 300

Entre sociabilité et sportivité 304

Pérennité du curling en tant que forme sociale 306

Annexe I : Les personnalités 311

Annexe II : Localisation des clubs en 1960 317

Liste des figures 323

Liste des tableaux 327

Index 331

Table des matières 339

L'Harmattan, Italia
Via Degli Artisti 15 ; 10124 Torino

L'Harmattan Hongrie
Könyvesbolt ; Kossuth L. u. 14-16
1053 Budapest

L'Harmattan Burkina Faso
Rue 15.167 Route du Pô Patte d'oie
12 BP 226
Ouagadougou 12
(00226) 50 37 54 36

Espace L'Harmattan Kinshasa
Faculté des Sciences Sociales,
Politiques et Administratives
BP243, KIN XI ; Université de Kinshasa

L'Harmattan Guinée
Almamya Rue KA 028
En face du restaurant le cèdre
OKB agency BP 3470 Conakry
(00224) 60 20 85 08
harmattanguinee@yahoo.fr

L'Harmattan Côte d'Ivoire
M. Etien N'dah Ahmon
Résidence Karl / cité des arts
Abidjan-Cocody 03 BP 1588 Abidjan 03
(00225) 05 77 87 31

L'Harmattan Mauritanie
Espace El Kettab du livre francophone
N° 472 avenue Palais des Congrès
BP 316 Nouakchott
(00222) 63 25 980

L'Harmattan Cameroun
BP 11486
Yaoundé
(00237) 458 67 00
(00237) 976 61 66
harmattancam@yahoo.fr

553755 - Janvier 2014
Achevé d'imprimer par